教育部人文社科基金项目（项目批准号：10YJA710009）
山西省高校人文社科项目（项目批准号：2013041031—02）

收入分配制度改革中
中小企业劳动关系调整研究

邸敏学 著

2015年·北京

图书在版编目(CIP)数据

收入分配制度改革中中小企业劳动关系调整研究/
邸敏学著.—北京:商务印书馆,2015
ISBN 978-7-100-11580-3

Ⅰ.①收… Ⅱ.①邸… Ⅲ.①中小企业—劳动关系—研究—中国 Ⅳ.①F279.23

中国版本图书馆CIP数据核字(2015)第211869号

所有权利保留。
未经许可,不得以任何方式使用。

收入分配制度改革中中小企业劳动关系调整研究
邸敏学 著

商 务 印 书 馆 出 版
(北京王府井大街36号 邮政编码100710)
商 务 印 书 馆 发 行
山西人民印刷有限责任公司印刷
ISBN 978-7-100-11580-3

2015年10月第1版　　开本889×1194 1/32
2015年10月山西第1次印刷　印张10
定价:32.00元

目 录

序 言 ·· 1

第一章 研究的说明与概念界定 ·· 1

一、研究的说明 ·· 1

（一）研究背景 ·· 1

（二）研究对象 ·· 14

（三）研究目的 ·· 14

二、相关概念界定 ·· 16

（一）分配制度 ·· 16

（二）收入分配制度改革 ·· 16

（三）中小企业 ·· 17

（四）劳动关系 ·· 20

第二章 我国中小企业劳动关系的现实状况 ··································· 23

一、我国中小企业的发展状况 ·· 24

（一）我国中小企业的地位和作用 ··· 24

（二）我国中小企业发展面临的困境 ······································ 25

二、我国中小企业劳动关系的特性……………………………… 29
  （一）我国中小企业劳动关系的性质…………………………… 29
  （二）我国中小企业劳动关系的特征…………………………… 33
  （三）我国中小企业劳动关系发展的特殊路径………………… 41
三、我国中小企业劳动关系的基本态势………………………… 42
  （一）我国中小企业劳动关系主体不成熟……………………… 43
  （二）我国中小企业劳动关系存在安全隐患…………………… 57

第三章　我国收入分配制度的现实状况……………………… 65
一、我国收入分配制度的理论来源……………………………… 66
  （一）马克思的收入分配理论…………………………………… 66
  （二）毛泽东的收入分配理论…………………………………… 78
  （三）邓小平的收入分配理论…………………………………… 87
二、我国社会主义收入分配制度的演变………………………… 91
  （一）计划经济体制下单一的按劳分配制度…………………… 91
  （二）改革开放进程中的收入分配制度………………………… 93
  （三）社会主义市场经济体制下的收入分配制度……………… 99
三、我国现行分配制度的实践…………………………………… 109
  （一）现行分配制度推动着中国经济快速发展………………… 110
  （二）现行分配制度下个人收入差距进一步拉大……………… 113

第四章　收入分配制度改革与中小企业劳动关系的关系… 128
一、收入分配制度改革与中小企业劳动关系的内在联系……… 128
  （一）收入分配制度与劳动关系是生产关系的重要内容……… 129

（二）收入分配制度改革与劳动关系调整的联系……… 132
　二、收入分配制度改革对企业劳动关系调整的一般作用…… 138
　　（一）收入分配制度改革的提出，倒逼劳动关系调整 … 138
　　（二）收入分配制度改革方案的制定，营造了调整劳动
　　　　关系的氛围……………………………………… 145
　　（三）收入分配制度改革方案的出台，为调整劳动关系
　　　　创造了条件……………………………………… 149

第五章　收入分配制度改革中中小企业劳动关系调整的基本思路……… 157

　一、准确透视我国中小企业劳动关系存在的主要问题……… 157
　　（一）我国中小企业存在的问题…………………… 157
　　（二）我国中小企业劳动关系存在的主要问题…… 166
　　（三）我国中小企业劳动关系调整的空间较小…… 171
　二、唱响扶持中小企业发展的主旋律……………………… 174
　　（一）将"抓大放小"战略转向"抓大扶小"…… 175
　　（二）扫除"扶小"的主要障碍…………………… 180
　三、科学确定中小企业劳动关系的发展目标……………… 186

第六章　收入分配制度改革中中小企业劳动关系调整的经验……… 199

　一、发达国家中小企业劳动关系调整的经验……………… 199
　　（一）颁布实施扶持中小企业发展的法律法规…… 199

（二）严格执行国家劳动法律法规……………………… 215
　二、新中国成立初期国家扶持民族工商业劳动关系的经验… 230
　　（一）制定扶持民族工商业的法律法规和政策…………… 230
　　（二）按照劳资两利的原则促进劳动关系发展…………… 234
　　（三）充分发挥党和政府在劳动关系中的主导作用……… 238

第七章　收入分配制度改革中中小企业劳动关系调整的内容与模式…………………………………………… 243

　一、中小企业劳动关系调整的依据与内容………………… 243
　　（一）中小企业劳动关系调整的依据……………………… 244
　　（二）中小企业劳动关系调整的内容……………………… 247
　二、我国劳动关系调整的沿革与模式……………………… 254
　　（一）我国劳动关系调整的类型…………………………… 254
　　（二）我国劳动关系调整的沿革…………………………… 255
　　（三）收入分配制度改革中劳动关系调整的模式………… 265

第八章　收入分配制度改革中中小企业劳动关系调整的原则与策略…………………………………………… 269

　一、中小企业劳动关系调整的原则………………………… 269
　　（一）"扶持中小企业"与收入分配制度改革相结合…… 269
　　（二）收入分配制度改革与劳动关系调整的目标相结合… 272
　　（三）做大"蛋糕"与分好"蛋糕"相结合……………… 275
　　（四）资本的利润最大化与劳动者的利益最大化相结合… 277

（五）解决收入分配问题与劳动关系制度建设相结合… 279
二、收入分配制度改革中中小企业劳动关系调整的策略…… 283
　（一）以配合收入分配制度改革为当前工会工作的中心… 283
　（二）以维护职工经济利益为重点…………………… 284
　（三）以推进工资集体协商为突破口………………… 286
　（四）以形成企业和职工利益共享机制为目标………… 289

参考文献 ………………………………………………… 293
　一、中文著作 ………………………………………… 293
　二、论　文 …………………………………………… 297
　三、英文著作和译著 ………………………………… 300

后　记 …………………………………………………… 302

序　言

迄今为止的人类历史业已表明，资本主义可以解决生产力发展问题而不能解决生产关系问题，或者说它可以解决效率问题但不能解决公平问题——生产关系中人与人的关系即劳动关系问题。因此，马克思、恩格斯在19世纪中后期曾经预料，资本主义将因生产关系无法容纳急剧发展的生产力而被新的社会——共产主义社会——所取代。这一大胆而科学的预言，切中了资本主义社会的要害，敲响了资本主义的丧钟，震撼了整个资本主义世界。

一方面，这一预言已经在部分国家得到印证，如苏联、中国等，这些国家取得了社会主义革命的胜利，打破了资本主义一统天下的局面。另一方面，这一预言在发达资本主义国家得到部分证明，即这些国家早已放弃了"守夜人"的角色，开始介入劳动关系，干预、调整劳动关系，基本上消灭了超经济剥削的"血汗工厂"，部分地改变了资本主义的本来面貌。这些措施的运用，在很大程度上缓和了劳动关系，在一定程度上维护了劳动者的利益，稳定了资本主义国家的劳动关系，甚至第二次世界大战后还出现了"平稳发展"的黄金时期。只是一有风吹草动，如因市场不景气出现的经济性裁员或者资方不能满足工会的要求时，工人的罢工便像马克思时代一样大规模爆发。就是说，马克思、恩格斯所指出的资本主义"病"至今依然没有从根本上得到医治。

这些已经是举世公认的不争的事实，也不是笔者的兴趣所在。我们关心的是以马克思主义理论为指导，取得社会主义革命胜利的社会主义国家的劳动关系状况。就我国来说，在计划经济时期，国家采用了"三个人的饭五个人匀着吃"的高就业政策，劳动者得到了充分就业，失业现象基本绝迹。工人和管理者一样，拿的都是相差无几的工资，并且，"老三会"以及"两参一改三结合"的企业治理模式，保障了职工的经济地位和参与企业管理的政治地位。就是说，在这一时期，党和政府成功地解决了公平问题，杜绝了资本主义"病"。唯一的不足或者说遗憾是，"干多干少一个样，干和不干一个样，干好干坏一个样"的平均主义、"大锅饭"，抹杀了工人的技术高低和贡献大小，使多数人的劳动积极性、主动性和创造性得不到充分发挥，效率问题没有得到很好的解决。

改革开放以后，包括劳动关系在内的各方面工作都发生了翻天覆地的变化。首先，"三个人的饭五个人匀着吃"的高就业政策，改变为按照经济规律办事，企业需要多少人就用多少人的企业用人政策。改革开放以来，企业通过优化组合、减员增效实施下岗再就业工程等举措，将工人群体划分为在业工人、下岗工人、失业工人。用失业工人威胁在业工人似乎也成了改革开放以来的"新常态"。其次，引进外资、发展内资，形成了具有雇佣性质的非公有制企业。从20世纪80年代初期开始到90年代中期，中国对外开放的重点都在引进外资和先进技术。1984年以后的一段时间，对内改革在存量改革遇到阻力以后就转到了增量改革上，即发展非公有制经济。非公即私，也就是说，在十一届三中会以后的十多年时间里，我国改革开放的重点在于发展外资和内资。外资企业主要是三资企业，内资企业主要是私营企业。私营企业或者说民营企业基本上都是中小企业。这些企业本小利薄、技术含量低，多数属于劳动密集型企业，主要依靠人口红利或者说廉价劳动力战略生存发展。人口红利或者说廉价劳动力战略的实质是压低工人特别是农民工的工资。再次，非公有制企业或者说民营企业、中小企业都是"内生型"的。我国的中小企业是在改革开放政策的鼓励、支持、引导下发展起来的。到了1997年党的十五大还将其引入"体制内"，成为社会主义初级阶段基本经济制度的组成部分。中小企业在我国经济发展中的巨大作用是不容忽视的，中小企业与劳动者发生纠纷、冲突的频率、程度也是引人注目的。各级人民政府是关注地方经济发展还是注重社会稳定、维护劳动者利益，各级人民政府究竟是站在人民——劳动者一边，还是站在人民——企业主一边，抑或站在第三方——调停人的立场，就成了新的历史时期面临的新的重大理论和实践问题。从大量的实践看，在多数情况下，地方政府是从地方经济发展的角度考虑，站在企业主一边处理劳动关系的，结果是问题越来越多，以至于我国中小企业劳动关系从"蜜月期"进入"矛盾期"。富士康的"楼跳跳"（13连跳）事件、山西的"黑砖窑"事件以及大量拖欠工资的现象成了我国劳动关系的缩影。

在共产党执政的社会主义国家，为什么会出现类似于马克思时代的劳动关系问题，是马克思主义经典作家的理论出了问题还是执政党的政策出了问题？是发展非公有制企业以后劳动关系的必然产物还是在执行过程中产生的偏差？是工会不作为还是力不从心？如此等等，要回答这些问题的确是一件十分困难的事情。依照笔者多年的研究，马克思主义经典作家的理论和党的大政策是正确的、没有问题的。众所周知，我国的社会主义并不是在马克思所设想的发达的资本主义国家基础上建立的，而是在半殖民地半封建社会的基础上建立的。在这样的基础上建立起来的社会主义制度正如邓小平所说的是"不合格"的社会主义，即没有发达的生产力支撑先进生产关系的社会主义。因而，我们的社会主义只能是"初级阶段"的社会主义。在这个阶段，建立单一的生产资料公有制已经被实践证明是脱离实际的、行不通的。所以，就要发展非公有制经济，就会存在非公有制企业劳动关系，就会出现劳动纠纷、矛盾、冲突。但是，劳动纠纷、矛盾、冲突的程度，则取决于工会与地方政府的合作程度。如果地方政府能够与工会一样，关注劳动者合法权益的维护，其纠纷、矛盾、冲突的程度则会降到最低，如果政府只关注 GDP，工会关注劳动者合法权益的维护，中小企业劳动纠纷、矛盾、冲突则会向脱缰的野马一样失去控制。

本书正是基于这一认识，一改就劳动关系研究劳动关系的习惯思维，将中小企业劳动关系调整置于收入分配制度改革的背景下，即将工会关注的劳动者合法权益的维护与政府推进收入分配制度改革——企业的初次分配——结合起来，抓住改革开放以来唯一的工会与政府携手合作的机会，把工会与政府工作的着力点锁定在中小企业初次分配上，双方心往一处想，劲儿往一处使，共同致力于中小企业劳动者合法权益的维护，力争从根本上改变中小企业劳动关系的现状，将效率与公平的有机统一在新的历史时期变为现实。

本书是通过以下逻辑结构展开的：第一章到第三章，是相对完整的一块，其核心是整个研究的铺垫。第四章为独立的第二块内容，是从研究现状到操作方案的过渡。第五章到第八章是本书的重点，即如何在收入分配制度改革的背景下调整中小企业劳动关系。具体来讲，第一章的重点在于介绍、说明研究背景，界定核心概念两个方面。第二章着重研究我国中小企业劳动关系的性质、特征、路径以及基本态势。第三章研究的重点是我国收入分配的理论来源、演变以及现实情况，回答我国收入分配制度"从哪里来到哪里去"的理论和现实问题。第四章主要研究劳动关系与收入分配制度的内在联系、收入分配制度改革对劳动关系调整的作用。首先，按照马克思主义经济学理论，劳动关系、收入分配制度均属于劳动关系范畴，二者在企业初次分配这个点上出现了一个交点。在国务院高调推进收入分配制度改革的进程中，指出这个交点的现实意义在于，各级政府要把工作的重点从做大"蛋糕"转到分好"蛋糕"上，从关注效率转到关注公平上来。这样，政府工作的着力点与工会工作的着力点第一次从理论层面上升到政策层面、实践层面，政府与工会的合作就由过去的被动转为主动，由敷衍塞责变为一心一意，即从理论上系统地研究将劳动关系调整与收入分配制度改革相结合的现实可能性。其次，收入分配制度改革对劳动关系调整的作用，主要体现在收入分配制度改革方案的酝酿、提出、实施三个环节，每一个环节它都会在客观上发挥倒逼劳动关系调整的巨大作用。第五章在战略上确立中小企业劳动关系调整的基本思路——准确透视我国中小企业劳动关系存在的主要问题，唱响扶持中小企业发展的主旋律，科学确定中小企业劳动关系的发展目标。第六章主要是从历史层面探求调整劳动关系的经验。主要研究西方发达国家扶持、调整中小企业劳动关系的经验，新中国成立初期国家按照"劳资两利"

的原则扶持民族工商业劳动关系的经验,为当前我国调整中小企业劳动关系提供借鉴。第七章从现实层面研究中小企业劳动关系调整的内容和模式。在当前情况下,中小企业劳动关系调整的内容是强化集体劳动关系、注重工会的组织建设、完善"三方协商机制"。调整的模式是政府主导型劳动关系。第八章的重点是从微观层面研究中小企业劳动关系调整的原则和策略。依据调整中小企业劳动关系的基本思路、国内外经验及其调整的内容和模式,我国中小企业劳动关系调整的原则,应当是把"扶持中小企业"与收入分配制度改革相结合、收入分配制度改革与劳动关系调整的目标相结合、做大"蛋糕"与分好"蛋糕"相结合、资本的利润最大化与劳动者利益的最大化相结合、解决收入分配问题与劳动关系制度建设相结合,其主要策略是以配合收入分配制度改革为工会工作的中心、以维护职工经济利益为重点、以推进工资集体协商为突破口、以形成企业和职工利益共享机制为目标。

这样设计研究内容的好处在于,本书依然不失为以中国化马克思主义理论为指导的学术著作,既适合这一领域的学者、专家以及劳动关系爱好者阅读,也适合马克思主义理论学科的研究生、博士生阅读。当然,这样的结构安排也还存在一些问题,敬请读者不吝赐教。

邱　敏　学

2015 年 2 月 10 日

第一章 研究的说明与概念界定

一、研究的说明

与其他劳动关系研究的学术著作相比较,本书是将收入分配制度改革与劳动关系这两个不同学科的重大问题放在一起进行研究,其研究背景、研究对象、研究内容和研究方法等都具有自己的特点。因而,需要做一些必要的说明。

(一)研究背景

本研究是在我国社会发展进入转型期,改革开放进入攻坚期和深水区,收入分配制度改革意见出台,《劳动合同法》颁布实施,金融危机爆发,我国工业化发展战略发生调整,劳动力市场发生重大变化的背景下进行的。这些重大的背景对于劳动关系的调整都会产生重要的影响。研究、探索收入分配制度改革中的劳动关系调整,不可避免地要打上时代的烙印。因而,有必要对此做一个基本的交代。

1. 收入分配制度改革意见出台

经过30多年的改革开放,"先富带后富""效率优先,兼顾公平"以及按劳分配为主体、多种分配方式并存的分配制度的形成和确立，我国分配领域存在的平均主义、"大锅饭"现象早已销声匿迹。但是，这并不意味着我国分配领域的问题得到彻底解决。近年来，我国分配领域的问题再次引起全社会的高度关注。每年"两会"的热点、重点话题之一，就是收入分配制度改革问题。社会学、法学、马克思主义理论学界对收入分配制度改革的呼声一年高过一年。社会各界的高度关注和强烈呼吁，引起了党和政府的高度重视。2004年，国务院提出要深化收入分配制度改革。此后几年，深化收入分配制度改革一直被列为国务院的重要工作。2012年，收入分配制度改革方案被列为国务院的第一项工作，并且在一年之内六次提到收入分配制度改革方案的相关问题。由此可见，深化收入分配制度改革已经在社会各界乃至中央政府达成共识。但是，收入分配制度改革方案却是一波三折，步履维艰。值得庆幸的是，收入分配制度改革方案，即《关于深化收入分配制度改革的若干意见》（简称《意见》），在2013年2月出台并与公众见面了。笔者认为，方案迟迟不能出台的原因固然很多，但是，基本原因是本次收入分配制度改革与上次不同。上次分配制度改革是"普惠"，是"惠及"方方面面。因此，一呼百应，立竿见影。本次收入分配制度改革是利益关系的调整，是"惠及"某些方面，也要伤害某些方面的利益。受到伤害的方面，当然要据理力争，要展开博弈。在金融危机肆虐的今天，包括国有企业在内的所有企业日子都不好过。究竟如何把做大"蛋糕"与分好"蛋糕"统一起来或者说在分好"蛋糕"的同时不影响做大"蛋糕"，不影响企业的积极性，我们还没有达成共识，还没有一个具有操作性的好办法。

《意见》对深化收入分配制度改革提出了原则性要求。第34条明确指出:"各有关部门要围绕重点任务,明确工作责任,抓紧研究出台配套方案和实施细则,及时跟踪评估政策实施效果。各地区要结合本地实际,制定具体措施,确保改革各项任务落到实处。鼓励部分地区、部分领域先行先试,积极探索。"①2014年年底,各有关部门的"配套方案和实施细则"还在制定之中,还在"抓紧研究"。各地区结合本地实际"制定具体措施,确保改革各项任务落到实处"的要求,依然没有进入实践层面,深化收入分配制度改革的各项任务还没有"落到实处"。由此看来,收入分配制度改革方案的实施,还需要在实践中不断探索,还需要理论工作者不断研究。但是,《意见》的出台及其逐步落实,为包括中小企业在内的劳动关系的调整提供了前所未有的宽松环境和制度保证。

2.《中华人民共和国劳动合同法》的颁布和实施

《中华人民共和国劳动合同法》(简称《劳动合同法》)的立法宗旨,究竟是保护劳动者的合法权益,还是保护劳动者和用人单位的合法权益,也就是说是"单保护"还是"双保护",是劳动合同立法过程中争论的一个焦点问题。在公开征求意见和审议中,一种观点认为,《劳动合同法》应当"双保护",既要保护劳动者的合法权益,也要保护用人单位的合法权益。因为劳动合同是在平等自愿、协商一致的基础上达成的,理应平等保护合同双方当事人的权利。只保护劳动者

---

① 《关于深化收入分配制度改革的若干意见》,新闻中心—中国网:http://news.china.com.cn/txt/2013-02/05/content_27896744.htm。

的合法权益，偏袒了劳动者，加大了用人单位的责任，束缚了用人单位的用人自主权，加重了用人单位的经济负担，损害了用人单位的利益，将会使劳动关系失衡，最后也必然损害劳动者的利益。有的甚至还认为，如果《劳动合同法》过分保护劳动者，不顾及用人单位的利益，将会使境内外投资者认为中国的法律不保护投资者的合法利益，甚至伤害投资者的感情，不利于我国吸引外资。但是，多数意见认为应当旗帜鲜明地保护劳动者的合法权益。因为我国的现实状况是劳动力相对过剩，资本处于强势，劳动力处于弱势，劳动者与用人单位力量对比严重不平衡。《劳动合同法》作为一部规范劳动关系的法律，其立法价值在于追求劳资双方关系的平衡。如果不顾用人单位处于强势地位、劳动者处于弱势地位的现实，对用人单位和劳动者进行同等保护，必然导致劳资双方关系不平衡，背离《劳动合同法》应有的价值取向。规定平等自愿订立劳动合同的原则并不能改变劳动关系实质上不平等的状况，要使劳动合同制度真正在保持我国劳动关系的和谐稳定方面发挥更积极的作用，就要向劳动者倾斜。

考虑到《劳动合同法》是一部社会法，劳动合同立法应着眼于解决现实劳动关系中用人单位不签订劳动合同、拖欠工资、劳动合同短期化等诸多侵害劳动者利益的问题。所以，《劳动合同法》还是定位于向劳动者倾斜保护。2007年6月29日第十届全国人民代表大会常务委员会第二十八次会议通过，2008年1月1日起施行的《中华人民共和国劳动合同法》第1条开宗明义："为了完善劳动合同制度，明确劳动合同双方当事人的权利和义务，保护劳动者的合法权益，构建和发展和谐稳定的劳动关系,制定本法。"①

但是,《劳动合同法》颁布、实施以后,各界的争论,特别是在企业界的争论再起。其一,2006年胡润百富榜上成为内地首富的东莞玖龙纸业有限公司董事长张茵,作为全国政协委员,她在2008年"两会"期间向大会递交了三份提案,其中一份就是建议继续完善《劳动合同法》。她认为,新法提出的无固定期限劳动合同相当于计划经济时代的铁饭碗,建议修改为签订为期3—5年有期限的劳动合同。其二,2007年12月初,在《中国企业家》举办的中国企业领袖年会召开前夕,时任联想控股有限公司总裁的柳传志在大会上说:"《劳动合同法》我们看了以后还是紧张的。这部法还是太注意照顾现有企业里面员工的利益,这对企业的发展是不利的。比如,签订永久的合同协议,或者合同到期了要补偿的问题,它带来的直接问题是企业发展大了,这方面的负担会弄得太重。我们国家还有大量要解决的问题,比如农民工就业的问题,他往哪里去就业呢?这么做会对中国经济的长远发展产生影响,因为你解决不了购买力的问题,解决不了冻土层的问题。这不仅仅是我们中国企业家的事。"华为技术有限公司总裁任正非被指责为"顶风作案"。从2007年9月底开始,华为耗资10亿元,要求在华为工作满八年的7000名员工在2008年元旦前办理好主动辞职手续,之后再竞聘上岗。尽管任正非本人亦在请辞之列,但舆论普遍认为,华为这一举动实则为规避《劳动合同法》中要求企业要与连续在单位

---

① 《关于深化收入分配制度改革的若干意见》,新闻中心—中国网:http://news.china.com.cn/txt/2013-02/05/content_27896744.htm。

工作满10年的员工签订无固定期限合同的条款。其三，2008年2月4日，《中国青年报》刊文指出，《中国企业家》杂志最近一期刊出"劳动合同法震荡"专题，其中有一项主要针对制造业与服务业企业的调查。该调查指出，超过半数的企业对新《劳动合同法》的某些条款有不同看法，有七成企业希望修改新《劳动合同法》。该调查数据以及部分专家的看法都显示，企业最不赞同《劳动合同法》中"无固定期限劳动合同"的相关规定。

尽管如此，劳动与资本的较量在改革开放30多年的今天，第一次在舆论界、理论界、法律界占据了上风，人心和法律都向"劳动者倾斜保护"。不论在实施过程中有多少阻力，在逐渐成为法治中国的条件下，《劳动合同法》的颁布和实施对劳动关系的调整都不再仅仅具有象征意义，而且具有重要的现实意义和巨大的促进作用。

3. 金融危机

源于美国的金融危机，是由2007—2008年的次贷危机演变而来的。所谓次贷，是"次级贷款"的简称，美国"住房按揭贷款"的一个名词。住房贷款本来只应贷给那些收入稳定可靠，债务负担合理，信用等级高的客户，这在美国叫"优质贷款"。对收入少、债务重、信用差的客户，银行也给予住房贷款的，在美国叫"劣质贷款"。美国的"次贷危机"就是由劣质贷款引发的。其后果是先在美国而后在全世界引发了金融危机。金融危机是指一个国家或几个国家与地区的全部或大部分金融指标（如：短期利率、货币资产、证券、房地产、土地、商业破产数和金融机构倒闭数）的急剧、短暂和超周期的恶化，具体表现为金融资产价格大幅下跌、金融机构倒闭或濒临倒闭、某个金融市场如股市或债市暴跌等。

　　美国"次贷危机"的爆发，并发展成为一场世界性"金融危机"，使世界金融体系遭受重创，对实体经济影响巨大。金融危机波及世界各地，给包括中国在内的经济体带来了巨大的冲击。我国作为一个新兴经济体，对外出口在经济增长中一直处于非常重要的地位。我国最大的贸易伙伴就是美国，美国在这次金融危机中损失惨重，各公司纷纷裁员，减少各项福利措施，美国政府面临着就业和通货膨胀问题，与之伴随的是美国人与生俱来的超前消费观，美国人的银行储蓄一般比较少，这使其可支配的收入不断减少，购买量急剧下降，减少了对我国产品的进口。更加严重的是，近几年，在中美贸易中，我国对美元在经常项目、资本和金融账户都出现了顺差，使美元持续贬值，人民币持续升值，这使我国在向美国出口产品时，相对于马来西亚、泰国等国价格过高，降低了出口产品的竞争力。这两大因素相结合，使我国出口企业，特别是低附加值产品的中小型企业面临着严重的出口问题。许多企业没有足够的订单，有的企业即使有订单，但是美方企业已经破产或者无力购买，使出口企业盈利的空间大打折扣，引发了一系列经济和政治问题。如外向型企业、劳动密集型企业因订单减少、原材料价格暴涨而经营惨淡甚至濒临破产、倒闭，失业人数不断增多等。再如，企业经营风险加大以后，银行贷款更加谨慎，企业获得贷款更加困难。

　　中小企业融资难是个世界难题，金融危机的爆发进一步加大了融资难度。我们知道，中小企业本小利薄，本身资金不足，且商业信誉远远不能与大型企业相比，没有足够的能力进行抵押或者申请贷款。

而银行以及所有的金融机构,作为自负盈亏的企业,其贷款的基本原则不是雪中送炭、扶弱不扶强,而是锦上添花、扶强不扶弱。他们从来都是把资金贷给信誉好、资金足、有历史的企业,不希望贷出的资金出现偿还能力不足的情况。为此,中小企业在和大企业竞争申请贷款时,必定会面临信誉和资金的多重考察。在这次金融危机中,融资难的问题更加明显。对于竞争力较弱的中小企业,特别是生产初级产品的中小企业,资金链的完整性对于一个企业就像生命线一样重要。以纺织品企业为例,生产纺织品对技术的要求不是很高,有足够的资金购买原材料,有足够的人力和机器生产就可以了。但是,由于海外市场的急剧缩小,一些企业不能收回应有的利润,致使企业再生产没有足够的资金支持。买不起原材料,没有足够的资金给员工发工资,使企业不能正常生产,导致企业的资金链断裂,企业不能继续生存。对于另一种中小企业来说,虽然在金融危机中得以生存,但海外市场的减少,生产产品数量的减少,大量的产品没有销路,丧失了利润来源,对于这类企业,除非有政府部门的政策支持,否则想要贷到足够的资金也是很难的。有些中小企业放弃了向银行贷款的申请,转而向一些民间机构和民间贷款,但是,民间贷款的利率相对较高,有的时候限制和要求也很苛刻。在这种企业需要资金的时候,有的民间贷款利率竟然可以达到10%。这种企业即使贷到了资金,面对这样的经济局势,很难保证把本金正常还清,所以,在这个风口浪尖上很多中小企业也是面临着继续生产还是退出的问题。

在这种情况下,企业特别是中小企业已经是泥菩萨过河自身难保,即便有心也无力实施向"劳动者倾斜保护"的《劳动合同法》,推进收入分配制度改革,实现"两个提高"。因此,劳动关系的调整也不能不考虑这些实际。

4. 工业化战略出现拐点

工业化是指一个国家和地区国民经济中,工业生产活动取得主导地位的发展过程。工业化始于 18 世纪 60 年代的英国。这种以大规模机器生产为特征的工业生产活动向原有的生产方式和狭小的地方市场提出挑战,老的生产方式已无法满足日益增长的市场容量的需求。20 世纪以来,特别是在第二次世界大战后,工业化成为世界各国经济发展的目标。工业生产活动的空间活动范围在工业化不同发展阶段具有较明显的趋向性。工业化初期,工业生产活动往往局限在一定的地域范围内(点状分布),随着交通条件的改善而呈线状或带状向外扩散,最终达到一个国家或地区相对均衡的分布状态。中国的工业化是中国共产党人经过 28 年的努力奋斗,推翻了帝国主义、封建主义和官僚资本主义三座大山,建立了新中国后,于 1953 年正式开始的。在工业化初始阶段,我国采取的是农业支持工业、农村支持城市,为工业提供积累的战略;在工业化达到相当程度后,我国采取的是工业反哺农业、城市支持农村,实现工业与农业、城市与农村协调发展的战略。

可以说,从 1953 年到 2004 年,中国的工业化战略始终处在工业化初始阶段,基本战略或者说趋向是,农业支持工业、农村支持城市。其表现之一是,对工农业产品价格实行"剪刀差",将属于农民的利益通过价格的形式转移到国家手里,以积累工业化对资金的需要;表现之二是,压缩城市人口,如三年经济困难时期的"62 压"政策,将 2000 万城市人口压缩到农村,再如"文革"时期实行知识青年"上山下乡"的政治运动,将近2000万城市中的中学毕业生安排到农村去,接受贫下中农的再教育;表现之三是,实行城乡二元户籍制度,严格限制农村人口流入城市,以保证城市人口的粮食供应和原材料供应。这些重大战略举措是中国国情所致,即使在改革开放以后的很长一段时间里,也没有什么大的改变。但是,当工业化发展到一定阶段后,这一战略就要做出相应的调整,即出现拐点。中国工业化战略出现拐点的标志是2004年9月召开的十六届四中全会,时任中共中央总书记的胡锦涛在大会上就明确提出"两个趋向"的重要论断。此后,中国的工业化采取了工业反哺农业、城市支持农村的新战略。

中国的工业化采取工业反哺农业、城市支持农村的新战略是有依据的。根据国际经验,工业支持农业、城市带动农村的时刻用四个指标衡量:农业总产值占GDP的比例小于15%、农业劳动力占30%、城市化率小于50%、人均GDP多于1500美元。进入新世纪之后,我国人均GDP已经超过1000美元,进入中等收入国家行列。按现价和官方汇率计算,2003年中国人均GDP达到1090美元,相当于中等收入国家的水平,许多东部沿海省市已经超过3000美元。这表明,中国已在经济总量规模上具备了工业反哺农业的能力。国家财政收入保持快速增长,财政能力不断增强。进入20世纪90年代以来,除个别年度(1991年)外,国家财政收入保持两位数的年均增长幅度,高于GDP增长速度,从而使国家财政实力不断增强。而农业在GDP中的份额逐年下降,第二、三产业在GDP中已占主导地位。20世纪90年代以来,农业在GDP中的份额呈现加速下降的趋势。1991年到2003年,农业在GDP中的份额下降了9.9个百分点,而相同时间间隔的1978年到1990年,农业在 GDP 中的份额只下降了 1 个百分点。事实上，我国已经实实在在采取了工业化新战略。其主要表现之一是，免除农业税，实行种粮补贴制度，即农民种粮不仅不给国家交钱、交粮，而且国家还给农民补贴；表现之二是，实行社会保障全覆盖，如建立"新农合"，解决农民看不起病的问题，再如对农村 60 岁以上老人的养老保障制度的实行，改变了几千年来"靠儿子养老"的传统；表现之三是，统筹城乡发展，实行城乡一体化建设、城镇化建设，极力缩小城乡差别。

中国工业化出现的新拐点、采取的新战略，不仅给中国农民带来了福音，提升了中国农民的生活质量和幸福指数，农民种粮收益的提高，也为在外打工的农民工提供了选择余地。如果抛家舍口、背井离乡在外打工的收入不如在农村的收入高的话，农民工就可以打道回府，重操旧业。这样一来，一直处于劳动力市场绝对优势的用人单位，也必须采取各种激励措施，如提高工资、改善工作环境、发放奖金等措施来吸引农民工。这在客观上也为调整劳动关系奠定了坚实的经济基础。

5. 廉价劳动力战略走到尽头

"劳动力无限供给"作为早期二元经济发展理论的一个前提性假设，最初是由刘易斯（W. Arthur Lewis）在《劳动力无限供给条件下的经济发展》（1954 年）一文中提出来的。刘易斯认为，对于存在显著二元经济结构（落后的农业部门占国民经济的比重太大）的欠发达国家来说，由于只要支付不变的"维持生活的最低工资"就可以获得近乎无限的劳动力供给，因此可以利用这种无限供给的劳动力资源实现资本积累和现代产业部门的扩张。我国是世界上人口最多、劳动力资源最为丰富的国家，也是资金匮乏、技术落后的欠发达国家。为了加快社会主义现代化建设的步伐、吸引外资，在改革开放以来20多年的很长一段时间里，始终奉行廉价劳动力战略，并依靠此优势招商引资，破解了资金匮乏、技术落后的现代化建设瓶颈，造就了举世瞩目的"中国制造""世界工厂"以及世界第二大经济体。但是，进入新世纪后的2004年，我国东南部沿海地区的东莞爆发了震惊世界的"民工荒"。2008年以来，"民工荒"开始向内陆地区蔓延，给企业特别是中小企业带来了巨大的冲击，很多用人单位至今依然深陷招工难的泥潭而不能自拔。

中国劳动力市场急剧变化的事实表明，刘易斯模型中描述的二元经济结构中，第一个阶段，劳动力是无限供给的，农业劳动边际生产力极端低下，传统部门比较落后，发展缓慢，且存在大量剩余劳动力，外出务工劳动力的工资，受劳动力供给数量的制约而长期得不到提高，务农收入远低于非农产业的工资水平。第二个阶段，劳动力出现有限供给，农业部门加速发展，劳动生产率快速提高，农业部门和现代部门之间的劳动力需求开始出现竞争，劳动者的工资开始由劳动的边际生产力、市场机制和劳动力市场制度作用决定。20世纪八九十年代，中国出现了大批农村剩余劳动力向城市转移的"民工潮"，大规模的劳动力从农村转移到沿海城市，农民工的就业积极性特别高，即使厂商支付较低的工资，只要比在农村的收入高，他们都愿意接受工作。随着我国劳动密集型企业对劳动力需求的大幅度增加和农村剩余劳动力的减少，劳动力供求出现了变化，我国农业工资出现了跳跃式增长。根据国家信息中心的研究数据，1991—1996年，农业人均年实际工资增长速度为12%，这是由于该阶段为农民工进城务工初期，基数较低导致增速较快；1997—2003 年，农业人均年实际工资增长速度开始放缓，仅为 2%，这段时期是典型的刘易斯模型的第一阶段，劳动力工资由买方市场决定，工资增长速度较慢；从 2004 年开始，我国的农业人均年实际工资增长速度开始进入加速阶段，2004—2010 年，平均增速为 7%。在这段时期，我国农业生产率逐渐提高，农业人均收入处于快速增长阶段，因此，劳动密集型企业被迫提高工人工资，以吸引足够的劳动力。从劳动力供给曲线看，2004 年以来，我国劳动力供给曲线呈现出明显向上倾斜的走势，这表明我国的劳动力供给与工资之间的联动关系增强，提高劳动力供给需要增加工资来支撑。

劳动力市场结构的变革，中国的劳动力转向了有限供给，廉价劳动力战略走到了尽头，人口红利终结了。这些变化给中国经济带来了诸多挑战，也是难得的机遇。从挑战来说，过去长达 10 年的高增长、低通胀的时代一去不复返，劳动力工资已经处于上升的走势，人力资本的上升必然推动消费品价格上涨，带动通货膨胀率的走高；劳动力成本上涨会提高企业生产成本、降低企业利润进而影响企业的投资再生产进程，降低整个社会经济的增长速度。从机遇来说，劳动力收入的提高会改善我国国民收入分配格局，缩小城乡居民收入差距，保持社会和谐。尤为重要的是，企业劳动关系的稳定、和谐有了坚实的基础。劳动关系的调整不是以人的意志为转移的，它需要方方面面的条件。当企业奉行廉价劳动力战略时，调整劳动关系是十分困难甚至是不可能的。当企业自动放弃这一战略时，调整劳动关系的诸多内容都会得到企业的认可甚至支持。其结果当然是事半功倍。

（二）研究对象

劳动关系调整涉及的内容十分广泛。从宏观方面讲，包括国家的法律法规、劳工标准的健全和完善，党和政府政策的制定、实施，党和政府对各级领导的政绩考核标准，工会组织、雇主组织的建设以及作用的发挥。从微观方面讲，包括职工的工资、安全、卫生、"五险一金"的缴纳以及在企业的地位、民主管理等。诸如此类的问题是一个系统工程，不仅是一个理论问题，也是一个实践问题，靠一个或者几个课题的研究是难以解决的。本书所研究的是与收入分配制度改革密切相关的、职工最关心的基本经济利益问题，即职工的工资与"五险一金"缴纳等经济方面的问题。

（三）研究目的

第一，抓住收入分配制度改革的历史契机，突破建立和谐劳动关系的瓶颈。笔者认为，建立和谐劳动关系的瓶颈或者说关键是利益分配问题。狭义的利益问题是"V"的问题，即工资按时、足额发放，不克扣、不拖欠，兑现职工的"必要劳动"。广义的利益问题，包括"M"问题在内，即利润独享到共享或者分享问题。中国特色社会主义新型劳动关系——和谐劳动关系——的建立，前提或者说基础是按时、足额发放职工的工资或者说"必要劳动"，目标是从利润独享转变到共享，实现"企业和职工利益共享"。迄今为止，包括国有企业在内的劳动关系，连狭义上的利益问题都未彻底解决，广义上的利益问题还远未涉及。而收入分配制度改革既涉及工资问题，也涉及利润分享问题；既营造了一个宽松的环境，也给工会组织调整劳动关系提供了千载难逢的历史机遇。本书的研究特点在于借此良机，彻底突破建立劳动关系的瓶颈。

第二，充分发挥政府、企业和工会的作用，搞好劳动关系调整的"顶层设计"。如上所述，收入分配制度改革在初次分配领域的指向与劳动关系调整的对象是重合的、交叉的。不论是收入分配制度改革，还是劳动关系调整所要解决的问题，都有助于理顺所有者、管理者、劳动者的关系，正确处理利润制、年薪制、工资制的关系，确定三者在经济收入上的合理比例、差距。本研究就是要揭示二者之间的内在联系，引导工会组织主动与地方政府携手合作，相互促进，相得益彰，从"顶层设计"、统筹安排的角度，探索合理解决职工经济利益的路径，共同根治职工经济收入偏低的"顽疾"。

第三，坚持双赢思维，探索"企业和职工利益共享机制"。包括非公有制企业在内的劳动关系，与以往的劳动关系相比，都具有不同的性质。现阶段的劳动关系是具有雇佣性质和特点的劳动关系，劳动关系不再是劳动者与剥削者的关系，而是劳动者与劳动者、劳动者与建设者（非公有制企业）的关系。据此，本研究就是要跳出传统的、习惯的你输我赢的零和逻辑，按照企业和职工的双赢思维，解决企业劳动关系中的各种问题：企业要把科学发展观的核心"以人为本"——以职工为本落到实处，让职工的工资与企业效益同步增长，让企业的所有员工分享企业的发展成果；工会要把构建社会主义和谐社会、建立和谐劳动关系落实到行动上，把维护职工利益的基本职能落到实处，引导职工"以厂为家""爱厂如家"，以主人翁的姿态履行企业赋予的各项义务，充分发挥自己的聪明才智，为企业做大做强建功立业。

二、相关概念界定

（一）分配制度

分配制度即劳动产品在社会主体中如何分割、配给制度的总称。如按资分配，按劳分配，按劳分配为主体、多种分配方式并存的分配制度。我国现行的是以按劳分配为主体、多种分配方式并存的分配制度。按劳分配是指，凡是有劳动能力的人都应尽自己的能力为社会劳动，社会以劳动作为分配个人消费品的尺度，按照劳动者提供的劳动数量和质量分配个人消费品，等量劳动获取等量报酬。按劳分配的主体地位表现在：一是全社会范围的收入分配中，按劳分配占最大比重，起主要作用；二是公有制经济范围内劳动者总收入中，按劳分配收入是最主要的收入来源。在社会主义市场经济条件下，按劳分配是社会主义初级阶段的分配主体，但不是社会唯一的分配原则。它只是社会主义公有制经济的基本分配原则，在社会主义公有制经济中，也还存在着其他分配方式。多种分配方式是指劳动、资本、技术、土地等其他生产要素按贡献分配。资产分配制度是指存量劳动分配制度。本书主要研究收入分配制度及其改革。

（二）收入分配制度改革

收入分配制度改革是对现行分配制度的调整与完善，是对不同群体利益关系的再分配。新中国成立后，党和政府在社会主义生产资料所有制改造基本完成的1956年，废除了凭借生产资料占有他人劳动的按资分配制度，确立了按劳分配制度。从此，每一个人获取生活消费品的多少取决于向社会提供劳动数量的多少和质量的高低。企业、事业单位和国家机关，是以工资制的形式体现按劳分配。广大农村是以工分制的形式体现按劳分配。由于历史的复杂性和对"资产阶级权利"的片面理解，党的领导人把按劳分配的实践与"限制资产阶级权利"并行起来，甚至在一段时期内，"限制资产阶级权利"、缩小收入差距严重干扰了按劳分配制度。在城市，国家机关、企事业单位"不管贡献大小，技术高低，工资都是四五十块"，并且几十年"一贯制"，长期不变；农村实行的"大寨工"演变成了"大概工"，以至于按劳分配制度成了平均主义、"大锅饭"的代名词。所有这些，严重挫伤了人民群众的劳动积极性、主动性和创造性。党的十一届三中全会以后，以邓小平为核心的党的第二代领导集体，以群众意见最大的平均主义、"大锅饭"为改革的突破口，明确提出"干多干少一个样、干好干坏一个样、干和不干一个样"不符合按劳分配原则，要"让一部分人、一部分地区"依靠诚实劳动，合法经营"先富起来"。第三次是进入新世纪的收入分配制度改革。本次改革的基本方针是正确处理效率和公平的关系，目标是缩小收入分配差距。按照党的十八大报告关于"初次分配和再分配都要兼顾效率和公平，再分配更加注重公平"的要求，"努力实现居民收入增长和经济发展同步、劳动报酬增长和劳动生产率提高同步，提高居民收入在国民收入分配中的比重，提高劳动报酬在初次分配中的比重"。

（三）中小企业

关于中小企业的界定，不同国家、不同行业在经济发展的不同阶段都是不一样的。国际上对中小企业一般从两方面进行定义：一是从质的方面，即企业所有权集中程度、自主经营程度、管理方式和本行业所处地位；二是从量的方面，即企业从业人员数、资本金额、资产总额、销售额、市场占有率等。目前全球80%以上的国家是以定量的标准来划分中小企业的。定量标准又可分为以人数为主要标准的单一定量标准和以多个量化的参数为准的复合定量标准。

美国国会2001年出台的《美国中小企业法》，对中小企业进行界定的标准是雇员不超过500人；日本对中小企业界定的标准为从业人员300人以下或资本总额3亿日元以下；德国界定中小企业的标准是销售额低于100万马克的为小企业，在100万—1亿马克间为中型小企业。欧盟成员国在采取量的指标时，也以质的指标作为辅助，规定企业在职人员在250人以下且年产值不超过4000万埃居（欧洲货币单位的简称），或年度资本总额不超过2700万埃居，并且不被一个或几个大企业持股占25%以上的为中小企业。

我国对中小企业的划分一直采用定量标准，并且是以多个量化的参数为准的复合定量标准。2011年6月18日，工业和信息化部（简称工信部）、国家统计局、国家发展和改革委员会（简称发改委）、财政部联合印发了《关于印发中小企业划型标准规定的通知》，针对不同行业的不同特点，以从业人员数量、资产总额对中小企业进行划分，具体划分见表1-1：

表1-1 我国各行业中小企业最新划分标准

行业	中型企业		小型企业		微型企业	
	从业人员数量	资产总额（万元）	从业人员数量	资产总额（万元）	从业人员数量	资产总额（万元）
农、林、牧、副、渔业	—	>500	—	50—500	—	<50

（续表）

行业	中型企业		小型企业		微型企业	
	从业人员数量	资产总额（万元）	从业人员数量	资产总额（万元）	从业人员数量	资产总额（万元）
工业	> 300	> 20000	> 20	300—20000	< 20	< 300
建筑业	—	> 5000	—	300—5000	—	< 300
批发业	> 20	> 5000	> 5	1000—5000	< 5	< 1000
零售业	> 50	> 500	> 10	100—500	< 10	< 100
交通运输业	> 300	> 3000	> 20	200—300	< 20	< 200
仓储业	> 100	> 1000	> 20	100—1000	< 20	< 100
邮政业	> 300	> 2000	> 20	100—2000	< 20	< 100
住宿业	> 100	> 2000	> 10	100—2000	< 10	< 100
餐饮业	> 100	> 2000	> 10	100—2000	< 10	< 100
信息传输业	> 100	> 1000	> 10	100—1000	< 10	< 100
软件和信息技术服务业	> 100	> 1000	> 10	50—1000	< 10	< 50
房地产开发经营	—	> 5000	—	2000—5000	—	< 2000
物业管理	> 300	> 1000	> 100	500—1000	< 100	< 500
租赁和商务服务业	> 100	> 8000	> 10	100—8000	< 10	< 100

本书中所使用的中小企业是依照我国中小企业最新划分标准界定的中小型企业，广义上是指除大型企业以外的所有企业，狭义上是指除个体企业以外的中小型法人企业。从表1-1中可以看到，我国中小型企业通过人员数量、资产总额进行划分，尤其是增加了微型企业的界定，这使我国中小企业的界定更加科学，划分更加缜密细致。值得注意的是，在我国，中小企业和非公有制经济联系非常密切，工业和

信息化部中小企业司司长郑昕认为："中小企业和非公有制经济互为主体，高度关联，促进中小企业发展也就是促进非公有制经济发展。"截至2013年9月底，工商注册企业达1469万户。从企业规模来看，中型企业占2.4%，小型企业占30.3%，微型企业占67%。① 中小企业当中98%为非公有制企业，在国家工商总局的统计中，非公有制企业包括私营企业、三资企业和个体工商户。国家统计部门统计的非公有制经济包括个体经济、私营经济、外资经济和港澳台投资经济。本书对中小企业的界定，主要依据工业和信息化部中小企业司司长郑昕的主张，即本书中所说的中小企业与非公有制经济概念相似，涵盖私营企业、三资企业和个体工商户，但重点是对中小型私营企业和公有制中的中小企业进行研究，大型私营企业与三资企业本书不做具体研究。

（四）劳动关系

劳动关系是在就业组织中由雇佣行为而产生的关系，是组织管理的一个特定领域，它以研究与雇佣行为管理有关的问题为核心内容。劳动关系是指管理方与劳动者个人及团体之间产生的，由双方利益引起的，表现为合作、冲突、力量和权力关系的总和。② 由于各国社会制度和文化传统等各不相同，对劳动关系的称谓也有所不同。在不同国家的不同时期，劳动关系被称为劳资关系、雇佣关系、劳工关系、劳使关系和产业关系等。劳资关系是指劳动与资本的关系，包括劳动者个人与雇主的关系，也包括工会与雇主或者雇主团体的关系。在市场

---

① 郑昕《激发市场活力　中小企业和非公经济发展面临新机遇》，中国工业新闻网：http://www.cinn.cn/xw/chanj/310001.shtml。
② 程延园主编《劳动关系》，中国人民大学出版社，2002年，第3页。

经济条件下,劳资关系有四个规定:这种关系是一种雇佣关系,即劳动者受雇于劳动力使用者;这种关系是因为履行劳动合同而发生的,它是一种合同关系,即二者的关系是由双方当事人约定的,而不是任何第三方强制的;这种关系是职业的和有偿的关系,即劳动者参与劳动关系是职业行为,是将其作为谋生手段的;这种关系是社会经济关系,即劳动者和雇主之间的具体给付劳动,是这一关系的基础。① 劳资关系包括劳方和资方两个方面:劳方由劳动者及其以工会为主要形式的组织组成;资方由管理方和雇主协会组成。广义的劳资关系主体还包括政府。在劳资关系发展过程中,政府通过立法介入、监督、干预劳资关系。

劳动者是指本身不具有经营决策权力并从属于这种决策权力的工作者,包括蓝领工人、一般技术人员和低层管理者。"工薪阶层"均属于劳动者。工会是劳动者的组织,代表劳动者的利益并为其成员争取利益。非工会组织是独立于工会之外的组织,如职业协会,它是跨企业、跨行业从事某种特定职业的员工组织,主要目标是为其成员争取更多的、职业方面的利益。管理方是指法律赋予的企业所有权或者产权和具有主要经营决策权力的人或者团体。在企业中,只有一个或者少数几个人具有比较完全的决策权力,而其他各管理等级的决策权力是递减的。管理方是等级制的,权力在管理方的分布是不均衡的,它多集中在管理方的上层。雇主协会是管理方团体的主要形式,他们

---

① 常凯《劳权论——当代中国劳动关系的法律调整研究》,中国劳动社会保障出版社,2004年,第72页。

一般不直接介入员工与管理方的关系之中，主要是通过与工会或者工会代表进行集体谈判、参与有关政治活动、选举和立法改革（如修改劳动法等），间接影响劳资关系。政府在劳资关系中扮演第三方或者"中间人"的角色，主要起调解的作用。它主要是通过劳资关系立法的制定或者修改，介入、影响劳资关系，通过监督、干预等手段促进劳资关系的稳定和协调。

第二章 我国中小企业劳动关系的现实状况

　　本书中所说的中小企业劳动关系，是指在改革开放政策的鼓励、支持、引导下发展起来的，在党的十五大政治报告中将其引入体制内的中小企业劳动关系。在改革开放政策的指引下，我国的中小企业与中小企业劳动关系的发展路径并不完全同步。我国中小企业的发展，在邓小平南方谈话之前，可谓步履维艰，一波三折，困难重重。1992年，党的十四大之后，中小企业迎来了发展的春天，进入了"快车道"。与此不同的是，中小企业劳动关系在20世纪八九十年代处于"蜜月期"，但是，进入新世纪之后，随着非公有制经济在国民经济中比例的上升和地位的提高，诸如拖欠工资、"黑砖窑"等"血汗工厂"引发的劳动争议、纠纷屡屡见诸报端，学界认为我国中小企业劳动关系进入了"矛盾期"。本章的重点在于研究我国中小企业及其劳动关系的现实状况。

一、我国中小企业的发展状况

（一）我国中小企业的地位和作用

中小企业是国民经济和社会发展的重要力量，在活跃经济、吸纳就业、推动创新、增加税收、便民利民等方面发挥着举足轻重的作用。但是，由于自身规模小、实力弱、抗风险能力低，中小企业依然是企业中的弱势群体。中小企业的现状不是"中国特色"，而是世界性的难题。西方市场经济国家在发展过程中，也遇到了类似的问题，并且采取了重大举措以促进中小企业的健康发展。西方国家和政府不仅将支持中小企业发展作为重要的经济政策，更将其作为重要的社会政策。其主要原因在于中小企业在国民经济中具有不可替代的重要地位和作用。我国在改革开放以来的30多年中，对中小企业的发展十分重视，我国中小企业的发展可谓是"跨越式"的。据第二次全国经济普查的数据显示，2008年，我国中小企业（含持照个体工商户）约3700万户。国家统计局统计资料显示，2010年全国规模以上中小企业44.9万户，实现总产值49.8亿元。中小企业对社会贡献巨大，创造了60%的国内生产总值，贡献了全国50%以上的税收，提供了80%的城镇就业岗位，全国60%的发明专利、75%以上的企业技术创新和80%以上的新产品开发都是由中小企业完成的。但是，中小企业自身存在着不可避免的问题，解决这些问题，不仅需要中小企业自身努力，也需要政府和社会多方面的支持。在实现全面小康和中国梦的大背景下，促进中小企业健康发展具有十分重要的意义和作用。

第一，中小企业是保证国民经济平稳较快增长的重要力量。中小企业遍布各行各业，是最具活力的企业群体，具有强烈的创新意识、竞争意识和"船小好掉头"的优势，能够充分利用资源，快速应对市场变化，及时填补市场空白，提供大量的产品和服务，是推动经济增长的重要源泉。

第二，中小企业是转变经济发展方式的重要主体。中小企业尤其是科技型中小企业，天生具有创新基因，是技术创新和商业创新的生力军。大量新技术、新产品和新的服务、新的商业模式都源自中小企业。在改造、提升传统产业、发展新产业、开拓新领域、调整优化经济结构、加快经济发展方式转变中，中小企业是重要的担当者和关键所在。

第三，中小企业是关系民生改善和社会和谐的重要基础。中小企业量大面广，是吸引就业的主要渠道，为大量剩余农村劳动力和城市新增劳动力提供了就业岗位。中小企业的发展关系到多数人的收入水平。国际经验表明，中小企业发展得好，居民收入差距相对较小，生活质量和幸福指数就高，社会就比较和谐稳定。也就是说，中小企业的发展状况，关系到2020年我国能否实现全面小康社会的目标、能否实现中国梦的第一个目标。

中小企业中的微型企业是尤其需要重视和扶持的群体。微型企业绝大多数属于自我创业就业型，既具有经济功能，又具有重要的社会功能，在反贫困、促就业、惠民生、保稳定方面发挥着不可替代的作用。由于微型企业规模更小、实力更弱、抗风险能力更低，发展就更为困难，也就更加需要政府和社会的高度关注和大力支持。

（二）我国中小企业发展面临的困境

第一，中小企业自身的限制。中小企业同任何事物一样，具有自身的优势，并且这些优势是其他类型的企业永远不可能拥有的。但是，中小企业也有自身难以克服的问题。在新的国际国内经济形势下，这些问题的存在，直接制约着中小企业的健康发展。首先，中小企业技术含量低。国际上一般认为：技术开发资金占销售额1%的企业难以生存，占2%的可以维持，占5%的才有竞争力。而我国很多中小企业根本没有开发经费，有开发经费的也往往不足其销售额的1%，自我积累能力很弱。[①]由于自身资金和技术水平所限，基础薄弱的中小企业只能有选择地进入门槛较低的行业，其产品还主要集中在中低端，而且越是低端产品，企业越多。由于进入行业过于集中，行业之间产品同质性高，且都属于竞争性行业，故相互之间竞争也异常激烈。由于资金缺乏，融资困难和研究开发费用较高，中小企业只能依靠产品模仿或停留在成型产品的生产与销售上。企业管理的焦点只停留在产品的质量、价格、渠道和广告宣传上，而不能根据市场的状况和消费者的需求开发新产品，造成企业产品单一、样式陈旧、缺少市场竞争力。在廉价劳动力战略遭到欧美"反倾销"的阻击和劳动者维权意识觉醒的今天，必将要求中小企业以科技水平的提升"消化"劳动成本提升对利润的侵蚀。这一情况对于技术含量不高的中小企业，不能不说是一道难以逾越的槛。其次，现代企业管理制度尚未健全。现代企业管理制度是企业成熟与否的重要标志，而绝大多数中小企业依然停留在家族制管理、经验管理上。中国社科院2004年中国民营企业竞争力研究课题调查结果显示，在对736个民营企业进行调查的过程中，72.6%的企业业主及家族成员共同拥有的股权在90%

---

① 罗仲伟《加快我国中小企业发展的政策思路》，《中国社科院学报》2005年，第4期。

以上；有455家企业（占样本总数的61.82%）承认其本质上仍是家族企业。①由此可见，大部分中小企业仍为家族企业，管理方式也多为家族式管理，随意性很大、规范性不足，造成了管理上的混乱。管理手段原始、混乱，激励机制、制约机制以及财政机制的不完善也制约了中小企业的进一步发展。再次，内涵式发展的经营方式并没有得到中小企业的重视。目前，我国许多中小企业都希望快速扩大生产经营规模，特别是实行多样化生产和多元化经营。当企业发展到一定阶段，多元化扩张就成为很多中小企业的必然选择。在这些中小企业看来，企业的成长就是规模的扩大，结果造成一批中小企业盲目扩大生产经营规模和追求多元化发展道路，从而使企业出现资金短缺、产品质量不高、服务跟不上等问题，陷入产品越来越多而市场越做越小的困境。在金融危机肆虐的今天，这种仍然依靠扩大规模、忽视内涵式发展的中小企业，是很难生存、发展下去的。

第二，国际金融危机对中小企业的冲击。从2008年以来的实际看，金融危机对企业的冲击和影响，绝不亚于20世纪30年代的大危机。在危机面前，所有的企业都是苦不堪言，全力应对。对于本小利薄的劳动密集型中小企业来说，更是前所未有的挑战。将这些挑战概括起来，主要表现在以下几个方面：首先，融资难度加大。中小企业融资难是一个世界性的问题，包括发达国家在内的中小企业都存在这个问题。在改革开放以来的30多年里，这个问题始终是困扰我国中小企业发展的重大问题。金融危机爆发后，银行等金融机构作为企业，他们贷款的对象首选为信用好、

---

① 罗仲伟《加快我国中小企业发展的政策思路》，《中国社科院学报》2005年，第4期。

还款能力强、可以实行抵押贷款的大型企业。多数中小企业难以满足银行等金融机构的这些条件，因而，对原本融资渠道单一的中小企业来说就是雪上加霜。据江苏、陕西数十家中小企业及金融机构反映，中小企业融资难已存在多年，轻纺、涉农等民生类行业以及软件、互联网等现代服务业由于利润率较低、缺少资产抵押担保，除了极少数上市公司和地方扶持的骨干企业，大部分企业贷款都很难。笔者对湖北省云梦县20家中小企业进行了调查，发现资金缺口总计4200万元，部分企业在资金紧张时，主要靠私人借贷，这大幅提高了融资成本。而国际金融危机又把贸易型、出口加工型企业纳入贷款难行列。许多业内资深人士认为，制约中小企业融资难的关键因素是担保问题。目前许多地方政府支持成立了多种形式的担保公司，为银行向中小企业贷款进行担保。为了对接企业和银行两个商业主体，目前政府主要通过行政支持手段让具有官方背景的担保公司做中介。但可以想象，背负着扶持中小企业的官方使命，担保公司难以完全按市场化规律选择中小企业给予担保，这对企业、银行和担保公司三方而言都不是最佳结果，这也是中小企业依然融资难的原因所在。其次，生产成本上升。相对于产品价格，目前中小企业生产成本上升幅度提高。从2007年年初开始，国家确定了以"两防"（防过热、防通胀）为主导的宏观调控政策走向，使产品市场逐步萎缩，产品价格逐步下降。而包括能源在内的原材料，价格则呈上升趋势。加之人民币汇率上升，以及《劳动合同法》的颁布实施，更增加了成本上升的幅度。其中后两项属于硬成本，企业是不能消化的。这就大大增加了企业控制成本的难度。更严重的是，中小企业生产成本上升，完全达到了侵蚀利润的程度，由此造成大批中小企业亏损，导致部分外资企业外移的同时，丢掉了一些产品的国际市场。

再次，国际国内市场萎缩。一方面，金融危机向全世界蔓延从而造成全球通货紧缩，直接导致国际产品市场急剧萎缩。早在2008年前，我国产品出口以20%以上的幅度增长，到2008年增幅只有8%左右，从2008年11月开始，我国对外贸易进出口同比双双下降，出现了负增长。这样，第一波受到冲击的就是生产出口产品的企业。其中，生产玩具、服装、鞋类、家具、文体用具等生活必需品的企业很多都倒闭了。浙江省温州市和广东省东莞市是生产这些产品的中小企业集聚地，据温州市经贸委对全市重点乡镇的调查，共有两万个企业完全倒闭，东莞也有近万个企业倒闭。更为重要的是，国际市场萎缩直接导致我国中小企业出口量下降。而中小企业出口量下降，又导致企业被迫将产品转为内销，致使外向型企业与内向型中小企业形成激烈的竞争关系，造成那些专为出口产品提供原材料与服务的上下游企业开工不足，所有相关企业都相应地减少员工数量。加之此前形成的房地产市场因房价过高造成的市场低迷，以及因宏观调控影响了一些大型项目的进度等，更增加了国内市场的不确定性。中小企业几乎全部都处于产业链条的某一部位，产业链条的断裂就意味着企业市场的消失。相关数据表明，2008年6月底，全国有6.7万户规模以上中小企业处于停产、半停产状态。国际金融危机的爆发和蔓延累及我国经济，使原本已处于困境中的中小企业更加困难。

二、我国中小企业劳动关系的特性

（一）我国中小企业劳动关系的性质

在社会主义初级阶段，劳资双方在理论上、法律上都是国家的主人，地位是平等的。并且，在流通领域或者说在市场上，劳动者与企业主的关系如同当今的青年人找对象一样，是自由恋爱，是平等、自愿的。劳动者选择哪一家企业，企业选择哪一个劳动者，都是双方自愿的，不存在任何强制性。但是，一旦离开流通领域进入企业、进入生产领域，这种平等、自愿的关系就演变成不对称的、不平等的关系。

首先，现实的劳资关系是雇佣与被雇佣的关系。中小企业之所以为非公有制企业，主要是从财产关系上讲的。非公有制企业的资产是出资人的，或者说是资方的。按照国际惯例，非公有制企业的出资人或者说资方，决定企业用人的数量、质量、结构、类型，即企业用多少人、用什么样的人，什么样的人企业出多少钱，等等，皆由投资人说了算。当然，劳动者也有选择企业的权利，也可以"用脚投票"，一走了之。但是，在劳动力市场处于买方市场的情况下，对于多数普通劳动者来说，与企业"讨价还价"基本上是理论上的、法律上的权利。如果劳动被资本雇佣，形成了现实的劳资关系，不到万不得已、忍无可忍，任何一个劳动者都不会轻易"用脚投票"，一走了之。因为劳动者的"退出"，对企业并不会造成什么影响，一些人退出了，庞大的产业后备军又会立刻填补这个空缺，成为资方的雇佣工人，继续扮演弱者的角色；但对劳动者会造成一定的影响，他们又要从生产领域退回流通领域，在激烈的劳动力市场上开始新的选择，接受资方的再次挑选，争取被雇佣。在我国社会主义初级阶段，生产资料公有制的主体地位及其法律、政策的约束，对非公有制企业的雇佣劳动关系固然具有一定的抑制作用，但是，依然难以抵制市场经济的游戏规则发挥基础性作用。因而，现阶段非公有制企业的劳资关系不能不打上雇佣与被雇佣的烙印，带有雇佣与被雇佣的性质。

其次，现实的劳资关系是被管理者与管理者的关系。按照我国"谁投资、谁决策、谁受益"的现行法律规定，企业不管是采用家族式管理，还是股份制管理，决策权都牢牢地掌握在投资人手上。根据大多数研究结果和笔者的调研结果，非公有制企业的经营管理一般采用"胡萝卜加大棒"的方式，物质奖励与惩罚几乎是唯一方式，诸如目标激励、成就激励、荣誉激励、竞争激励、成长激励等精神激励的方法少得可怜，思想政治工作、协商和讨论的民主管理在这些企业几乎没有市场。在多数非公有制企业中，劳动者基本上没有参与权、知情权，包括生产什么、生产多少、怎样生产这些重大问题，以及每天劳动多长时间、多大强度，在什么样的条件下进行劳动，都是由企业及其高层管理人员来决定，劳动者及其工会组织在其中的作用都是十分有限的。在这些企业中，管理者与劳动者成了命令与服从的关系。

诚然，家族式企业与股份制企业在管理上还是存在差异的。家族式企业一般是所有权与经营权相统一的、依靠亲缘和地缘维系的、原始的中小型企业。这些企业多是凭借延长劳动时间，增加劳动强度来实现利润的最大化。股份制企业一般实行所有权与经营权相分离的现代企业制度。在这些企业中，"新三会"——股东会、董事会和监事会取代了"老三会"——党委会、职代会和工会，成为公司的常态治理机构，企业的生产、经营、管理等一切权力，集中体现在代表股东会、董事会利益的经理或者高层管理人员手上。高层管理人员按照出资人的意志，从企业利润最大化的角度对企业进行全权管理，处于主导和支配地位，而劳动者是被企业雇佣的，受资方代表——经理（或厂长）

的管理和支配。除了个别大型私营企业或者规范的股份制企业以外，多数股份制企业中劳动者参与管理的可能性微乎其微，甚至在涉及个人利益的重大问题上，连知情权都谈不上。

再次，现实的劳资关系是工资享有者与利润享有者的关系。企业主雇佣劳动者的目的是价值增殖，实现利润最大化。劳动者被企业雇佣，听任管理者的管理和指挥，目的在于实现劳动利益的最大化。企业主的利润最大化和劳动者的利益最大化，均取决于企业新创造的价值掌握在谁的手上。分配权掌握在劳动者手上，分配的结果于劳动者有利，利益最大化也就容易实现。相反，分配权掌握在企业主手上，分配的结果于资方有利，利润最大化也就容易实现。在社会主义初级阶段，非公有制企业劳动成果的分配权掌握在企业主与高层管理人员的手上。如何分配、分配多少、什么时候分配、以什么形式分配都是企业主的事，劳动者与劳动者的组织——工会，对此只会产生很小的影响，劳动合同甚至包括集体合同基本上都是企业主单方面决定的，劳动者及其工会的作用几乎可以忽略不计。虽然国家的政策、法律对非公有制企业的劳资关系有一定的约束和限制，但是，迄今为止，"不折不扣"地执行《劳动法》《劳动合同法》的企业还是少数。在这样的分配体制下，扣除成本和向国家缴纳的税金后，在新创造的价值中，企业主首先顾及的是自己的利润，其次是高层管理人员的年薪，最后才是劳动者的工资。劳动者能够按时领到工资已经很不错了。因为以种种理由克扣、拖欠工资早已是一个普遍的现象，这就是说，劳动者在现实生活中，能否及时、足额的拿到工资，也不是自然而然的。

总而言之，目前条件下，劳动者在私营企业中既没有经济资源又没有组织资源,无法与企业主相抗衡,在双方的博弈过程中总是处于极不对称的弱势地位。

(二)我国中小企业劳动关系的特征

现阶段,中小企业的劳动关系与马克思时代的劳动关系、新中国成立前后我国存在的劳动关系不完全相同。中小企业是在改革开放政策的鼓励、支持、引导下发展起来的,是中国特色社会主义建设的主要力量,是现阶段基本经济制度的重要组成部分;中小企业主是中国特色社会主义的建设者;中小企业的劳动者,是进城务工的农民工和国有企业的下岗职工,是我国工人阶级的重要组成部分。因此,中小企业中劳动双方的关系是劳动者与建设者的关系,二者的矛盾、纠纷是根本利益一致基础上的矛盾。就是说,现阶段我国中小企业劳动关系具有特殊的性质。笔者将其概括为以下三个方面:

第一,"自觉"的劳动关系。我们知道,资本主义的劳资关系与资产阶级政党的宗旨是一致的,在资本主义社会,不管是哪个政党执政,都是资产阶级政党。我国在建国初期,虽然曾经存在过劳资关系,但那是历史留给中国共产党的"遗产"。中国共产党成为执政党以后,依据马克思主义理论和中国的实际,制定了比较科学的"利用、限制、改造"的政策,以"温和"的方式逐步消灭了民族资本主义工商业以及建立其上的劳资关系。与历史上所有的劳资关系相比,现存劳资关系的最大的特点在于,它是执政党"自觉建立"的、与执政党的宗旨甚至是相悖的、"异己"的经济体。30多年的实践证明,这不是以邓小平为代表的第二代领导集体在社会主义建设中所犯的路线错误,而是马克思主义基本原理与中国实际相结合的最新理论成果,是国际共产主义运动史上的一个伟大创举。

首先,现阶段非公有制企业的劳资关系,是在改革开放政策的鼓励、支持、引导下自觉建立的。中国共产党是马克思主义政党,是以马克思主义理论为行动指南的政党。在社会发展问题上,马克思主义主张"消灭私有制",推翻资本主义社会,建立社会主义社会。第一个社会主义国家苏联,在列宁和斯大林的领导下是这样做的。1949年,中国革命胜利以后,中国共产党成为执政党,中国共产党人在毛泽东的领导下也开始了消灭私有制的历史,并采取"赎买""围剿"等方式,企图使"资本主义绝种"(毛泽东语)。当这个目的达到、"一大二公三纯"的生产资料公有制建立起来以后,我们的预期目标并没有完全实现,甚至还出现了反复——私有制经济以各种方式在各地悄然出现。党的十一届三中全会以后,以邓小平为核心的中央领导集体,总结了社会主义建设的经验教训,解放思想、实事求是,扬弃了关于社会主义所有制的传统观念,逐步调整了建立单一公有制的政策。改革开放初期,面对近2000万知识青年一夜之间返回城市需要就业的巨大压力,党中央从实际出发,首先开始鼓励、支持个体经济的发展。不久,一些个体户在发展过程中,雇工超过了八人这个"高压线"①,引起了轩然大波。对此,党的政策没有反复,而是坚定地向前走。就这样,党和政府关于非公有制经济的政策,从20世纪80年代初期的"看一看"发展到20世纪90年代的"鼓励、支持、引导";非公有制经济的作

---

① 马克思在《资本论》中曾提出"七下八上"的划分小业主和资本家的标准,即雇工在七人之内为小业主,八人以上为资本家。我国关于私营企业主的法规曾以此为标准,作为个体户和私营企业的界限。

用,也从"补充"发展到"重要组成部分""体制内",成为现阶段基本经济制度的主要内容。总之,党和政府30多年来自主自觉、一以贯之地对非公有制经济采取鼓励性政策,铸就了占有"半壁江山"的非公有制经济及其劳动关系。非公有制经济的存在、发展,似乎与马克思主义理论、党的宗旨是不一致的,甚至是相悖的。改革开放30多年来,一直存在这种议论。但是,在经济文化落后的国家建设社会主义,不能仅仅靠马克思主义经典作家的"本本",不能仅仅靠逻辑推理。改革开放30多年来的实践再一次证明,依据中国生产力发展的实际水平,发展非公有制经济及其劳资关系,不仅不会损害社会主义,而且还会发展中国特色社会主义事业,巩固党的执政地位。

其次,现阶段非公有制企业的劳资关系,是在党的"构建和谐劳动关系"的号召下进行自觉调节的。诚然,非公有制经济的固有弊端,即使在社会主义制度下也会以各种方式表现出来,影响、干扰正常的生产和生活,甚至影响社会稳定。山西出现的"黑砖窑"事件、大范围的"拖欠农民工工资"的现象以及东莞出现的"民工荒"等重大劳资冲突事件,向党和政府、向全社会提出了严峻挑战。为此,党和政府在充分调研的基础上采取了一系列举措。(1)国务院总理为农民工追讨"拖欠工资"。国务院总理为农民工追讨"拖欠工资",其深层含义在于各级政府在追求GDP的同时,也要保一方平安,要为社会稳定做贡献,要为农民工——党的阶级基础、依靠力量——说话、办事,要像重视招商引资一样重视劳资关系的和谐。(2)党的十六届四中全会明确提出了"构建和谐劳动关系"的目标。"构建和谐劳动关系",源于我国非公有制劳资关系从20世纪八九十年代"蜜月期"进入"矛盾期"的现实。更为重要的是,中共中央不再把私营企业劳资关系作为"敌我矛盾"来看待,而是将现阶段我国的劳资关系定性为人民内部矛盾,用"调节"而不是用"革命"的办法处理矛盾和冲突,它对于中国特色社会主义事业的发展具有深远的意义。不仅如此,"构建和谐劳动关系"还规定了处理、调节劳资冲突的目标和方向,即不是一方消灭一方、战胜一方,而是劳资两利、互利双赢、和谐相处。(3)颁布了《物权法》《劳动合同法》。市场经济是法制经济,没有一套健全的、完备的法律法规,是不可能构建和谐劳动关系的。进入新世纪以来,我国从"构建和谐劳动关系"的高度出发,加快了法制建设的步伐。一是克服重重困难,颁布了《物权法》,为保护企业主的合法财产提供了法律依据。经过30多年的发展,不少私营企业已经做大做强,企业资产超过亿元的不在少数。进入新世纪后,部分企业主考虑最多的一个问题是,改革开放政策会不会变,个人的财产会不会被没收,甚至有些企业主未雨绸缪,将财产存在外国银行,以防不测。为了消解企业主的上述忧虑,国家颁布了《物权法》,让企业主吃了一颗"定心丸",为企业进一步做大做强,稳定劳资关系提供了保障。二是根据劳资关系不平衡的实际,颁布并实施了《劳动合同法》。由于种种原因,我国非公有制企业的劳资关系长期处于极不对称的状态,以至于成为"弱势群体"。为了扭转这一局面,国家决定制定《劳动合同法》。在《劳动合同法》的起草过程中,围绕立法宗旨——究竟是平等保护劳资双方的权利还是倾斜保护劳动者的权利这个重大问题,劳动法学界展开激烈的争论。国家立法委员会在充分听取了各方意见之后,依据非公有制企业劳资关系的现状,采取了

"倾斜保护劳动者"的意见。从而为根本上扭转"强资本、弱劳工"的状况,平衡劳资关系、维护劳动者的合法权益找到了突破口。(4)着手改革收入分配制度。改革开放,是从分配领域打破平均主义、"大锅饭"开始的,不久,邓小平提出"先富"带"后富"的分步富裕政策。党的十四大以后,中央提出并坚持"效率优先,兼顾公平"的原则。这些分配政策、原则的实行,有效地打破了平均主义,调动了企业主生产经营的积极性、主动性和创造性。但是,进入新世纪以后,个人收入差距过大、初次分配中劳动收入过低等问题引起了广泛关注,成为一个社会问题、政治问题。对此,党的十七大报告没有继续使用"效率优先,兼顾公平"的原则,而是明确提出"初次分配要处理好效率与公平的关系,再分配要更加注意公平"。2010年,国务院、发改委几次明确表示,要改革收入分配制度,缩小收入差距,大幅度提升劳动在初次分配中的比重,增加劳动收入,让亿万人民分享改革开放的成果。

党和政府的上述政策、国家的法律法规,既尊重了市场经济的规律,又体现了社会主义的制度安排。这些政策的落实,法律法规的实施,为构建和谐劳动关系奠定了坚实的基础。

第二,"受控"的劳动关系。一方面,我国非公有制企业是按照市场经济的"游戏规则"运行的,劳资双方是雇佣与被雇佣的关系。在非公有制企业中,企业主是资本的人格化,掌握着经营管理大权,并且完全占有企业利润或者说剩余价值;雇佣劳动者在企业是让渡劳动力的被雇佣者,他们能否在企业工作、干什么工作、干多久,一切均由资本"说了算",他们劳动所得的数量、时间、方式完全取决于资本。如此等等，是非公有制企业劳资关系的重要表现。另一方面，中国的亚细亚传统、公有制为主体、国家管理、共产党领导等决定了非公有制企业劳资关系是受控制、受制约的雇佣劳动关系。在中国共产党领导下的社会主义国家，非公有制经济及其劳资关系的存在、发展，与党的政策、国家的法律有很大的关系。再说，改革开放后"再生"的非公有制经济、非公有制企业，至今不过30多年时间。企业主和雇佣工人都是新生代，都是从计划经济中差别不大的同一阶级或者同一阶层中脱胎出来、发展起来的，都是农民、工人、知识分子，有些还是共产党员。总之，企业主和雇佣工人都是在相同的教育背景下成长起来的一代，有着大致相同的经历和阅历，相似的思想观念和思维方式，对党的改革开放政策是拥护的、支持的，因而，非公有制企业的劳资关系是"受控"的、发展的。

第三，"资方主导"的劳动关系。迄今为止，资本主义社会的一般情形是，资本雇佣劳动，资方主导劳方。在共产党领导下的社会主义国家是否也是这样，理论界对此并没有给予科学解答。从改革开放30多年来的实践看，现阶段非公有制企业的劳资关系，基本上也是资本雇佣劳动，资方主导劳方，与资本主义社会劳动关系存在相似的地方。

关于其中的原因，张维迎认为，在新古典经济学中找不到这个理论，而是他首先提出了解答。[①] 其实，马克思在《资本论》中对此已经做了十分透彻、精辟的分析。他用"商品生产所有权规律转变为资本

---

① 张维迎《企业的企业家——契约理论》，上海三联书店、上海人民出版社，1995年，第1页。

第二章 我国中小企业劳动关系的现实状况

主义占有规律"的理论,深刻地阐述了这一理论问题。马克思认为,货币转化为资本的秘密在于购买的商品是劳动力,由此导致劳动过程成为"资本雇佣劳动""劳动隶属于资本"的过程。接着,他分析了价值增殖过程和简单再生产、扩大再生产过程,对"资本雇佣劳动""劳动隶属于资本"做了全面的、实证的和理论的分析。他说:"以商品生产和商品流通为基础的占有规律或私有权规律,通过它本身的、内在的、不可避免的辩证法转变为自己的直接对立物。……所有权对于资本家来说,表现为占有他人无酬劳动或它的产品的权利,而对于工人来说,则表现为不能占有自己的产品。"①所以,只要能购买到劳动力,就是"资本雇佣劳动"而不可能是"劳动雇佣资本"。同时,资本也就拥有了支配、管理包括劳动力在内的所有生产要素的权利,拥有了主导劳资关系的权利,处于控制、管理的地位。而劳方一旦离开市场、离开流通领域,进入企业、进入生产领域,则处于被支配、被管理、被使用的地位。

上述情形是马克思对资本主义劳资关系的描述,我国现阶段非公有制企业劳资关系的情况如何呢?是否从根本上改变了这一状况呢?笔者认为,现阶段的基本经济制度和经济体制,尽管使其"受到控制",但是,仍然不能从根本上改变这一状况,依然是资本雇佣劳动,资方主导劳方。其主要原因在于:(1)我国尚处于工业化发展过程之中。众所周知,我国的工业化建设是从 1953 年开始的,到目前为止,我们实现了工业化的第一步、第二步,现在正在向第三步迈进。一般认为,我国正处在工业化的中期,在这个阶段,占主导地位的生产要素是资本,其

---

① 《马克思恩格斯全集》(第 44 卷),人民出版社,2001 年,第 673~674 页。

人格化就是企业主。马克思认为,资本家是工业化的"主动轮"①(而资本家不过是这个社会机制中的一个主动轮罢了)。(2)我国是一个劳动力资源十分丰富的大国,劳动力过剩,劳动力市场为需求约束型。一般来讲,工业化的过程,就是资本有机构成不断提高的过程,是生产过剩人口的过程。而我国本来就是一个劳动力资源十分丰富的国家,在现代化开始之初,遇到的最突出的问题就是就业问题。不少经济学家认为,中国的劳动力"近乎无限供给"。这种特殊情形的长期存在,使劳动力总量大于供给,劳动力需求方占主导,压价挑选;劳动力供给方自我竞争激烈,竞相削价,以求生计。(3)企业主拥有强大的"社会资本"。现今的企业主,大体由三种人组成:其一,农民中有胆有识的能人。在改革开放初期,农村中一些有胆有识的农民抓住改革开放政策的先机,开始搞起了个体户,后来发展壮大,成为私营企业主。其二,工厂中头脑灵活的推销员、专业技术人员。这些人文化水平高,了解国家政策,知道市场行情,懂得专业技术,他们瞅准机会,离岗"下海",搞起了个体户或者私营企业。其三,一些国家机关干部,国有企业厂长、经理。这些人抓住国家对国有企业"抓大放小"、企业改制的机会,一跃成为私营企业的老总。总之,1978年之后,我国非公有制企业的企业主"再生"的特殊条件,造就了企业主文化技术水平高、社会活动能力强、与各级政府机关联系多的基本特点。经过30多年的风风雨雨,企业主的经济地位、政治地位、社会地位都有了很大的提高,已经成为十分瞩目的社会阶层。按照中国社会科学院社会学研究所研究员陆学艺的

---

① 《马克思恩格斯全集》(第44卷),人民出版社,2001年,第683页。

研究，企业主阶层仅仅低于"国家与社会管理者阶层、经理人员阶层"，在中国十大阶层中处于第三位。"强者即支配者"，正如乔·英格兰所说："在实际上所有的香港雇主中权力主义是强有力的特性。"

（三）我国中小企业劳动关系发展的特殊路径

我国中小企业独特的劳动关系性质，决定了其独特的发展路径。从目前的实践看，我国劳动关系的发展路径与西方发达国家的路径是不同的。

西方工业化国家的劳资关系大体上都走过了劳资冲突到劳资合作的路子。50多年前，芝加哥大学教授弗雷德里克·H.哈比森（Frederick H. Harrison）与约翰·R.科尔曼（John R. Coleman）将劳资关系划分为四种连续形态：对抗（confrontation）、休战（armed truce）、和睦相处（working harmony）与合作（cooperation）。对抗是原始状态或者初始状态的劳资关系，在这一阶段，劳资关系尖锐对立，互不相让，工人罢工此起彼伏。经过对抗阶段，双方都从中总结经验教训，劳资关系进入休战阶段。在这一阶段，劳资双方没有激烈的产业行动，但是，劳资关系仍然靠集体协议维系。经过休战阶段，管理方不再把工会看作工业社会的毒瘤，工会也逐渐意识到自身的发展在很大程度上取决于企业的经营绩效。双方找到了共同利益，于是相互让步，劳资关系也就进入和睦相处阶段。但是，由于生产经营权仍然掌握在管理方手中，工会只能事后监督管理方的行为，而不能事前干预管理方的决策，因而，双方依然存在较大差异。这就要求劳资关系继续发展，进入劳资合作阶段。劳资合作是劳资关系的最高级形态，它的基础是工会与管理方之间相互信任、彼此尊重。管理方相信工会愿意合作，降低生产成本；

管理方也愿意让工会参与企业的经营管理活动。工会则鼓励员工提高劳动积极性，争取更多有形与无形的福利。

与此不同的是，我国中小企业劳动关系大体上走的是合作、矛盾的路子。改革开放后"再生"的中小企业劳动关系，曾经有一个令人神往、流连忘返的发展时期。20世纪80年代末到90年代，农民工甚至包括国企职工、机关干部都向往中小企业。所谓"国营不如集体，集体不如私营，私营不如外资""一家两制"，就是当时中小企业劳动关系的真实写照。理论界将这一时期的劳动关系称为"蜜月期"。但是，随着"抓大放小"的国有企业战略重组实施以后，国有企业或者说公有制的比重大大下降，中小企业劳动关系的"参照系"不明显了，"普照之光"远不如以往强烈。因而，进入新世纪以后，中小企业劳动关系开始恶化，拖欠工资成为普遍现象，"黑砖窑"之类的"血汗工厂"浮出水面。为此，学界将这一时期的劳动关系称为"矛盾期"。2006年十六届六中全会上，中央提出了构建和谐劳动关系，2007年国家颁布了"向劳动者倾斜保护"的《劳动合同法》。至此，构建和谐劳动关系成了包括中小企业在内的主旋律。由此看来，我国中小企业的劳动关系是沿着"蜜月期"——"矛盾期"——"和谐期"的路径变化的。这条路径，是不同于工业化国家劳动关系的一条新路。

三、我国中小企业劳动关系的基本态势

我国中小企业劳动关系的特殊性质及其不同的发展路径，决定了它在现实经济生活中的不同表现和特征。我国中小企业劳动关系从"蜜

月期"进入"矛盾期"以后,由于中小企业自身的原因及其贯彻落实《劳动合同法》、金融危机爆发和深化收入分配制度改革、实现"两个提高"等新情况的出现,其基本态势呈现出新的特点。

(一)我国中小企业劳动关系主体不成熟

非公有制经济是在改革开放后逐渐发展起来的,迄今为止不过30多年时间。30多年对于一个人来讲,可以说进入中年,但是,对于一种经济来说,则是刚刚起步,处于上升时期、发展时期。非公有制企业作为非公有制经济的载体,体现、反映了非公有制经济的阶段性特征。不言而喻,建立其上的劳资关系不可避免地体现、反映了非公有制经济(非公有制企业)的阶段性特征。概括起来,将这些特征主要表现在以下三个方面:

1. 企业主对现代企业组织形式认同度不高

第一,非公有制企业组织形式的基本情况。非公有制企业的组织形式,主要是指企业的组织经营形式,如家族经营、股份有限责任公司等。从工业化国家的实践看,企业的组织形式总体上反映了企业的成熟程度。一般来讲,私营企业在发展初期,多采用家族经营方式。企业做大做强、比较成熟以后,大多采用股份有限责任公司的经营方式。由于非公有制企业包括个体企业和私营企业,而个体企业都采用家族经营方式,因此,分析非公有制企业的组织形式,主要是分析私营企业的组织形式。

我国的私营企业经过30多年的快速发展,组织形式也在不断变化。独资企业1993年占私营企业的63.8%,到2006年下降到21.0%,而有限责任公司,在1993年占16.5%,到2006年就增加到65.6%(见

表 2-1）。私营有限责任公司从 1994 年的 13.6 万户，增加到 2003 年的 222.27 万户，私营有限责任公司的比例从 1994 年的 31.4% 增加到 2003 年的 73.96%；从业人数从 1994 年的 214.29 万人，增加到 2003 年 3297.91 万人，比重由 33.05% 增加到 76.71%。（见表 2-2）

表 2-1 私营企业组织形式比例变化

调查年份	独资企业（%）	合伙企业（%）	有限责任公司（%）	其他（%）	合计（%）
1993 年	63.8	16.0	16.5	3.7	100
1995 年	55.8	15.7	28.5	0.9	100
2002 年	28.7	5.7	65.6	0.0	100
2004 年	22.5	7.4	62.9	7.2	100
2006 年	21.0	7.1	65.6	6.3	100

资料来源：国家发展和改革委员会中小企业司编《中国中小企业发展报告》，机械工业出版社，2007 年，第 99 页。

表 2-2 私营有限责任公司主要指标

年份	户数		从业人数		注册资本额	
	绝对数（万户）	比重（%）	绝对数（万人）	比重（%）	绝对数（亿元）	比重（%）
1994	13.6	31.4	214.29	33.05	932.3	64.39
2003	222.27	73.96	3 297.91	76.71	32 341.19	91.61
增减	+208.67	+42.56	+3 083.62	+43.66	+31 408.89	+27.22

资料来源：常凯主编《中国劳动关系报告——当代中国劳动关系的特点和趋向》，中国劳动社会保障出版社，2009 年，第 146 页。

江苏省私营企业发展较快,其组织形式的发展变化印证了全国私营企业发展的调研数据。第一,有限责任公司成为江苏私营企业的主要组织形式。2002 年,全省私营企业有限责任公司为 17.96 万户,占全省私营企业总数的 62.75%,独资企业和合伙企业分别占 33.65%、3.56%。第二,股份有限公司发展速度很快。2001 年,全省股份有限责任公司仅 19 户,注册资本 5.1 亿元,2002 年增加到 108 户,注册资本 24.58 亿元。江苏省的股份有限责任公司主要集中在制造业、批发和零售贸易业以及社会服务业,三者分别占股份有限责任公司总数的 64.81%、16.67% 和 8.33%[①]。

第二,私营企业的决策人是主要投资人。私营企业属于家族或者个人所有,这是包括发达国家在内的私营企业普遍存在的现象。如今世界 500 强中有 40% 的企业所有权属于家族所有。但是,家族所有并不等于家族经营管理,一个较大的企业,其管理人员也不可能全是自己家族的人。产权结构式是家族制的前提,产权和经营权的结合,使企业主控制了企业的资金、决策、管理和人员的构成。在我国,家族制有合理的社会结构、历史渊源、文化价值基础,在企业发展初期,对企业管理层凝聚力的增强是有利的。但是,私营企业要做大做强,就要从家族式管理转变为经理人经营企业。从全国五次抽样调查的情况看,我国私营企业也在朝着这个方向前进,并且取得了明显进步。但是,进步的速度比较迟缓,与企业发展规模并不相称。到 2002 年为

[①] 张厚义等主编《中国私营企业发展报告(2003)》,社会科学文献出版社,2004 年,第 104~105 页。

止,私营企业重大决策由主要投资人决定的占 39.7%,由董事会决定的占 30.1%,不足 1/3,一般管理决策由主要投资人决定的占 34.7%,由董事会决定的占 25.9%。即企业重大经营决策和一般管理决策,由董事会决定的均不到 1/3,处在较低水平。(见表 2-3)

表 2-3 私营企业全国五次抽样调查决策变动表

决策人 \ 类别 年份	重大经营决策				
	1993	1995	1997	2000	2002
主要投资人	63.6%	54.4%	58.7%	43.7%	39.7%
董事会	15.2%	19.7%	11.0%	26.3%	30.1%
主要投资人与其他管理者	20.7%	25.6%	29.7%	29.1%	29.6%
主要投资人与其他组织	0.6%	0.0%	0.3%	0.5%	0.2%
其他	—	—	—	0.2%	0.4%
决策人 \ 类别 年份	一般管理决策				
	1993	1995	1997	2000	2002
主要投资人	69.3%	47.3%	54.7%	35.4%	34.7%
董事会	5.1%	15.1%	10.0%	18.2%	25.9%
主要投资人与其他管理者	25.3%	37.3%	34.5%	41.8%	36.5%
主要投资人与其他组织	0.3%	0.3%	0.4%	0.8%	0.7%
其他	—	—	0.3%	3.4%	2.3%

资料来源:张厚义等主编《中国私营企业发展报告(2003)》,社会科学文献出版社,2004 年,第 359 页。

并且,企业规模与所有者必须直接掌握管理权的态度呈负相关。企业规模越小,所有者主张直接掌握管理权的比例越高,企业规模越大,所有者主张直接掌握管理权的比例越低。(见表 2-4)

表 2-4　2002 年中国私营企业不同规模企业所有者对掌握管理权的态度

企业规模（人数）	企业必须直接掌握管理权（%）		合　计
	同意	不同意	
0 以下	64.1	35.9	100.0
21—50	51.0	49.0	100.0
51—100	46.0	54.0	100.0
101—200	40.1	59.9	100.0
201—500	34.0	66.0	100.0
501—1000	33	66.4	100.0
1001 以上	26.7	73.3	100.0
合　计	38.9	61.1	100.0

资料来源：张厚义等主编《中国私营企业发展报告（2003）》，社会科学文献出版社，2004 年，第 361 页。

2. 工会组织的基本职能尚未得到完全发挥

第一，非公有制企业组建工会的步履迟缓。工会是工人阶级自愿结合的群众组织，它的基本职责是维护职工的合法权益。因而，有无工会组织直接关系到工人群众合法权益的维护。新中国成立以后，中国工会第一次从地下转为地上、从非法转为合法，工人的合法权益有了基本保障。改革开放以来，中国经济发展特别是非公有制经济发展驶入了"快车道"，实现了持续、稳定、快速发展。与经济发展不完全一致的是，我国的工会建设经历了从无到有、从少到多的扩张过程，也经历了大起大落、步履迟缓、追赶经济发展、被动适应职工维护合法权益需要的过程。

综观改革开放 30 多年来中国工会建设的发展过程，我们发现，工会组织建设基本上是沿着发展、衰落、发展、缩水、再发展的轨迹走过来的。1978年中国工会九大召开时，工会会员有5000多万人，入会率约50%。经过10多年的恢复、发展，我国工会建设取得了瞩目的成就，到1992年，会员增加到1.03亿人，入会率达到69.8%。1992年以后，随着国有企业改革的深化、"抓大放小""下岗分流"战略的实施以及非公有制经济的迅猛发展，工会建设受到严重冲击，到1998年，工会组织降到1978年工会恢复以来的最低点。全国基层工会组织由58.9万个下降到50.9万个，工会会员由1.03亿人下降到0.87亿人。① 为了应对挑战，1998年10月召开的中国工会第十三次代表大会提出了"哪里有职工，哪里就必须建立工会组织""最大限度地把职工组织到工会中来"的要求。从此，在全国范围内形成了一个自上而下的、大规模群众运动式的工会组建活动，到2002年年底，全国基层工会数增加到93.1万个，工会会员增加到1.34亿人②。但是，2003年的工会组织数较2002年缩水近一半，会员人数下降了8%，净减少1000多万人。③

面对非公有制经济的发展，职工队伍向非公有制企业迅速转移的新情况，2000年11月，中华全国总工会（简称全国总工会）召开全国新建企业工会组建工作会议，提出到2002年年底，全国新建企业工会组织要达到100万个，工会会员数要达到3600万，全国会员数达到

---

① 中华全国总工会研究室《改革开放中不断奋进的中国工会》，《工人日报》，2008年12月30日。

② 同上。

③ 常凯主编《中国劳动关系报告——当代中国劳动关系的特点和趋向》，中国劳动社会保障出版社，2009年，第196页。

1.3 亿的目标。从此，非公有制企业工会组织建设掀起了新的高潮，并取得了显著成效。到 2008 年 9 月，非公有制企业工会组织达到 104.6 万个，工会会员 1.15 亿人，分别是 1997 年的 33.3 倍和 15.6 倍。农民工是我国改革开放和工业化、城镇化过程中涌现的新型劳动大军。全国农民工总数已经达到 2 亿，属于职工范畴的 1.3 亿。到 2008 年，农民工会员已经达到 7216 万人，[①] 约占农民工总数的 50%。与此同时，中华全国总工会注重在外资企业组建工会。到 1999 年，全国外资企业工会 5906 家，工会会员 129.3 万人。到 2002 年，全国外资企业工会 11663 家，工会会员 274.5 万人，职工入会率达到 58.1%。[②] 2004 年全国人大执法检查中发现，包括沃尔玛、柯达、三星、肯德基、麦当劳等在内的一批外资企业存在未建工会或工会组织不健全的问题。为此，全国总工会在 2004 年 10 月公开表示，将把一批包括国际知名跨国公司在内、长期不按照中国法律建工会的企业列入"黑名单"，并采取包括向法院提起诉讼等措施予以制裁。此举在国际国内都引起较大反响，也引起了在华外资企业的重视。在全国总工会的努力下，一贯拒绝建立工会的沃尔玛，于 2006 年 7 月 29 日成立晋江店工会，实现沃尔玛工会建设零的突破。到 2006 年 9 月 29 日，汕头沃尔玛南国店工会成立，此后，沃尔玛在中国 30 多个城市中的 60 多家分店全部建立了工会组织，共发展会员 6000 余名。

第二，非公有制企业工会的维权职能有限。通过各级工会的艰辛

---

① 中华全国总工会研究室《改革开放中不断奋进的中国工会》，《工人日报》，2008 年 12 月 30 日。

② 同上。

探索与巨大努力，非公有制企业的工会建设有了明显的进展，劳动者的合法权益在很大程度上有了保障。然而，这些进步还是有限的，这不仅仅是因为非公有制企业的工会组建率低、覆盖面小，部分中小企业目前还没有工会，即使已经建立工会的非公有制企业，在维权方面仍然面临着很多困难：

一方面，部分企业主想方设法阻挠工会维权。我们在调查中发现，对于工会的性质、组建工会的必要性及其积极作用，除了极个别大型私营企业的业主能够比较正确地认识以外，多数企业主对此都缺乏正确的认识。一些企业主公然藐视工会是"代表劳动者利益"的规定，认为它应当是代表劳资双方利益的组织，否则，企业是不能建立一个仅仅代表劳动者利益的工会组织的。因而，在要求建立工会的过程中，设法阻拦、刁难，尽量不建或者拖延时间，即使建立了工会的，也要采取种种措施，使其不能充分发挥作用。首先，削弱工会维权条件。一是大幅裁减工会专职干部，使其成为摆设，或者把工会并入企业党群工作机构或者监视会，使其不同程度地受到削弱，甚至名存实亡。二是拒交或者拖欠会费。据银川市总工会统计，改制企业交纳会费的占31%，私营企业交纳会费的仅占6%。也就是说，已经建立工会的非公有制企业，90%以上的工会都是一个"空壳"，是一块"牌子"，很难履行维权职责、为劳动者说话办事、维护劳动者的合法权益。就银川市的试点单位来看，不少工会就是没有经费的工会，在人财物方面存在严重短缺的现象。如玉皇阁办事处下属的社区工会分会，每个分会只有一个人，并且没有一分钱的经费。工会维权的依据是法律、政策，但是，谁来执行？谁来监督？银川市经贸委（三方协商中代表资方）下有一个正大印包公司，存在严重侵权行为。员工的工资 2004 年只发了一个月，有一个员工只发了 2 元钱，企业长期拖欠员工的养老保险，而该企业的工会根本说不上话。其次，把握基层工会干部个人命运。非公有制企业的工会干部，在企业的工作岗位、工资晋升、职务晋升、甚至工会干部的"饭碗"等等，都是企业主说了算。工会干部与企业在经济上的依附关系，在各种保障机制尚不健全的条件下，要求他们代表劳动者的利益、维护劳动者的合法权益，的确存在个人利益受到影响的问题。调查中我们发现，一些工会干部在思想上的确存在着较大的畏难情绪，不敢理直气壮地为劳动者说话、办事，唯恐丢了自己的"饭碗"与前程。甚至一些工会干部曾经直言不讳地说：我们自己的权益都保护不了，怎么去保护劳动者的权益？

另一方面，工会维权的条件还不充分。一是工会，特别是基层工会"无法"维权。所谓"无法"维权，是说工会不是执法部门，没有执法权。《工会法》规定，工会"代表职工利益"，并且赋予工会维护职工合法权益的基本职责，但是，它并没有赋予工会相应的执法权力，使权责一致。二是基层工会干部不适应非公有制企业劳资关系的复杂情况，不会维权。非公有制企业的劳动关系与国有企业的劳动关系不同，它是完全按照市场经济体制建立起来的劳动关系，存在许多新情况、新问题，究竟怎样解决，相当一部分工会干部还是懵懵懂懂，其工作思路、工作方法还不能适应日益复杂的劳资纠纷。三是劳动者对工会的态度漠然，不支持工会。由于劳动力市场供大于求的矛盾突出，劳动力市场不利于劳动者就业。因此，勉强就业的劳动者，即使合法权益遭受侵害，绝大多数人依然采取忍气吞声、听之任之的态度，生怕失去工作、丢了"饭碗"。当工会要把他们组织起来切实维权的时候，非常务实的劳动者却东张西望、顾虑重重，不愿主动参加。他们说，如果发生劳动争议，有困难、有问题的时候，工会能给我们解决，我们愿意加入工会、交纳会费。但是，工会只是帮助我们、协助我们，不是直接解决问题的，还要交纳会费，我们就不愿意加入工会。根据我们的调查，有10%的劳动者只想干活挣钱，并不想加入工会。

3. 政府在劳动关系中的角色尚不清晰

按照市场经济国家的惯例，政府就是劳资关系的中间人、调解人、第三方。第二次世界大战后的几十年，西方发达国家的政府比较好地扮演了这一角色，使资本主义国家劳资关系由剧烈对抗进入缓和、平稳发展的新阶段。我们是社会主义国家，我们搞的是社会主义市场经济，况且，中国的劳动关系是在政府高度介入下建立并完成的。基于我国经济改革不同阶段的改革目标和经济发展的需要，通过不同政策，引导、影响了市场经济劳动关系的发展方向，设计、推广了市场经济条件下的劳动关系调整机制。在劳动关系转型任务基本完成以后，我国政府是否可以效仿发达资本主义国家的经验，扮演中间人、调解人、第三方的角色，抑或类似的角色、与此不同的角色。在这个重大问题上，学界的认识很不一致，甚至存在较大分歧，在实践上还存在不少比较棘手的问题。

第一，学界对政府在劳资关系中的角色认识不一。在劳动关系转型中，政府作为劳动关系的主管部门，作为劳动关系的一方，无疑要承担自己的责任，扮演好自己的角色。问题是政府在这个过程中承担什么责任、扮演什么角色？在这个问题上，Bill Laylor、常凯、李琪认为，政府是规制者（regulator）、监督者（inspector）、损坏控制者（damage control）和调解与仲裁者（mediator and arbitrator）。程延园在《劳动关系》一书中，将政府的角色概括为"5P"：（1）政府的第一个角色是劳工基本权利的保护者（protector），即保护个别劳工基本权利，监察最低劳动标准以及劳动安全卫生的执行；（2）政府的第二个角色是集体谈判与劳工参与的促进者（promoter），即促进劳动关系双方自行谈判与对话，使他们在政府制定的基本规则和基本劳动标准的基础上发展适合其特点的劳动条件；（3）政府的第三个角色是劳动争议的调停者（peace-maker）、调解者（mediator）或仲裁者（arbitrator），即政府必须建立一套迅速而有效的劳动争议制度；（4）政府的第四个角色是规划者（planner），即为全体劳动者建立一套就业保障体系；（5）政府的第五个角色是公共部门的雇佣者（public sector employer），即政府作为公共部门的雇佣者，应该提供合法、合理的劳动条件。①

关于政府在劳动关系中地位的争论，进入新世纪后，不仅没有停止，甚至还激烈起来。关于这一点，2006年春季发生的一场争论最具代表性。2006年3月20日，全国人大常委会办公厅将《中华人民共和国劳动合同法（草案）》（简称《劳动合同法（草案）》）向社会公布并广泛征求意见，由此引发了华东政法大学董保华教授和中国人民大学常凯教授就《劳动合同法（草案）》的有关内容和立法基点展开争论。董保华认为，《劳动合同法（草案）》试图设立一套"高"的劳动标准，在宏观层次来加强对劳动者的保护。中国的劳动标准在

---

① 程延园主编《劳动关系》，中国人民大学出版社，2002年，第151～152页。

国际上已属较高，而《劳动合同法（草案）》还要加大劳动标准的刚性。常凯认为，劳动力市场和其他要素市场不同，市场中的双方不能实现力量的自我平衡，尤其是在劳动力市场尚不规范的情况下，如果政府放任不管就等于站在强者的立场，让弱者更弱。这场争论的实质是政府的角色问题，或者更直接地说，当政府负有对企业执行劳动标准监察责任时，标准的高低就直接关系到政府对企业劳动关系的介入程度和调整范围。①

第二，政府对私营企业劳资关系的调控作用有限。理论上差之毫厘，实践上差之千里。转型过程及其转型完成后的争论，不仅在很大程度上影响着政府的定位，干扰着政府角色的确立，而且在一定程度上导致了人们在实践中的混乱，造成部分地方领导干部对劳资关系不甚关心、重视，影响着政府对劳动关系调控作用的发挥。

首先，部分地方政府领导对劳资关系知之甚少。改革开放已经30多年，非公有制经济劳资关系几乎成为当前社会的主要矛盾之一，而部分地方领导干部对劳资关系却知之甚少，不知如何处理。一是"面对持续发酵的劳资矛盾，一些地厅级领导干部甚至连集体合同是什么都不知道，对工资协商感到非常新鲜"②。二是"我们给一些党政干部讲课时发现，他们对工会是干什么的根本不了解，就更谈不上支持工会工作，善用工会解决矛盾了"。三是把工会等同于企业的职能部门。

---

① 常凯主编《中国劳动关系报告——当代中国劳动关系的特点和趋向》，中国劳动社会保障出版社，2009年，第154~155页。

② 杨琳《一些地方干部面对突发劳资矛盾惊慌失措应对失当 亟待补课》，《瞭望》新闻周刊2010年，第28期。

"维护劳动者合法权益,是工会的基本职责,但是,现在工会组织自身背负着一些不应有的东西",如"有些地方让工会每年落实几千万招商引资任务,或者让工会去忙征地拆迁,这是很荒唐的事"。① 由此看来,劳动关系和工会知识光给工会干部讲还远远不够,必须"给主管的党政领导讲,给'一把手'讲"②。这样,才可能让政府发挥应有的作用,扮演好自己的角色。

其次,部分地方政府官员尚未充分认识到正确处理劳资关系、维护劳动者权益的重要性,甚至有不依法办事袒护私营企业主的现象,存在着似是而非的看法。如"要发展必然会有牺牲""时机不成熟""劳动者愿意承受""私营企业自主权"等。③ 调查中,私营企业主谈得最多的是效率,"效率不好,我没钱增加工资,改进劳动条件,改善福利,参加保险"。从劳动部门、工会系统、工人中经常听到的是,政府"袒护私营企业"。而政府的理由是"发展是硬道理",所以,政府制定政策的出发点是企业的效率、社会的发展。④

再次,各级政府缺乏引导劳动关系的有效手段。非公有制经济需要引导,建立其上的劳资关系依然需要"引导"。现在的问题是,党和政府虽然采取了许多措施,解决了一些问题,但是,总体上看,效

---

① 杨琳《一些地方干部面对突发劳资矛盾惊慌失措应对失当 亟待补课》,《瞭望》新闻周刊 2010 年,第 12 期。

② 杨琳《一些地方干部面对突发劳资矛盾惊慌失措应对失当 亟待补课》,《瞭望》新闻周刊 2010 年,第 13 期。

③ 徐小洪《冲突与协调——当代中国私营企业的劳资关系研究》,中国劳动社会保障出版社,2004 年,第 215 页。

④ 同上书,第 295 页。

果不是很明显,还没有从根本上扭转劳动关系的局面,离构建和谐劳动关系的目标仍然较远。一是《劳动法》《劳动合同法》等重要法律法规没有得到很好的贯彻执行。《劳动法》关于劳动者的工资、劳动合同、劳动安全卫生等问题长期没有得到落实,如"霸王合同"、拖欠工资、矿难事故频发,成为普遍关注的社会问题。2008年1月1日《劳动合同法》实施以后,几乎遭到企业界的普遍反对和质疑,并且成了当前企业面临的突出问题。[①] 2008年3月召开的全国"两会"期间,全国政协委员张茵提交议案,要求修改《劳动合同法》。二是无法遏制私营企业劳资关系从"蜜月期"进入"矛盾期"的势头。我们知道,西方发达国家的劳资关系大体经历了剧烈对抗、冲突到逐渐稳定的轨迹。我国在20世纪80年代到90年代初期,劳资关系一直比较稳定,有人将其称为"蜜月期"。问题是这个真正具有中国特色的良好势头并没有保持住。随着国有企业的战略重组、"抓大放小"举措的实施、公有制企业的比例下降,非公有制企业劳资矛盾逐渐显露。据此,学界认为我国私营企业劳资关系进入了"矛盾期"。2008年国际金融危机爆发以后,劳动争议、群体性事件日益上升,如吉林的"通钢事件"、广东的"本田事件"、重庆的出租车司机"罢工事件"等频频见诸媒体,故有人认为我国私营企业劳资关系进入"矛盾凸显期"。中国劳资关系逐渐失去中国特色的原因固然很多,但是,笔者认为,政府在调控劳资关系时的角色定位、法律法规、政策、制度、机制的有效性,

---

① 陈兰通主编《中国企业劳动关系状况报告(2009)》,企业管理出版社,2010年,第77页。

是一个重要因素。

（二）我国中小企业劳动关系存在安全隐患

从总体上看，西方工业化国家的劳资关系走过了剧烈对抗、平稳发展的路子，我国非公有制企业的劳资关系与此不同，它基本上是沿着平稳发展、矛盾凸显这样的轨迹前进的。就当前来说，非公有制企业的劳资矛盾，主要表现在两个方面。

1. 中小企业劳动关系规范程度不高

作为生产关系的重要组成部分，劳资关系的发展状况与生产力发展状况或者说经济发展状况密切相关。一般而言，经济发展程度高，劳资关系就比较规范、成熟，反之亦然。我国非公有制经济的"再生"，迄今不过30多年时间，基本上处于发展的初始阶段。建立其上的劳资关系大体上也是如此，目前还达不到西方发达国家的总体水平。

一方面，我国非公有制企业的劳资关系规范性建设有了显著进步。一是劳动合同制度得到进一步落实。非公有制企业对职工签订劳动合同的重视程度有了明显提高，特别是大型非公有制企业劳动合同签订率的提高，有力地推动了劳动合同制度的落实，职工权益保障水平进一步提高。二是集体合同作用得到进一步彰显。过去，签订集体合同基本上是照抄法律法规，流于形式。现在，这种现象有了很大改变。非公有制企业的职工已经逐步认识到集体合同的作用，并以此作为维护自身合法权益的重要手段，在签订集体合同时，初步做到了"平等协商"。比如，在金融危机下，一些非公有制企业较集中的产业集群区内部分企业通过与职工的集体协商，使企

"减薪""限时"等应对危机的举措得以顺利实施。这样既体现了劳资双方的共同意志，又有效地减少了劳资纠纷。三是社会保险缴纳范围扩大。2008年以前，非公有制企业高管的社会保险水平较高的情况比较明显。《劳动合同法》实施以后，这种现象有了明显改变。被调研的企业基本都能遵守《劳动合同法》的要求，为职工全员缴纳社会保险的企业数量有了很大提高。其中，很多劳动密集型非公有制企业的社会参保率提高较快，农民工参加社会保险比例较低的状况得到了明显改善。

另一方面，私营企业的劳资关系规范程度还不高。一是组织程度不高。从目前来看，绝大部分私营企业都成立了工会，配备了比较齐全的工会干部，劳动者基本上都有了自己的组织。但是，真正能够为职工说话、办事，代表职工利益的工会为数不多。从企业方面讲，各级企业联合会都是健全的，但是，企业联合会对企业特别是中小企业的约束力却十分有限。对企业有利的事情，企业与联合会完全一致，积极响应，立即执行；对企业不利的事情，则响应者寥寥。二是宗族色彩浓厚。从中小企业来讲，管理者基本上以血缘关系为主，非亲非故者基本上不能进入管理层。有些企业虽然在形式上建立了现代企业制度，实际上是换汤不换药，仍然是家族化管理。从工人来讲，多是同乡来的农民工，以地缘、亲缘为主，缺乏现代企业职工的必备素质。三是法制意识淡薄。就目前来说，主要体现在不能严格执行《劳动合同法》上。如企业和职工对《劳动合同法》关于社会保险缴费问题都比较消极。企业认为社会保险缴费比例偏高、负担过重，特别是一些招用外地劳动者较多的生产加工和劳动服务型企业在社会保险问题上反响强烈。由于社会保险的城乡二元制和地区分割问题严重，外来工尤其是农民工因为没有当地户籍，很难享受到当地社会保险，特别是养老保险、失业保险和住房公积金待遇。当这些农民工返乡或者跨省流动时，在处理企业为其缴纳的社会保险方面也面临一些实际困难。因此，企业和职工参保的积极性较低，甚至不愿意参保。

2. 部分中小企业劳动关系稳定程度不高

从政府劳动部门、中国企业联合会的调研情况看，我国大多数中小企业劳动关系处于稳定状态，即使是在金融危机的冲击下，我国非公有制企业，特别是规模较大、管理比较规范的非公有制企业，劳动争议数量上升也不明显，劳资关系总体上比较稳定。但是，中小型企业劳资关系的情况则有所不同，在稳定性方面存在明显隐患。

在世纪之交，学界对私营企业劳资关系的认识甚至是对立的。一些学者通过对私营企业劳资关系中劳动者各项权利实现情况进行分析后，认为"劳资矛盾不尖锐""相对稳定"。张彦宁、陈兰通认为，"劳动关系基本和谐稳定"[1]，即使在国际金融危机冲击下，陈兰通依然认为，"劳动关系总体是稳定的"[2]。戴建中在认同上述判断的基础上，进一步指出："总体而言，劳资关系相对平静，但是，这种稳定，

---

[1] 张彦宁、陈兰通主编《中国企业劳动关系状况报告（2006）》，企业管理出版社，2006年，第5页。
[2] 陈兰通主编《中国企业劳动关系状况报告（2009）》，企业管理出版社，2010年，第71页。

不是建立在双方力量的平衡上。"①中国人民大学常凯教授认为:"民营企业的劳动关系,在很大程度上属于原始积累市场经济的劳动关系,是典型的资本对劳动者控制和压榨的劳动关系类型。"②黄孟复认为:"大部分企业的劳动关系状况不容乐观。"③2004年劳动保障部劳科所的课题组认为:"在相当数量的民营企业(包括外商投资企业和港澳台投资企业)中,劳动者处境悲惨,劳资矛盾激化。""原始的劳资关系至少在私营企业和中小型外资企业、港澳台企业中占了主导地位。在这些企业,资本对劳动的压榨、劳动者的悲惨处境可以说与资本主义原始积累时期相比毫无逊色。"2008年第四季度国际金融危机爆发以来,不同所有制企业劳资关系都受到冲击,经受考验。2009年,中国企业联合会、企业家协会对金融危机对我国企业劳动关系造成的影响进行了广泛的调研。他们认为,中国企业的劳动关系总体上比较稳定。私营企业虽然没有国有企业规模大、抗风险能力强,但是,规模较大、管理比较规范的私营企业,因为多数没有采取经济性裁员政策,劳动关系还比较稳定,劳动争议数量上升不明显。当然,私营企业劳资关系的发展并不平衡。调研期间,当地劳动部门、企业联合会都反映,部分中小民营企业大量存在劳动关系不稳定的因素,这些企业劳动关系的矛盾暴露甚至激化,大大影响了劳动关系的

---

① 戴建中《私营雇工及劳资关系报告》,《社会学研究》1996年,第6期。
② 常凯主编《中国劳动关系报告——当代中国劳动关系的特点和趋向》,中国劳动社会保障出版社,2009年,第150页。
③ 黄孟复、胡德平《中国民营经济发展报告》,社会科学文献出版社,2005年,第139页。

稳定。① 陈兰通带领的调研组成员普遍认为，不同所有制企业普遍存在的劳动关系突出问题是"企业裁员压力增加，劳动关系不稳定隐患上升"②。（见表2-5）

表2-5　1997—2003年不同所有制企业劳动争议数量及增长表

年　份	1997	1998	1999	2000	2001	2002	2003	年均增长率（%）
总计	71524	93649	120191	135206	154621	184116	226391	36.09
国有企业	18546	22195	26726	32715	42873	45215	48771	27.16
城镇集体企业	11101	13579	18163	23203	25550	27253	30218	28.70
乡村集体企业	5965	12125	10068	3927	2432	—	—	—
外资及港澳台企业	23244	22537	27824	20930	20174	22930	23391	0.11
私营企业	7327	10790	13929	20128	23925	30618	31537	55.07
联营及股份制企业	2086	4537	6649	14521	26060	39073	71265	552.72
个体工商户	924	1585	2449	6420	6420	6564	9603	156.55
机关社团事业单位	1119	1478	2243	4289	4182	4593	5937	71.76
其他	1206	444	12140	11395	3005	7870	5669	61.68

资料来源：黄孟复主编《中国民营企业劳动关系状况调查》，中国财政经济出版社，2008年，第117页。

---

① 陈兰通主编《中国企业劳动关系状况报告（2009）》，企业管理出版社，2010年，第72~73页。
② 同上书，第75页。

第一，中小型企业劳动争议案件大幅上升。2007年全国工商联将民营企业劳动关系状况作为重点调研课题。中国工商联主席黄孟复亲自率领全国工商联调研组以及中央统战部、国务院研究室、劳动和社会保障部、全国总工会等部门的专家学者，赴全国各地广泛调研并主持编写了《中国民营企业劳动关系状况调查》一书，书中关于劳动争议案件的统计数据令人震惊。首先，劳动争议数量和涉及人数均有显著上升，我国的劳动争议案件年均增长率达到了36%。其次，从劳动争议案件构成比例看，私营企业、改制企业即联营及股份制企业、个体工商户升幅不同，但是，均高于36%这个平均数，成为劳动争议的排头兵。改制企业即联营及股份制企业高居榜首，为555.72%，个体工商户次之，为156.55%，私营企业排在第五，为55.07%。再次，从劳动争议案件增长速度看，非公有制企业劳动争议案件的增速几乎都超过了29.85%的平均数：改制企业即联营及股份制企业高居榜首，为122.60%，个体工商户处于第三，为42.94%，私营企业第四，为11.62%。根据中国企业联合会、中国企业家协会的调查，2008年金融危机爆发以来，中小型非公有制企业劳动争议案件数量大幅上升。金融危机对民营企业的冲击，重点是劳动密集型企业。2008年下半年和2009年上半年，中小型民营企业破产倒闭和停工数量急剧上升，加上这些企业劳动关系管理大部分不规范，欠薪和欠缴社会保险的现象比较多，金融危机使这些企业劳动关系的矛盾进一步暴露甚至激化，劳动争议案件大幅度上升，大大影响了劳资关系的稳定。

第二，中小型企业劳动用工受经济环境影响大，波动明显。

第二章 我国中小企业劳动关系的现实状况

中小型非公有制企业的劳动用工基本上是以农民工为主体，而农民工的最大特点就是流动性强。哪里工资高，就流向哪里。另一个特点是"两栖性"。城里打工的收入高于农村，就进城打工；反之，他们就"打道回府"，回乡务农。农民工的这两个特点，在经济平稳发展的情况下，对企业来讲没有什么影响，但是一旦出现经济波动或者是发生经济危机，企业就苦不堪言，劳资关系也就相应地处于动荡之中。根据中国企业联合会、中国企业家协会的调查，震撼世界的金融危机爆发之初，多数中小型企业出现了订单减少、效益下滑、劳动力闲置的状况。为响应国家号召，尽可能避免经济性裁员，多数企业采取了班组、车间甚至工厂间职工相互调剂的办法限制加班或不安排加班，或者采取"工作四天，休息三天"，"工作三天，休息四天"，"放半个月或一个月长假"等办法，千方百计保证不裁员或少裁员。但是，当经济逐步回暖后，不少企业又出现"用工荒"的现象。2009年10月23日，人力资源和社会保障部发布当年三季度就业情况时表示，金融危机爆发以后，他们对250个行政村农民工的就业状况进行直报。根据直报的情况，金融危机发生后，农民工就业趋向发生了明显变化：输入地由原来的以珠三角地区为主，转变为珠三角、长三角、环渤海以及西部地区；吸纳农民工就业较多的企业逐步由出口加工型向内销型转变；在输出地政府的积极引导下，农民工由转移就业向利用当地资源优势就地创业转变。随着金融危机的逐步消退，越来越多的企业带来了工作岗位，但求职者数量却在减少。2009年8月，职位多、求职者少的现象最为明显，"用工荒"开始抬头，最典型的是东莞。据当地劳动部门的数据显示，2009年一季度市场求人倍率是0.75，也就是说，有一个求职者，但市场只能提供0.75个岗位，这差不多是近几年来该市的最低水平。从2009年4月开始，市场出现恢复性增长，求人倍率一路上扬，先后达到1.13、1.27、1.38，目前最新的数据是1.5。可见，瞬息万变的市场给中小企业的劳资关系埋下了隐患。

第三章 我国收入分配制度的现实状况

新中国成立以来,我国的收入分配制度是随着社会主义生产资料公有制的建立逐步建立起来的。1956年,社会主义生产资料所有制改造基本完成以后,我国建立了个人生活资料按劳分配的制度。改革开放以后,以邓小平为核心的党的领导集体,总结了社会主义建设的经验教训,逐步打破了单一的生产资料公有制一统天下的局面,建立了以生产资料公有制为主体、多种所有制经济共同发展的社会主义初级阶段基本经济制度,相应地,以按劳分配为主体、多种分配方式并存的分配制度也在1997年党的十五大上得到确立。自党的十五大至党的十八大,我党始终坚持这一分配制度。从十多年的实践看,这一分配制度与现行的生产资料所有制是适应的,能够促进生产力的发展,调动人民生产的积极性、主动性和创造性。但是,这一分配制度还有较大的完善、发展空间,还需要依据亿万人民的要求和生产力发展的状况全面深化改革。

一、我国收入分配制度的理论来源

新中国成立后特别是社会主义制度确立后,我国收入分配的理论来源,是马克思主义经典作家的收入分配理论,是马克思主义中国化的收入分配理论。

(一)马克思的收入分配理论

马克思的收入分配理论内容丰富,是目前任何一种分配理论都难以涵盖和代替的,也不是按劳分配或按生产要素分配所能简化和通约的。建立在劳动价值论基础上的马克思主义分配理论,从广义上讲,即生产条件的分配(生产资料所有制),它最终由生产力的水平所决定。这是马克思主义分配理论的本质内容,是马克思主义分配理论的逻辑前提。从狭义上讲,即产品的分配直接决定于生产资料所有制,这是马克思主义分配理论的重要思想。其基本内容包括价值创造决定价值分配、生产决定分配、生产资料所有制决定分配和社会主义的分配原则四个主要方面。

1. 价值创造决定价值分配

关于马克思以劳动价值论为基础建立起来的分配理论,国内理论界一般将其概括为:劳动是创造价值的唯一源泉。在资本主义条件下,工人(劳动者)是创造价值的唯一主体,资本家不参加创造价值的劳动,因而其不创造价值。谁创造价值谁才有分享价值的权利,价值在分配上应归创造价值的劳动者所有。在资本主义条件下,分配是从属于生产条件的分配,资本家通过对生产资料的占有而参加分配——占有剩余价值,而工人只能通过劳动力这一生产要素的出卖来获得工资,工资是工人的劳动力价值，分配显示了对劳动、劳动者的否定，是一种不合理的分配方式。价值的分配应对创造价值的劳动和劳动者肯定，即实现价值生产与价值分配的统一，使劳动成果归劳动者所有。但资本主义分配制度违背了这一原则，其生产关系是资产者对无产者的压迫和剥削，劳动者不能自主和完全享有自己的劳动成果。要改变这种生产关系，就必须消灭生产资料私有制，建立生产资料公有制，实行"按劳分配"和"按需分配"制度。社会主义和共产主义社会的目标就是建立生产资料公有制，实行"按劳分配"与"按需分配"。这是我们通常把握的马克思以劳动价值论为基础确立起来的分配理论的基本内容。

2. 生产决定分配

在笔者看来，价值创造决定价值分配，是马克思劳动价值论的内核，是马克思分配理论的"应然"或者说抽象形态。但是，现实社会的分配都是在现实社会条件下的分配，是"实然"或者说具体形态，即呈现在人们面前的"生产决定分配"。因此，我们把价值创造决定价值分配到"生产决定分配"看作是从抽象到具体、从理论到现实一脉相承的过程。"生产决定分配"作为马克思经济学理论的基本原理具有总体性特征，它始终蕴含在马克思整个政治经济学体系之中。这一点主要体现在马克思的《〈政治经济学批判〉导言》《哥达纲领批判》和《资本论》第3卷第51章。《〈政治经济学批判〉导言》中设有"生产与分配"的专题章节。该节是从批判李嘉图等经济学家提出的"生产先于分配"的观点开始论证、确立"生产决定分配"的论断的。在《哥达纲领批判》中，马克思为消除拉萨尔机会主义的影响，批判了拉萨尔的"分配决定"论。《资本论》第3卷第51章的"分配关系与生产关系"系统、完善地论证了"生产决定分配"理论。这一原理可以概括总结为两方面主要内容：

第一，生产结构决定收入分配结构。在马克思的收入分配理论中，生产资料所有制是生产过程中发生的社会关系，它在整个经济关系体系中起决定作用。而生产资料所有制的决定作用又是由生产在人类全部经济活动中的基础地位决定的。在《〈政治经济学批判〉导言》中，马克思在批判李嘉图等经济学家提出的"生产先于分配"观点的基础上，明确指出："分配关系和分配方式只是表现为生产要素的背面。个人以雇佣劳动的形式参与生产，就以工资形式参与产品、生产成果的分配。分配的结构完全取决于生产的结构。分配本身是生产的产物，不仅就对象说是如此，而且就形式说也是如此。就对象说，所分配的是生产的成果，就形式说，参与生产的一定方式决定分配的特殊形式，决定参与分配的形式。"[①] 马克思在分析了社会生产四大环节及其相互关系以后，着重论述了生产与分配、交换和消费的一般关系，并得出了这样的结论："生产、分配、交换、消费……构成了一个总体的各个环节，一个统一体内部的差别。生产既支配着与其他要素相对而言的生产自身，也支配着其他要素。过程总是从生产重新开始。交换和消费不能是起支配作用的东西，这是不言而喻的。分配，作为产品的分配，也是这样。而作为生产要素的分配，它本身就是生产的一个要素。因此，一定的生产决定一定的消费、分配、交换和这些不同要素相互

---

① 《马克思恩格斯选集》（第2卷），人民出版社，1995年，第13页。

间的一定关系。"① 分配的结构完全决定于生产的结构。在分配是产品的分配之前,它是生产工具的分配和社会成员在各类生产之间的分配。这种分配包含在生产过程本身并且决定生产的结构,产品的分配显然是这种分配的结果。没有生产就没有分配。就分配的对象说,能分配的只是生产的成果,生产出来的产品构成了分配的客观对象,它决定了分配的内容。就形式说,参与生产的一定形式决定分配的特定形式,决定参与分配的形式。

第二,生产关系决定分配关系。生产关系是人们在社会生产过程中结成的各种关系。生产关系具有独特性、历史性和暂时性。在《〈政治经济学批判〉导言》中,马克思指出:"分配表现为生产产品的分配之前先有生产条件的分配。"而决定生产(条件)分配与生产的历史运动有关,"它本身又是生产的产物,不仅是一般历史的产物,而且是一定历史生产的产物"②。也就是说,产品分配决定于生产条件分配,生产条件分配决定于生产方式,生产方式决定于历史生产。在《资本论》中,马克思说得更为明确。他说:"所谓的分配关系,是同生产过程的历史规定的特殊社会形式,以及人们在他们生活的再生产过程中互相所处的关系相适应的,并且是由这些形式和关系产生的。这些分配关系的历史性质就是生产关系的历史性质,分配关系不过表示生产关系的一个方面。"③ 在资本主义雇佣劳动制度下,工资以雇佣劳动为前提,总是要以资本形式同工人相对立,然后才取得工人收入的形式。

---

① 《马克思恩格斯选集》(第2卷),人民出版社,1995年,第17页。
② 同上书,第15页。
③ 《资本论》(第3卷),人民出版社,1975年,第998~999页。

总的说来，生产出来的劳动条件和劳动产品作为资本同直接生产者相对立这个事实，从一开始就意味着物质劳动条件和工人相对立而具有一定的社会性质，因而在生产中，工人同劳动条件的所有者之间以及工人彼此之间处在一定的关系中。这些劳动条件转化为资本这个事实，又意味着直接生产者被剥夺了土地，因而存在着一定的土地所有权形式。如果产品的一部分不转化为资本，它的另一部分就不会采取工资、利润和地租的形式。"消费资料的任何一种分配都不过是生产条件本身分配的结果；而生产条件的分配，则表现为生产方式本身的性质。例如，资本主义生产方式的基础是：物质条件以资本和地产的形式掌握在非劳动者手中，而人民大众所有的只是生产的人身条件，即劳动力，既然生产的要素是这样分配的，那么自然就产生现在这样的消费资料分配。"①生产方式决定分配方式还表明，分配关系要随着生产关系的变化而变化。历史上任何一种生产方式都要把社会生产力及其发展的一定阶段作为自己的历史条件，而这些条件又是一个先行过程的历史结果和产物，并且是新的生产方式由以产生的现实基础，同这种独特的、历史规定的生产方式相适应的生产关系一样，都具有独特性、历史性和暂时性。资本主义的分配不同于各种由其他生产方式产生的分配形式，而每种分配形式都会同它由以产生并且与之相适应的一定的生产形式一道消失。

3. 生产资料所有制决定分配关系

纵观马克思关于生产决定分配的原理，我们可以发现，它至少包

---

① 《马克思恩格斯选集》（第 3 卷），人民出版社，1995 年，第 306 页。

含了"人与自然"的关系、"人与人"的关系两层含义。上面所述,是生产决定分配原理的第一层含义,即马克思从"人与自然"的关系层次进行论证的情况。他指出人作为对象性存在物,赖于外在自然界而生存,自然界是人的无机体,人必须与自然界进行交换,这种交换的具体形式就是人对自然界的改造、占有(消费)。这种论证是从"人与自然"的关系出发的,是关于"整体的人"与自然之间的一种关系判断。事实上,"人与自然"的关系不是单纯地通过自身关系显现出来,而是通过"人与人"的关系来显现、实现的。因此,"生产决定分配"作为历史的形式是由"人与人"的关系,即由"所有制决定分配"表现出来的。

当然,"人与自然""人与人"的关系是有区别的。从"人与自然"的关系看,这里的"人"是指整体的人类,其关系是指整体的人类与自然界构成的对象性关系;而"人与人"的关系中的"人"是指人类内部不同的个体,其关系是指不同个体之间构成的对象性关系。在人的生活中,人的对象性关系首先是"人与自然"的关系,在这一层次上,自然界作为人的无机体,人通过对它的创造、生产来生活。因此,自然界对人的生存而言,表现为人能创造(生产)多少自然物品,人才能够进行多少自然物品的享用与消费(分配),即直接表现了"生产对分配(消费)"的决定作用。值得指出的是,在人生活的社会实践发展过程中,"人与自然"的关系并不是直接显现的,而是通过"人与人"的关系来体现的。在人类的力量或本质力量(生产力)还不够发达的条件下,这种关系是通过所有制的关系体现出来的。

所有制的产生与分工关系密切。分工是人类生活实践的必然产物。但是,分工的发生是人类生活发生变化的新起点,这个变化就是所有制及其分配方式的产生。马克思指出：分工"使精神活动、物质活动、享受和劳动、生产和消费由不同的个人来承担……"但关键的是"与这种分工同时出现的还有分配，而且是劳动及其产品的不平等分配（无论在数量上还是质量上），因而产生所有制，它的萌芽和最初形式在家庭中已经出现，在那里妻子和儿女是丈夫的奴隶。家庭中这种还非常原始和隐蔽的奴隶制，是最初的所有制"。所有制产生后它本身也在不断发展中，并根据生产力的发展情况表现为不同的历史形式，作为社会性范畴，其最初的形式是"部落所有制"，然后是"古典古代的公社所有制和国家所有制"，第三种是"封建的或等级的所有制"，接着是资本主义所有制等。不同的所有制标志着不同的分工和交往（交换）水平，进而标明了生产力的发展状况。所有制的产生就意味着分配的发生，从而划分了个人之间、个人与集体之间的不同利益，并由此构成了所有制层面上的矛盾。这样，分工发生即为所有制的出现，分配就开始按所有制进行。在人类仍处于以分工和交换来表现类的力量以及以它作为生活手段时，人类的生产和分配就表现为所有制形式，或者说表现为"所有制决定分配"的关系原理。马克思在《资本论》第3卷中指出："一定的分配形式是以生产条件的一定的社会性质和生产当事人之间的一定的社会关系为前提的。因此，一定的分配关系只是历史地规定的生产关系的表现。"[①]马克思以工资、利润、地租为例，对此做了进一步的说明。工资从表面上看，是资本主义制度下工人参与收入分配的形式，但是，它是以"雇佣劳动的对立为前提的"。再

---

① 《马克思恩格斯文集》（第7卷），人民出版社，2009年，第998页。

比如说利润，它是"剩余价值的这种一定的形式，是在资本主义生产形式中新形成生产资料的前提，因而是一种支配再生产的关系，虽然在资本家个人看来，好像他能够把全部利润当作收入来消费掉……利润并不是个人消费品的范畴"[①]。在扩大再生产的时刻，"利润不是表现为产品分配的主要因素，而是表现为产品生产本身的因素"，利润还要分割为不同企业主的利润或者利息。但是，"这种分割的发生，首先是资本作为自行增殖的、生产剩余价值的价值的发展，由于占统治地位的生产过程的这种一定的社会形式的发展"。又比如地租，它看起来似乎"只是分配形式，因为土地所有权本身在生产过程中不执行职能"。但是，地租的实体是超额利润，因而，它是以资本为前提的。同时，地租也是农业资本家剥削农业工人而来的，这本身就是资本主义生产方式的产物。"可见，所谓的分配关系，是同生产过程的历史地规定的特殊社会形式，以及人们在他们的人类生活的再生产过程中相互所处的关系相适应的，并且是由这些形式和关系产生的……分配关系不过表现生产关系的一个方面。"[②] 在《哥达纲领批判》中，马克思进一步指出："消费资料的任何一种分配，都不过是生产条件本身分配的结果。"[③] 这里所说的"生产条件本身分配"，就是指生产资料所有制的形式，它是生产的物质条件（主要是生产资料）和人身条件相结合的社会形式，这种结合的方式决定了生产关系的性质，决定了分配方式的性质。

---

① 《马克思恩格斯文集》（第 7 卷），人民出版社，2009 年，第 998～999 页。
② 同上书，第 999～1000 页。
③ 《马克思恩格斯选集》（第 3 卷），人民出版社，1995 年，第 306 页。

4.社会主义分配原则是按劳分配

马克思恩格斯并没有关于社会主义分配原则的专门著作或文章,他们只是在剖析资本主义社会和批判各种机会主义流派的时候,概要地论述了这一社会个人消费品分配的基本原则和具体形式。从现在我们接触到的资料看,马克思恩格斯对社会主义社会分配原则的论述始于《资本论》,而不是《哥达纲领批判》。或者说马克思在《资本论》中提出了未来社会分配的基本构想,在《哥达纲领批判》中将其完善,进一步具体化了。当然,在这些著作中,马克思也没有直接使用按劳分配这个概念。

1867年,马克思在《资本论》第1卷第四节"商品的拜物教性质及其秘密"中,比较清晰地描述了关于未来社会个人消费品分配的基本思想:"设想有一个自由人联合体,他们用公共的生产资料进行劳动,并且自觉地把他们许多个人劳动力当作一个社会劳动力来使用。"① "这个联合体的总产品是社会的产品。这些产品的一部分重新用作生产资料。这一部分依旧是社会的。而另一部分则作为生活资料由联合体成员消费。"② "我们假定,每个生产者在生活资料中得到的份额是由他的劳动时间决定的。这样,劳动时间就会起双重作用。劳动时间的社会的有计划的分配,调节着各种劳动职能同各种需要的适当的比例。另一方面,劳动时间又是计量生产者个人在共同劳动中所占份额的尺度,因而也是计量生产者个人在共同产品的个人可消费

---

① 《资本论》(第1卷),人民出版社,1975年,第95页。
② 同上。

部分中所占份额的尺度。"①在1870年完成的《资本论》第2卷手稿中,马克思对未来社会个人消费品分配的思想又做了进一步补充:"在社会公有的生产中,货币资本不再存在了。社会把劳动力和生产资料分配给不同的生产部门。生产者也许会得到纸的凭证,以此从社会的消费品储备中,取走一个与他们的劳动时间相当的量。这些凭证不是货币,它们是不流通的。"我们认为,马克思在《资本论》中对未来社会分配问题的这些原则性探讨,已经蕴含了按劳分配的基本思想和基本内核。

1875年,马克思在《哥达纲领批判》中批判拉萨尔机会主义分配思想时,第一次集中描绘了未来"新社会的轮廓",并对社会主义分配原则进行了较为全面的论述。虽然马克思在这里还没有明确使用"按劳分配"这个概念,但是,他对未来社会分配原则的比较详尽地论证已经得到人们的认可,并且,学界一致认为它已经蕴含了按劳分配原则。马克思在批评拉萨尔的机会主义纲领时认为:"消费资料的任何一种分配,都不过是生产条件本身分配的结果;而生产条件的分配,则表现生产方式本身的性质。"②在一个集体的、以其共同占有生产资料基础的社会里,劳动者用公共的生产资料从事生产,"除了自己的劳动,谁都不能提供其他任何东西","除了个人的消费资料,没有任何东西可以转为个人的财产",在这样的条件下才能实行按劳分配。而一旦社会占有了生产资料,商品生产就将被消除,社会生产内部的无政

---

① 《资本论》(第1卷),人民出版社,1975年,第95~96页。
② 《马克思恩格斯选集》(第3卷),人民出版社,1995年,第306页。

府状态将被有计划的自觉的组织所代替。"生产者不交换自己的产品；用在产品上的劳动，在这里也不表现为这些产品的价值，不表现为这些产品所具有的某种物的属性。"只有到了"迫使个人奴隶般地服从分工的情形已经消失，从而脑力劳动和体力劳动的对立也随之消失"，"劳动已经不仅仅是谋生的手段，而且本身成了生活的第一需要"，"随着个人的全面发展，他们的生产力也增长起来，而集体财富的一切源泉都充分涌流"的共产主义社会的高级阶段，"社会才能在自己的旗帜上写上：各尽所能，按需分配"。

在未来社会即共产主义社会的第一阶段——社会主义社会，劳动者为社会提供的劳动是社会主义社会个人消费品分配的尺度。这里实行的是等量劳动相交换的原则，即一种形式的一定量的劳动与另一种形式的同量劳动相交换。"每一个生产者，在做了各项扣除以后，从社会领回的，正好是他给予社会的。他给予社会的，就是他个人的劳动量。例如，社会劳动日是由全部个人劳动小时构成的；各个生产者的个人劳动时间就是社会劳动日中他所提供的部分，就是社会劳动日中他的一份。"由于在这个社会商品货币关系已经消亡，按劳分配的实现形式不是通过货币而是借助于一种能够证明劳动量的凭证。"他从社会领得一张凭证，证明他提供了多少劳动（扣除他为公共基金而进行的劳动），他根据这张凭证从社会储存中领得一份耗费同等劳动量的消费资料。"但是，在全体社会成员对社会总产品进行分配之前还必须进行各种必要的扣除：一个是为了社会扩大再生产进行的生产性扣除，包括"第一，用来补偿消耗掉的生产资料的部分。第二，用来扩大生产的追加部分。第三，用来应付不幸事故、自然灾害等的后备基金或保险基金"。另一个是社会性扣除，"剩下的总产品中的另一部分是用来作为消费资料的。在进行个人分配之前，还得进行以下扣除：第一，同生产没有直接关系的一般管理费用。同现代社会比起来，这一部分一开始就会极为显著地缩减，并随着新社会的发展而日益减少。第二，用来满足共同需要的部分，如学校、保健设施等。同现代社会比起来，这一部分一开始就会显著地增加，并随着新社会的发展而日益增长。第三，为丧失劳动能力的人等等设立的基金，总之，就是现在属于所谓官办济贫事业的部分"。就是说，社会成员的等量劳动领取的等量消费品，是在经过这两种扣除之后的"等量劳动领取的等量消费品"，而不是拉萨尔所谓的"不折不扣的劳动所得"。这些扣除，在经济上乃至社会发展上都是必要的，不可缺少的。至于扣除多少，应当根据现有的物资和力量来确定，部分地应当根据概率计算来确定，但是这些扣除根据公平原则是无法计算的。

毫无疑问，按劳分配是人类历史上收入分配制度的深刻革命，它从根本上否定了一部分人凭借生产资料所有权无偿占有另一部分人劳动的剥削现象。然而，"它不是在它自身基础上已经发展了的，恰好相反，是刚刚从资本主义社会中产生出来的，因此它在各方面，在经济、道德和精神方面都还带着它脱胎出来的那个旧社会的痕迹"。"在这里平等的权利按照原则仍然是资产阶级权利"，"这个平等的权利总还是被限制在一个资产阶级的框框里"，"平等就在于以同一尺度——劳动——来计量"，"这种平等的权利，对不同等的劳动来说是不平等的权利。它不承认任何阶级差别，因为每个人都像其他人一样只是劳动者；但是它默认劳动者的不同等的个人天赋，从而不同等的工作能力,是天然特权"。平等只是表现在以劳动作为分配的尺度和标准上,在这个尺度或者标准面前任何人都是平等的,但实际上由于劳动者有不同等的个人天赋,从而有不同等的工作能力,劳动者的家庭负担不同,都会造成实际生活水平的不同。这种收入分配存在的事实上的不平等在经过长久阵痛——刚刚从资本主义社会产生出来的社会主义社会是不可避免的。"权利绝不可能超出社会的经济结构以及由经济结构制约的社会的文化发展。"只有到了共产主义的高级阶段,才能完全超出资产阶级权利的狭隘眼界,根据实际需要进行分配。

(二)毛泽东的收入分配理论

1. 重视生产资料所有制对分配的作用

作为马克思主义中国化创始人的毛泽东,对生产资料所有制与分配关系的认识,也是独到的、颇有见地的。我们知道,生产关系是由生产资料所有制、人们在社会生产中的地位和产品的分配三个方面构成的,其中,生产资料所有制是基础,它对生产关系的其他两个方面起决定作用。毛泽东说:"所谓经济基础,就是生产关系,主要是所有制。"[①] 更为重要的是,毛泽东特别注意将这一理论运用于实践。

这一点不仅体现在 20 世纪 50 年代末期到 1976 年毛泽东去世这一历史时期的一系列政策上,还体现在毛泽东对生产资料所有制对分配的决定作用的坚如磐石的理论基础上。在《读苏联〈政治经济学教科书〉的谈话》(简称教科书)中,毛泽东批评教科书离开生产资料的分配来谈消费品的分配,并把消费品的分配提高到决定性动力的错误观点。

---

① 邓力群主编《经济战略家毛泽东(一)》,中央民族大学出版社,2003 年,第 33 页。

他指出:"这是一种分配决定论的错误观点。就以分配问题来说,按照马克思《哥达纲领批判》中所说的,分配首先是生产条件的分配,生产资料在谁手里,这是决定性的问题,生产资料的分配决定消费品的分配。教科书在这里不讲生产资料的分配,只讲消费品的分配,并且把消费品的分配当作决定性的动力,这是对马克思上述正确观点的一种修正,是理论上的一种极大的错误。"①生产的物质条件即生产资料掌握在谁手里,就产生完全不同性质的消费资料的分配。因此,分配是由生产资料所有制形式决定的,是生产决定分配。分配决定论认为分配决定生产,这是完全错误的。

2. 坚持按劳分配,反对平均主义

社会主义制度下的个人消费品分配,是按照劳动者提供给社会的劳动数量和质量来分配消费品的,多劳多得,少劳少得,不劳者不得食。这是马克思主义经典作家对社会主义分配原则的规定,也是由生产资料公有制决定的。

1936年,毛泽东在延安窑洞里对美国记者埃德加斯诺说,我从接受马克思主义以后就再也没有变过。在中国革命和建设的各个时期,毛泽东总是结合革命、建设的实际,既强调按劳分配,也反对平均主义。1929年,毛泽东在《关于纠正党内的错误思想》中明确指出:"就是在社会主义时期,物质的分配也要按照'各尽所能,按劳取酬'的原则和工作的需要,绝无所谓绝对的平均。""绝对平均主义的来源,和政治上的极端民主化一样,是手工业和小农经济的产物,不过一则

---

① 周新城《论毛泽东分配思想的现实意义》,《马克思主义研究》2003年,第11期。

见之于政治生活方面，一则见之于物质生活方面罢了。"①1942年，毛泽东提出："平均主义的薪给制抹杀了熟练劳动与非熟练劳动之间的差别，也抹杀了勤惰之间的差别，因而降低劳动的积极性。"②1948年，针对经济工作中存在的平均主义倾向，毛泽东在《在晋绥干部会议上的讲话》中特别指出："绝对平均主义的思想，它的性质是反动的、落后的、倒退的。"③

值得指出的是，新中国成立后，毛泽东依然坚持按劳分配，反对平均主义，并且在政策上予以体现。毛泽东在1958年12月主持制定的《关于人民公社若干问题的决议》中明确指出："继续发展商品生产和继续保持按劳分配的原则，对发展社会主义经济是两个重大原则问题，必须在全党统一认识。""共产主义的分配制度更合理，但是这只有在社会产品极大地丰富了以后才可能实现。没有这个条件而否定按劳分配的原则，就会伤害人们的积极性，就不利于生产的发展，不利于社会产品的增加，也不利于促进共产主义的实现。""企图过早地否定按劳分配的原则而代之以按需分配的原则，也就是说，企图在条件不成熟的时候勉强进入共产主义，无疑是一个不可能成功的空想。"④同时，针对"人民公社"内部盛行的平均主义的供给制、食堂制（一平），对生产队的劳力、财物无偿调拨（二调）的"共产风"——在公社范围内实行贫富拉平，平均分配以及县、社两级无偿调走生产

---

① 《毛泽东选集》（第1卷），人民出版社，1991年，第91页。
② 《毛泽东选集》（第2卷），人民出版社，1991年，第464页。
③ 《毛泽东选集》（第4卷），人民出版社，1991年，第134页。
④ 邓力群主编《经济战略家毛泽东（一）》，中央民族大学出版社，2003年，第53页。

队（包括社员个人）某些财物的现象，在1959年2月27日到3月5日召开的第二次郑州会议，以及1959年4月2日到5日召开的中共八届七中全会上，毛泽东提出了要对人民公社以及当时在人民公社中的"一平二调"实行整顿。1960年，毛泽东在甘肃省委的报告上批示，"无论何时，队的产业永远归队所有或使用，永远不许一平二调"，并转发给全国。1962年，毛泽东亲自主持制定的《农村人民公社条例修正草案》规定："生产队必须认真执行按劳分配，多劳多得，避免社员和社员之间在分配上的平均主义。"在工业企业内部，由毛泽东提出制定并经党中央批准的《国营工业企业工作条例（草案）》也明确规定："国有企业的分配制度必须体现按劳分配的原则，按照员工的技术业务的熟练程度、劳动数量的多寡和产品质量的高低决定劳动报酬的大小，反对平均主义。"①

毛泽东认为，按劳分配是社会主义社会个人消费品的分配原则和制度，是社会主义特有的经济规律。同时，绝不能忘了"各尽所能"这个前提，不能抓住一个，丢掉一个。一定要注意它的完整性。毛泽东在批评教科书片面强调物质利益时说："各尽所能，按劳分配，前一句话是讲要尽最大努力来生产。为什么把这两句话分割开来，总是片面地讲物质鼓励呢？""列宁说过，唯物主义者最'唯心'。他们最能够刻苦，最不怕死。金钱是物质，可是金钱收买不了唯物主义者。他们有最伟大的理想，因此他们有顽强的战斗性。"

---

① 当代中国研究所《中华人民共和国史稿》（第2卷），人民出版社，2012年，第207页。

3. 提倡精神鼓励，反对分配过分悬殊

贯彻落实按劳分配，重视劳动者的物质利益，有利于调动劳动者的积极性。但是，也必须注意"各尽所能"，也要注重精神鼓励。"各尽所能"与按劳分配是一个整体，忽视任何一方面都是片面的、有害的。正如毛泽东所说的那样："反对平均主义，是正确的，反过头了，就会发生个人主义。过分悬殊也是不对的。我们的提法是既反对平均主义，也反对过分悬殊。"①

在社会主义社会，劳动仍是个人谋生的手段，旧社会遗留的私有观念尚未从人们头脑中完全清除，因此，斤斤计较个人得失，甚至损公肥私、损人利己的严重个人主义行为仍在一部分人中存在。这就需要辅以精神鼓励，加强思想政治工作。只有把物质鼓励和精神鼓励正确地结合起来，按劳分配的原则才能充分地发挥作用，广大劳动者建设社会主义的积极性也才能持久地、长期地保持下去。针对我国社会主义建设初期贯彻按劳分配存在的片面注重物质鼓励的倾向，结合苏联《政治经济学教科书》中"让工作者从个人的物质利益上关心劳动结果是刺激生产发展的决定因素之一"的观点，毛泽东说把物质利益"当作决定性动力，就不对了"。他强调指出："物质利益是一个主要原则，但总不是唯一的原则，总还有另外的原则，教科书中不也常说'精神鼓励'原则吗？同时，物质利益也不能单讲个人利益、暂时利益、局部利益，还应当讲集体利益、长远利益、全局利益，应当讲个人利益服从集体利益，暂时利益服从长远利益，局部利益服从全局利益。他

---

① 《毛泽东文集》（第8卷），人民出版社，1997年，第7页。

们现在强调的是个人、暂时、局部的利益,不强调集体、长远和全局的利益。"①毛泽东指出:"这本书很多地方一有机会就讲个人物质利益,好像总想用这个东西来引人入胜。钱能通神。……似乎离开了个人物质利益,就什么事也办不成。试问达尔文的进化论是物质鼓励出来的吗?""教科书把物质利益片面化、绝对化,不把提高觉悟放在主要地位,这是很大的原则性错误。""历史上许多资产阶级革命家英勇牺牲,他们也不是为个人的眼前利益,而是为他们这个阶级的利益,为这个阶级的后代的利益。"②

因此,毛泽东认为,教科书"要重新另写,换种写法。应当强调艰苦奋斗,强调扩大再生产,强调共产主义前途、远景,要用共产主义理想教育人民。要强调个人利益服从集体利益,局部利益服从整体利益,眼前利益服从长远利益。要讲兼顾国家、集体和个人,把国家利益、集体利益放在第一位,不能把个人利益放在第一位。不能像他们那样强调个人物质利益,不能把人引向'一个爱人,一座别墅,一辆汽车,一架钢琴,一台电视机'那样为个人不为社会的道路上去。'千里之行,始于足下',如果只看到足下,不想到前途,不想到远景,那还有什么千里旅行的兴趣和热情呢?"③

4. 限制资产阶级权利

毛泽东分配思想的最显著特点之一,就是反对分配上的过分悬殊,逐步缩小党和国家工作人员同人民群众之间的收入差距,限制

---

① 《毛泽东文集》(第8卷),人民出版社,1997年,第133~134页。
② 《毛泽东年谱(1949—1976)》(第4卷),中央文献出版社,2013年,第283~284页。
③ 同上书,第326页。

资产阶级权利。具体表现在两个方面：一是将分配上差距过大、过分悬殊提高到巩固政权的高度，主张缩小收入差距。毛泽东曾经振聋发聩地指出："杜勒斯对社会主义国家的演变策略，是有社会基础的，高薪阶层，重技术不重政治，图享受不讲斗争，斗志不旺等等。社会主义社会出高薪阶层，就像列宁说的修正主义与工人贵族一样。现在北京有所谓'三等'：一等礼拜六，二等发薪，三等死。优哉游哉，聊以卒岁，意志衰退。"①因此，我国"绝不要实行对少数人的高薪制度"，一定要"合理地逐步缩小而不应当扩大党、国家、企业、人民公社的工作人员同人民群众之间的个人收入的差距。防止一切工作人员利用职权享受任何特权。"在现阶段，对少数资产阶级知识分子实行高薪是必要的，但在党内、在工人阶级内都是不允许的。对少数资产阶级分子、资产阶级知识分子和民主人士保留高薪，这是"赎买性的"，是对资产阶级的政策，工人阶级不要和资产阶级比，比不得。这是两个不可比的阶级。对于现行的工资标准较以前没有任何降低差距的趋向性变化，毛泽东表示了不满和愤慨。他说："现在的工资标准把收入的差距拉得太大了。"他的考虑是从两方面做起：一方面，工资可以增加一些、提高一些，但是，"主要加在下面，加在工人方面，以便缩小上下两方面的距离"；另一方，对于高级干部的高工资可以降低一些，以缩小收入差距。在1956年11月的八届二中全会上，他说："现在高级干部拿的薪金和人民生活水平相比，悬殊是太大了，将来可以考虑也减少一些薪

---

① 《毛泽东年谱（1949—1976）》（第4卷），中央文献出版社，2013年，第244～245页。

金。"同时,他身体力行,率先垂范,坚持自己不接受最高级别的工资待遇,只拿 400 元左右的工资。当人们提出党和国家的正职都应拿国家行政一级的工资时,毛泽东说:"我看我们都拿行政二级的吧,把一级工资留给那些为革命牺牲的烈士吧。"结果,包括毛泽东在内的正副级国家领导人都拿行政二级工资,只有宋庆龄由周恩来特批拿国家一级工资。也就在这次全会的 15 日会议上,毛泽东说:"要勤俭建国,反对铺张浪费,提倡艰苦朴素,同甘共苦。过去长征路上过草地,根本没有房子,朱总司令走了 40 天草地,也没有什么地方睡。我们的部队,没有粮食,就吃树皮树叶。同人民有福共享,有祸同当,这是我们过去干过的,为什么现在不能干呢?只要我们这样干了,就不会脱离群众。"①为此,他提出在全党、全国人民中发动一个增产节约运动。1960 年 1 月 7 日,在上海召开的中央政治局扩大会议上,毛泽东又说:"工资在 400 元以上的干部,永远不再增加工资。"②二是直接提出破除资产阶级法权。毛泽东认为,生产关系包括所有制、劳动生产中人与人之间的相互关系、分配形式三个方面。经过社会主义改造,基本上解决了所有制问题以后,人们在劳动生产中的平等关系,是不会自然出现的。资产阶级法权的存在,一定会从各方面妨碍这种平等关系的形成和发展。即在所有制解决以后,资产阶级的法权制度还存在,如等级制度、领导与群众的关系。这就是说,毛泽东虽然积极主张破除资产阶级法权,但是,他并不主张破除一切

---

① 顾龙生编著《毛泽东年谱》,中共中央党校出版社,1993 年,第 385 页。
② 《毛泽东年谱(1949—1976)》(第 4 卷),中央文献出版社,2013 年,第 304 页。

资产阶级法权思想。他说，现在有些人宣传破除一切资产阶级法权思想，这种提法不妥。看来，工资制一部分是要保留的。保留适当的工资制，保留必要的差别，保留一部分多劳多得，在今天还是必要的。保留的工资制中，有一部分是赎买性的，如对资产阶级、资产阶级知识分子和民主人士，仍保留高薪制。"我国现在实行的是商品制度，工资制度也不平等，有八级工资制，等等。这只能在无产阶级专政下加以限制。"毛泽东认为：人与人之间的相互关系中存在着的资产阶级法权必须破除。例如争地位，争级别，要加班费，脑力劳动者工资多、体力劳动者工资少等，都是资产阶级思想的残余。资产阶级法权，一部分必须破坏，如等级森严，居高临下，脱离群众，不平等待人，不是靠工作能力吃饭，而是靠资格、靠权力，这些方面，必须天天破除。我们已相当地破坏了资产阶级的法权制度，但还不彻底，要继续搞。

值得一提的是，对于毛泽东列举的资产阶级法权，毛泽东通过许多措施进行限制。例如新中国成立后至"文革"前的合作化运动、成立人民公社、实行"两参一改三结合"（实行干部参加劳动、工人参加管理，改革不合理的规章制度，工人群众、领导干部和技术员三结合）、取消军衔制度、取消稿费制度，等等。"文化大革命"期间，通过党的全国代表大会，将那些工人党员、农民党员、士兵党员选进中央领导机构，他们中间有的是中央委员，有的是政治局委员甚至是中央副主席。在政府最高领导机构，普通农民和普通工人当上了国务院副总理，如陈永贵和吴桂贤。为了帮助干部克服"官气"和老爷作风，组织他们到"五七"干校参加劳动，后来有些人将其称为"蹲牛棚"。还有知识青年"上山下乡"，办"七二一"大学，大学招收工农兵学员，等等。

（三）邓小平的收入分配理论

1. 反对平均主义，坚持按劳分配

客观地说，我国社会主义建设全面开始以后，在毛泽东限制等级制、人与人关系的不平等资产阶级法权中，确实存在着破除资产阶级一切法权、否定按劳分配原则的"左"思潮。对此，邓小平多次重申按劳分配的性质是社会主义的、社会主义中国必须坚持按劳分配原则。

早在1961年，邓小平在其主持制定的《工业七十条》中，就强调社会主义分配原则是按劳分配，并对"大跃进"中把按劳分配当"资产阶级法权"批判的做法进行了纠正。1975年8月，他在《关于发展工业的几点意见》中指出：要"坚持按劳分配原则"，"这在社会主义建设中始终是一个很大的问题"。1978年3月，他在同国务院政策研究室负责同志的谈话中再次强调："按劳分配的性质是社会主义的，不是资本主义的"，"我们一定要坚持按劳分配的社会主义原则"。[1]1980年8月，他在《答意大利记者奥琳埃娜·法拉奇问》时又强调："按照马克思说的，社会主义是共产主义的第一阶段，这是一个很长的历史阶段，必须实行按劳分配，必须把国家、集体和个人利益结合起来，才能调动积极性，才能发展社会主义的生产。"

特别值得注意的是，邓小平不但一贯主张坚持按劳分配原则，而且对什么是按劳分配、如何贯彻按劳分配进行了具体研究。首先，邓

---

[1]《邓小平文选》（第2卷），人民出版社，1994年，第101页。

小平针对社会主义建设中存在的现实问题,明确指出什么是按劳分配。他说:"按劳分配就是按劳动的数量和质量进行分配。根据这一原则,评定职工工资级别时,主要是看他的劳动好坏、技术高低、贡献大小。政治态度也要看,但要讲清楚,政治态度好主要应该表现在为社会主义劳动得好,做出的贡献大。处理分配问题,如果主要不是看劳动,而是看政治,那就不是按劳分配,而是按政分配了。总之,只能是按劳,不能是按政,也不能是按资格。""讲按劳分配,无非是多劳多得,少劳少得,不劳不得。"① "如果不管贡献大小、技术高低、能力强弱、劳动轻重,工资都是四五十块钱,表面上看来似乎大家都是平等的,但实际上是不符合按劳分配原则的,这怎么能调动人们的积极性?"② 其次,邓小平还指出如何贯彻按劳分配。他说:"要实行考核制度。考核必须是严格的、全面的,而且是经常的。各行各业都要这么做。今后职工提级要根据考核的成绩,合格的就提,而且允许提级,不合格的就不提。""合格的管理人员、合格的工人,应该享受比较高的待遇,真正做到按劳分配。"③

2. 允许"先富带后富"

在邓小平看来,仅仅一般地强调坚持按劳分配,还不足以扭转"文革"结束后普遍存在的"平均主义""大锅饭"压抑企业和广大职工群众的积极性、主动性、创造性的倾向。因此,"改革首先要打破平均主义,打破'大锅饭'",否则"人民生活永远

---

① 《邓小平文选》(第2卷),人民出版社,1994年,第101~102页。
② 同上书,第351页。
③ 同上书,第152页。

改善不了，积极性永远调动不起来"。如何打破平均主义，打破"大锅饭"呢？1978年12月，邓小平在中共中央工作会议闭幕会上的讲话中首次提出："在经济政策上，我认为要允许一部分地区、一部分企业、一部分工人农民，由于辛勤努力成绩大而收入先多一些，生活先好起来。一部分人生活先好起来，就必然产生极大的示范力量，影响左邻右舍，带动其他地区、其他单位的人们向他学习，这样就会使整个国民经济不断波浪式地向前发展，使全国各族人民都能比较快地富裕起来。"① 以后他又多次强调了这一思想。1980年1月，在《目前的形势和任务》的讲话中，邓小平指出："我们提倡按劳分配，对有特别贡献的个人和单位给予精神奖励和物质奖励；也提倡一部分人和一部分地方由于多劳多得，先富裕起来。这是坚定不移的。" 1983年8月，他在同国家计委、国家经委和农业部门负责同志谈话时指出："农村、城市都要允许一部分人先富裕起来，勤劳致富是正当的。一部分人先富裕起来，一部分地区先富裕起来，是大家都拥护的新办法，新办法比老办法好。" 1984年10月，党的十二届三中全会以决定的形式把"允许和鼓励一部分地区、一部分企业、一部分人依靠勤奋劳动先富起来"确定为党的一大政策。

3. 社会主义的原则是共同富裕

邓小平允许和鼓励一部分地区、一部分企业、一部分人先富起来，并不意味着他主张贫富悬殊、两极分化，恰恰相反，"先富"是

---

① 《邓小平文选》（第2卷），人民出版社，1994年，第152页。

手段并不是要搞贫富悬殊、两极分化，而是为了实现"共富"。对此，邓小平不厌其烦地说："我们提倡一部分地区先富裕起来，是为了鼓励和带动其他地区也富裕起来，并且使先富裕起来的地区帮助落后的地区更好地发展。提倡人民中有一部分人先富裕起来，也是同样的道理。" 1985 年 3 月，邓小平在《一靠理想二靠纪律才能团结起来》这篇讲话中明确指出："社会主义的目的就是要全国人民共同富裕，不是两极分化。如果我们的政策导致两极分化，我们就失败了；如果产生了什么新的资产阶级，那我们真是走了邪路了。"[1]1986 年 9 月，他在接受美国记者迈克·华莱士电视采访时进一步强调："我们讲的致富不是你们讲的致富。社会主义财富属于人民，社会主义的致富是全民共同富裕。社会主义原则，第一是发展生产，第二是共同富裕。我们允许一部分人先好起来，一部分地区先好起来，目的是更好地实现共同富裕。正因为如此，我们的政策是不使社会导致两极分化，就是说，不会导致富的越富，贫的越贫。坦率地说，我们不会容许产生新的资产阶级。"[2]

在改革开放和现代化建设的过程中，邓小平一再提醒一定要注意防止和克服出现贫富悬殊、两极分化现象。1986 年 12 月，他同几位中央负责同志谈话时指出："我们允许一些地区、一些人先富起来，是为了最终达到共同富裕，所以要防止两极分化。" 1990 年 12 月，他同几位中央负责同志谈话时详细分析了两极分化的危害性："共同致富，

---

[1]《邓小平文选》（第 3 卷），人民出版社，1994 年，第 110～111 页。
[2]《邓小平年谱（1975—1997）》，中央文献出版社，1998 年，第 360 页。

第三章 我国收入分配制度的现实状况

我们从改革一开始就讲,将来总有一天要成为中心课题。……如果搞两极分化,情况就不同了,民族矛盾、区域间矛盾、阶级矛盾都会发展,相应地,中央和地方的矛盾也会发展,就可能出乱子。"[①] 1992年年初,他在南方谈话中不仅强调了防止和克服两极分化的必要性,而且提出了解决的前提和办法。他说:"如果富的愈来愈富,穷的愈来愈穷,两极分化就会产生,而社会主义制度就应该而且能够避免两极分化。解决的办法之一,就是先富起来的地区多交点利税,支持贫困地区的发展。当然,太早这样办也不行,现在不能削弱发达地区的活力,也不能鼓励吃'大锅饭'。什么时候突出地提出和解决这个问题,在什么基础上提出和解决这个问题,要研究。可以设想,在本世纪末达到小康水平的时候,就要突出地提出和解决这个问题。到那个时候,发达地区要继续发展,并通过多交利税和技术转让等方式大力支持不发达地区。"[②]

二、我国社会主义收入分配制度的演变

(一)计划经济体制下单一的按劳分配制度

新中国成立之初,包括中国共产党人在内的各国共产党人普遍认为,"苏联模式"或者说"斯大林模式"就是社会主义模式。搞社会主义就要走苏联的道路,照搬"苏联模式",实行单一的公有制、按

[①] 《邓小平文选》(第3卷),人民出版社,1994年,第364页。
[②] 同上书,第365页。

劳分配、计划经济。

在这一认识基础上,我国在编制国民经济发展第一个五年计划时,自觉选择了优先发展重工业的"赶超型"发展战略及与之相联系的高度集中的计划经济体制。在生产资料所有制社会主义改造基本完成后,建立了生产资料公有制及与之相适应的单一的按劳分配制度,即在企事业单位实行工资制。1958年,农村人民公社化以后,普遍实行了工分制。

在计划经济体制下,国有企业、国家机关和事业单位的工资标准由国家有关部门根据部门、行业、工种等统一制定;工资形式有计件工资和计时工资,除工资外还辅以少量的奖金和津贴;工资政策、工资计划等均由国家制定和安排。由于当时的大环境,特别是60年代初期"极左"思潮的影响,计件工资、奖金、津贴,事实上都成为纸上的东西,大家拿到的仅仅是计时工资。农村集体经济按劳动时间、性别和年龄等"评工记分"。"农业学大寨"运动兴起以后,"评工记分"被老百姓称为"大概工"。计划经济体制下的收入分配是"大体平均、略有差别",近似"按劳分配"的模式。也就是说,这种模式的优点是,避免了工业化初期由于收入差距过大而导致的两极分化,缓解了发展中国家工业化起步阶段普遍存在的投资规模偏大与建设资金匮乏的矛盾。在新中国成立后不到30年的时间里,有效地利用了社会主义"集中力量办大事"的制度优势和发展中国家的后起优势,独立自主地建立起门类齐全的工业体系和国民经济体系,走完了西方资本原始积累200年的道路。事实表明,传统计划经济体制下的收入分配制度在社会主义经济建立伊始曾起到了积极而重要的作用。

（二）改革开放进程中的收入分配制度

历史的发展是曲折的，也是螺旋式上升的，它绝不会凝固不变，永远停留在一种状态下。我国社会主义建设特别是分配制度经过20多年的探索后，建立了人类历史上最为公正、适合社会主义制度、符合国情的按劳分配制度，一定程度上体现了人民当家做主的社会主义本质特征。但是，在这个过程中，我们也走过平均主义、"大锅饭"的弯路，交了不少学费，付出了代价。党的十一届三中全会以后，以邓小平为核心的党的第二代中央领导集体，系统、全面地总结了社会主义建设及其分配问题上的经验教训，彻底纠正了长期以来在收入分配领域中存在的不讲物质利益原则的平均主义倾向，逐步打破了单一的按劳分配模式，建立了以按劳分配为主体、以多种分配方式为补充的分配制度，充分调动了亿万人民的生产积极性、主动性和创造性，发展了马克思主义的分配理论。

毋庸讳言，改革开放并不是总设计师邓小平头脑里固有的、事先预设好的，它源自于当时中国的社会实践和人民的迫切愿望。我们知道，这场改革是从农村开始的，分配制度的改革也是从农村开始的，是农民"发明"的。20世纪70年代末期，安徽凤阳县小岗村18户农民的壮举，结束了农业学大寨运动，开启了家庭联产承包责任制的新时代。家庭联产承包责任制不仅是对人民公社集体经营体制的否定，也是对其分配形式的扬弃。它明确地划分了国家、集体、个人的权利、责任和利益关系。"交够国家的，留足集体的，剩下都是自己的"这一分配方式，抛弃了吃"大锅饭"的办法，将农民的经济收入同其劳动成果直接挂钩，使承包者全身心投入生产、注重经营、关注市场、精耕细作、节约开支、追求最大收益。它创造性地贯彻了按劳分配原则，改变了平均主义的做法，极大地调动了广大农民的生产热情，大幅度地提高了农业生产力，把大量农民从土地上解放出来，将潜在的过剩人口变成现实的过剩人口，出现了巨量的"农业剩余劳动力"。它把农地的所有权与经营权、占有权完全分开，使农民摆脱了人民公社体制下人身强制性的约束，农民成了独立自主的"自由人"，有了种田、经商或者外出打工等选择职业的自由权利。与此同时，十一届三中全会后，在落实政策的过程中，大约2000万知识青年一夜之间从农村回到了城市，等待着国家劳动部门分配工作。这些人在城镇从来就没有与生产资料结合过，是一批没有单位管束的"自由人"。这些"自由人"的劳动力便是货真价实的"个人所有"，他们可以决定自己的职业，可以做个体工商户、养殖户，也可以出去打工。手中积累了一定货币的人，如承包中率先发展起来的人，就成了两户——种植大户、个体户。一些个体户越干越大，开始雇工经营，发展私营经济。

为了解决这些问题以及联产承包责任制以后农村出现的大量富裕劳动力的就业和近2000万城镇人员的就业问题，党和政府逐步调整了个体、私营经济的政策。1980年，中共中央转发了《进一步做好城镇劳动就业工作》的文件，其中第4条指出，"鼓励和扶持城镇个体经济的发展"，文件还给个体经济下了定义："从事法律许可范围内的，不剥削他人的个体劳动。这种个体经济是社会主义公有制经济不可缺少的补充，在今后一个相当长的历史时期内都将发挥积极作用。"

1981年，中共中央十一届六中全会通过的《关于建国以来党的若干历史问题的决议》指出："一定范围的劳动者个体经济是公有制经济的必要补充。"同年国务院发出的《关于城镇非农业个体经济若干政策性规定》提出:"从事经营的公民,是自食其力的劳动者。"中共中央做出的《关于广开门路、搞活经济、解决城镇就业人口的若干决定》指出:个体户"是我国社会主义的劳动者",他们的劳动"都是社会主义所必需的,都是光荣的"。

1982年,中共十二大报告指出:"坚持国营经济的主导地位和发展多种经济形式","在农村和城市,都要鼓励劳动者个体经济在国家规定范围内和工商行政管理下适当发展,作为公有制经济的必要的、有益的补充"。同年,五届人大五次会议通过的我国第四部《宪法》第2条规定:"在法律规定范围内的城乡劳动者个体经济,是社会主义公有制经济的补充。国家保护个体经济的合法权利和利益。国家通过行政管理,指导、帮助和监督个体经济。"此后,个体经济得到迅速发展,在此基础上出现了越来越多的私营企业。

1984年,中共十二届三中全会通过的《关于经济体制改革的决定》提出:"我国现在的个体经济是和社会主义公有制相联系的,不同于和资本主义私有制相联系的个体经济,它对于发展社会生产、方便人民生活、扩大劳动就业具有不可替代的作用,是社会主义经济必要的有益的补充,是从属于社会主义经济的。""坚持多种经济形式和经营方式的共同发展,是我们长期的方针,是社会主义前进的需要,绝不是退回到建国初期那种社会主义公有制尚未在城乡占绝对优势的新民主主义经济,绝不会动摇而只会有利于巩固和发展我国的社会主义经济制度。"

1987年,党的十三大报告指出:"对于城乡合作经济、个体经济和私营经济,都要继续鼓励他们发展","实践证明,私营经济一定程度的发展,有利于促进生产,活跃市场,扩大就业,更好地满足人们多方面的生活需求,是公有制经济必要的和有益的补充"。

1988年,七届人大一次会议通过宪法修正案,规定:"国家允许私营经济在法律规定范围内存在和发展。私营经济是社会主义公有制经济的补充。国家保护私营经济的合法权利和利益,对私营经济实行引导、监督和管理。"同时,国务院发布了《私营企业暂行条例》,对私营企业进行规范。

1989年,国务院在《关于大力加强城乡个体工商户和私营企业税收征管工作的决定》中指出:"以公有制为主体的前提下发展个体经济、私营经济和其他多种经济成分,是党和国家在社会主义初级阶段的一项长期指导方针,必须始终贯彻执行。"要依法保障个体户和私营企业的正当经营活动和合法收入,同时要对他们加强引导、监督和管理。同年,江泽民在国庆40周年的讲话中指出:"我们要继续坚持以公有制为主体、发展多种经济成分的方针,发挥个体经济、私营经济以及中外合资、合作企业和外资企业对社会主义经济的有益的、必要的补充作用。"

1990年,十三届七中全会通过的《关于制定国民经济和社会发展规划和"八五"计划的建议》指出,坚持以社会主义公有制为主体的多种经济成分并存的所有制结构,发挥个体经济、私营经济和其他经济成分对公有制经济的有益的补充作用,并对它们加强正确的管理和引导。

1992年,党的十四大报告指出:"在所有制结构上,以公有制包括全民所有制和集体所有制经济为主体，个体经济、私营经济、外资经济为补充，多种经济成分长期共同发展，不同经济成分还可以自愿实行多种形式的联合经营。在分配制度上，以按劳分配为主体，以其他分配方式为补充，兼顾效率与公平。"本次大会在关于《中国共产党章程（修正案）》中指出：社会主义的根本经济制度是坚持以生产资料公有制为主体、多种经济成分并存的所有制结构。实行以按劳分配为主体，以其他分配方式为补充的分配制度，鼓励一部分人先富起来，消灭贫穷，最终达到共同富裕。具体来说，以按劳分配为主体，以其他分配方式为补充的分配制度，是在以按劳分配为主体的前提下，主要包括按资分配、按劳动力价值分配、按经营收益分配、按劳动所得分配、按社会保障原则分配在内的分配方式。

第一，以按劳分配为主体。按劳分配是指在生产资料社会主义公有制条件下，对社会总产品做了各项必要的社会扣除以后，按照个人提供给社会的劳动数量和质量分配个人消费品。按劳分配的原则是，多劳多得，少劳少得，不劳动者不得食。以按劳分配为主体是指在社会主义初级阶段的公有制企业、事业单位实行按劳分配。在公有制企业、事业单位以外，如私营企业、个体户则实行其他分配方式。这是改革开放以来，以邓小平为核心的党中央依据生产资料所有制调整的新的实际，在分配制度上采取的重大政策举措。新的分配制度带来的变化不仅是打破了单一的按劳分配制度，而且随着公有制企业经营方式的改革、事业单位的改革，按劳分配也不是按照劳动时间来计量，而是按照劳动成果、贡献来计量。就公有制企业而言，1984年十二届三中全会以后，公有制企业改革全面展开，几乎所有企业都效仿农村的承包制，对企业实行承包。以承包为主的多种形式经济责任制的建立，催生了职工工资总额同经济效益按比例浮动；职工劳动所得同劳动成果相联系，职工收入由企业根据经营状况自行决定；企业内部扩大工资差距，以充分体现奖勤罚懒、奖优罚劣，充分体现不同劳动之间的差别。在事业单位，随着技术职称制度的改革、推行和实施，教育系统、医疗卫生系统职工的按劳分配，基本上采用了职称制。依据职称高低、贡献大小，决定工资多少。在国家机关、政府部门，按劳分配主要依据其职务和贡献大小决定工资多少。并且，随着生产率的不断提高，工资不断增长。

第二，其他分配方式。其他分配方式主要指按劳分配以外的分配方式，包括按资分配、按劳动力价值分配、按经营收益分配、按劳动所得分配、按社会保障原则分配。按资分配是指资本所有者凭借其资本所有权参与他人劳动成果的分配。广义的按资分配是指资本除货币形态外，还有物质形态，即物质资本，按资分配也是指按物质资本量，即按物质形态的资本的使用价值所做贡献来分配。狭义的按资分配就是劳动成果按货币资本量，即按资本的价值量来分配，在既定的利息率（包括股息率）下，投资量越大，所得越多，投资量越小，所得越少。"等量资本取得等量利润。"在现阶段，按资分配主要表现是私营业主和三资企业凭借资本占有雇佣劳动者剩余劳动所形成的利润收入，广大劳动者的个人存款利息；购买股票、债券等获取的股息、红利等；出租房屋等的租金。按劳动力价值分配，是指私营企业和三资企业中对雇佣人员的分配方式。投资人按照资本的多少和资本有机构成的高低，决定雇佣多少劳动力，再按照劳动力创造的剩余价值的数量，给予劳动者一定的劳动报酬即工资（劳动力的价值或者价格）。按经营收益分配是指按商品生产者和经营者在一定时期内生产和经营的最终收益量来分配。主要包括三种形式：经营性劳动收入——经营者根据自己付出的劳动量参与其经营收益量的分配而形成的收入；创新收入——经营者向市场提供了新产品、新技术或者开拓了新市场而得到的收入；风险收入——经营者由于承担市场风险而获得的收入。按劳动所得分配是指个体劳动者使用自己的生产资料，以自己或者家庭劳动力为基础从事不剥削他人的劳动，其劳动创造的价值实现后或者得到劳务收入后，依法缴纳税金和扣除再生产需要部分所剩余的部分。按社会保障原则分配亦称二次分配，是指政府为保障社会公平，保障各地区、各部门和各行业协调发展而实行的一种分配方式。它是政府为保障社会公平，保障各地区、各部门、各行业协调发展，通过国民收入的分配和再分配，将其一部分财政收入单方面无偿地让渡而发生的支出。比如：下岗职工基本生活保障、失业救济、城镇居民最低生活保障等。

（三）社会主义市场经济体制下的收入分配制度

1992年邓小平南方谈话以后，特别是党的十四大确立了社会主义市场经济体制改革目标以后，非公有制经济迎来了发展的春天，进入了史无前例的"快车道"。据统计，1987年至1997年10年间，我国私营企业户数由9万户发展到960726户，平均每年增长34%；从业人员由160万人发展到1300多万人，平均每年增长30%；注册资金由84亿元发展到5140亿元，平均每年增长67%；产值由97亿元增加到3923亿元，平均每年增长58%；消费品零售额由34亿元增加到1855

亿元，平均每年增长 64%。党的十五大之后，非公有制经济进入平稳发展阶段。党的十五大将非公有制经济引入"体制内"，打破了长期制约非公有制经济发展的瓶颈，扫清了前进道路上的障碍，使其驶入发展的"快车道"。

与此同时，分配制度的改革也进入了"快车道"。1993 年 11 月，党的十四届三中全会通过的《中共中央关于建立社会主义市场经济体制若干问题的决定》提出了同社会主义市场经济体制相适应的收入分配制度的一系列基本原则：个人收入分配要坚持以按劳分配为主体、多种分配方式并存的制度；效率优先，兼顾公平的原则；劳动者的个人劳动报酬要引入竞争机制，打破平均主义，实行多劳多得，合理拉开差距；坚持鼓励一部分地区、一部分人通过诚实劳动和合法经营先富起来的政策，提倡先富带动和帮助后富，逐步实现共同富裕；国家依法保护法人、居民的合法收入和财产，允许属于个人的资本等生产要素参与收益分配；国有企业在职职工工资总额增长率低于企业经济效益增长率，职工平均工资增长率低于本企业劳动生产率增长的前提下，根据劳动就业供求变化和国家有关政策规定，自主决定工资水平和内部分配方式。1997 年 9 月，党的十五大在分配制度上的贡献主要体现在两个方面：一是确定了社会主义初级阶段的分配制度——"坚持按劳分配为主体，多种分配方式并存"。二是解决了生产要素能不能参与分配的问题，明确提出要把按劳分配和按生产要素分配结合起来，坚持效率优先，兼顾公平；要依法保护合法收入，允许和鼓励一部分人通过诚实劳动和合法经营先富起来，允许和鼓励资本、技术等生产要素参与收益分配；通过完善个人所得税制，开征遗产税等新税种调节过高收入,防止两极分化。2002年11月,党的十六大在分配制度改革方面有三大突破:一是确立了劳动、资本、技术和管理等生产要素按贡献参与分配的原则;重申坚持效率优先,兼顾公平;既要反对平均主义,又要防止收入悬殊;强调初次分配注重效率,发挥市场的作用,鼓励一部分人先富起来。二是特别强调"再分配注重公平,加强政府对收入分配的调节职能,调节差距过大的收入";规范分配秩序,取缔非法收入,调节垄断性行业的过高收入;建立健全同经济发展水平相适应的社会保障体系,提高低收入者的收入水平。三是确立了我国分配制度改革要"以共同富裕为目标,扩大中等收入比重,提高低收入者的收入水平"。这是一个重要的论断和政策取向,它与全面建设小康社会的根本目标相呼应。其重要意义在于它要改变现在的"金字塔"形的收入分配格局,努力形成"两头小、中间大"的"橄榄型"收入分配格局。2007年党的十七大报告对收入分配制度改革的主要贡献是:一是坚持和完善按劳分配为主体、多种分配方式并存的分配制度,健全劳动、资本、技术、管理等生产要素按贡献参与分配的制度。二是初次分配和再分配都要处理好效率和公平的关系,再分配更加注重公平。逐步提高居民收入在国民收入分配中的比重,提高劳动报酬在初次分配中的比重。着力提高低收入者的收入,逐步提高扶贫标准和最低工资标准,建立企业职工工资正常增长机制和支付保障机制。创造条件让更多的群众拥有财产性收入。保护合法收入,调节过高收入,取缔非法收入。扩大转移支付,强化税收调节,打破经营垄断,创造机会公平,整顿分配秩序,逐步扭转收入分配差距扩大的趋势。要加快建立覆盖城乡居民的社会保障体系,保障人民基本生活,要促进教育公平,建立基本医疗卫生制度,更好地保障人民权益和社会公平正义。

由此可见,党的十四大以来,中国共产党人坚持把马克思主义基本原理同我国社会主义初级阶段的实际相结合,围绕着建立社会主义市场经济分配制度的总目标,实现了从"其他分配方式为补充"到"把按劳分配和按生产要素分配结合起来",从"效率优先,兼顾公平"到"初次分配和再分配都要处理好效率和公平的关系,再分配更加注重公平"的一系列重大突破,逐步形成了既体现社会主义本质要求,又与社会主义市场经济相适应的"以按劳分配为主体、多种分配方式并存"的收入分配制度。

应当承认,建立社会主义市场经济体制,是我国改革开放的伟大创举,是中国特色社会主义的重要内容。社会主义市场经济是市场经济体制与社会主义基本制度的结合。江泽民曾强调指出:我们搞的是社会主义市场经济,"社会主义"这几个字是不能没有的,这并非多余,并非画蛇添足,恰恰相反,这是画龙点睛。所谓"点睛",就是点明我们的市场经济的性质。西方市场经济符合社会化大生产、符合市场一般规律的东西,毫无疑问,我们要积极学习和借鉴,这是共同点;但西方市场经济是在资本主义制度下搞的,我们的市场经济是在社会主义制度下搞的,这是不同点,而我们的创造性和特色也就体现在这里。不言而喻,由此决定的与社会主义市场经济体制相适应的个人收入分配制度,当然具有中国特色。

首先,从"按劳分配"来说,它既不同于马克思在《哥达纲领批判》中所设想的按劳分配,也不同于毛泽东甚至邓小平时期的按劳分配。(1) 在社会主义市场经济条件下,按劳分配的主体不是整个社会,而只能是公有制企业。一是由于生产资料公有制一统天下的局面已经被打破,非公有制企业如雨后春笋般蓬勃发展起来。在这些非公有制企业即私营企业里,实行按劳分配既不符合马克思主义的基本原理,在实践中也行不通。因此,只能按照"谁投资,谁决策,谁受益"的原则执行。二是由于社会主义市场经济体制的确立,即使在公有制企业里,不同企业也是不尽相同的。因为在社会主义市场经济条件下,社会主义联合劳动主要表现为企业范围内的联合劳动,各个公有制企业都是独立的法人实体和市场竞争主体,企业之间存在着经济利益上的差别。因此,收入分配是由企业自主进行的,实现同一标准的分配范围只局限于一个公有制经济单位,各个企业的分配标准也不尽相同,还不可能在全社会范围内按统一的标准实现等量劳动领取等量报酬。
(2) 按劳分配不可能按照劳动者实际提供的劳动量来计量,而只能按照实现了价值的社会劳动量来计量。经典作家马克思所讲的按劳分配中的劳动量,是对社会总劳动量科学分配的结果,它的每一个数量和比例,都是为社会所需要的。因此,在这种劳动发生之前,就已经为社会所承认,构成社会总劳动的一部分或者说构成社会有效劳动。比如,计划经济时期的个人劳动就是这样的。但是,在社会主义市场经济条件下,情况就不同了。劳动者的个人劳动不能直接表现为社会劳动,只能把个人劳动加入到各自所在企业的总体劳动中。而每个公有制企业的劳动相对于整个社会而言也只是局部劳动或者叫"个别劳动""私人劳动",这些劳动只有通过交换实现了价值以后才能转化为社会劳动。因而,要使个别劳动转化为社会劳动,实现商品的价值,必须创造出满足社会需要的使用价值，生产商品的个别劳动时间必须符合社会必要劳动时间的要求。这里，社会必要劳动时间仍然表现为：同一部门内部不同生产者之间的竞争所形成的劳动时间和根据社会需要按比例分别用于各个不同的生产领域的劳动时间。（3）等量劳动领取等量消费品仅限于企业内部。按劳分配的根本特点是，否定凭借生产资料的占有权来占有他人的劳动，坚持按照劳动数量和质量得到相应的消费品。不管是在社会主义市场经济还是计划经济条件下，只要坚持按劳分配这个基本原则，就是社会主义基本特征的表现。但是，在产品经济条件下，按劳分配是在全社会范围内等量劳动领取等量报酬。而在社会主义市场经济条件下，则限于企业内部等量劳动领取等量报酬。因为在企业内部不存在商品交换关系，不存在劳动价值的转换过程，因而可以直接用劳动时间计量劳动者个人提供给企业的劳动量。但是，这里的劳动者个人提供的劳动量并非每个劳动者实际消耗的劳动时间，而是企业平均劳动时间。

  需要指出的是，这里的企业平均劳动时间是相对于社会必要劳动时间而言的。一是它是企业承认的劳动时间，不是社会承认的劳动时间。在企业的生产经营中，劳动者所接受的总是企业发出的指令，只要劳动者按时按质按量完成了企业的劳动指令，他的劳动即成为企业有效劳动的组成部分，他就有权从企业工资总额中获得相当于自己劳动量份额的工资。二是企业平均劳动时间是抛开了生产条件等客观因素和价格变动等偶然因素的一种计量劳动尺度。从整个社会范围来看，各个企业取得收入的多少，除了取决于劳动者的劳动和经营者的经营能力、方式外，还取决于企业的生产条件，以及市场变化情况等。因为不同企业的劳动者，即使付出了同样数量和质量的劳动，他们所得的报酬在数量上往往是不同的。但是，在企业内部却不能这样。一方面，由于企业内部不存在"惊险地跳跃"；因而排除了一系列外在因素对个人收入分配的影响和干扰。另一方面，企业内部的劳动者在生产资料占有的贡献上是平等的，因此，技术装备水平、交通运输等客观条件都不能作为个人收入分配的依据。企业内部各个岗位、各工种、各车间生产条件的差异，不会因此而形成收入分配数量的差别。三是企业内部虽然存在着简单劳动与复杂劳动、熟练劳动与非熟练劳动、繁重劳动与非繁重劳动的差别，即存在着相当一部分人的劳动量高于企业平均劳动的现象，但是，这并不影响在企业内部实现按劳分配。因为在一个企业内，人们可以通过反复实践，找到大家认可的、普遍接受的比例关系，并以此为准，计算出企业平均劳动量，计算出每个劳动者提供给企业的劳动量。总之，在一个企业内部，无论劳动者从事何种劳动，他们在企业平均劳动时间这个尺度面前都是平等的。在这一尺度下，劳动者多劳多得，少劳少得，从而实现按劳分配。

其次，从"多种分配方式并存"来说，它也不同于"其他分配方式为补充"。一是"多种分配方式"在党和国家的制度安排中的地位发生了实质性的变化。党的十五大之前，"多种分配方式"或者说"其他分配方式"只是社会主义分配方式的"补充"，它处于不稳定状态。但是，"多种分配方式并存"就不同了。它已经从体制外进入"体制内"，成为社会主义初级阶段的分配制度。整个社会主义初级阶段都必须坚持"以按劳分配为主体，多种分配方式并存"的分配制度。这一制度不仅载入了党的十五大、十六大、十七大、十八大政治报告，而且上升为国家意志，载入了《中华人民共和国宪法》。因此，它已经成为我国社会主义初级阶段的制度安排，成为社会主义市场经济体制的有机组成部分。就是说，"多种分配方式并存"是任何个人无法撼动和改变的。二是"多种分配方式"已经深入到包括公有制企业在内的社会各个领域，主要包括以下两个方面。

第一，在包括国有企业在内的公有制企业实行工资制和年薪制。包括国有企业在内的公有制企业的工资制，是社会主义按劳分配原则的基本体现。在计划经济时期甚至20世纪八九十年代，都是通过工资制这一具体方式实现按劳分配原则的。但是，在社会主义市场经济条件下，国有企业按劳分配原则的贯彻也不是全面、彻底的，即在工资制之外，对企业高层管理人员实行年薪制。工资制和年薪制是社会主义市场经济条件下国有企业的收入分配制度。年薪又称年工资收入，是指以企业会计年度为时间单位计发的工资收入，主要用于公司经理、企业高级职员的收入发放，成为经营者年薪制。年薪制是一种国际上较为通用的支付企业经营者薪金的方式，它是以年度为考核周期，将经营者的工资收入与企业经营业绩挂钩的一种工资分配方式，通常包括基本收入（基薪）和效益收入（风险收入）两部分。基本收入（基薪）主要依据企业规模（如职工人数、总资产规模等）来确定，在很多实行国企经营者年薪制的省份，对于基薪都设定了上限；效益年薪则根据企业完成指标的情况上下浮动。目前，一些地区在效益年薪中还引入了股权激励的方式，将部分效益年薪收入通过各种方式转化为企业股份，由经营者持有。我国于1992年在上海试行年薪制，到1998年国有企业实行年薪制达到15.2%。2003年11月25日国务院国资委公布，

2004年1月1日起,国有企业实行年薪制。根据国资委关于年薪制的规定,国有企业年薪制的对象是:国有独资企业的总经理(总裁)、副总经理(副总裁)、总会计师;国有独资公司的董事长、副董事长、董事,列入国资委党委管理的总经理(总裁)、副总经理(副总裁)、总会计师;国有资本控股公司国有股权代表出任的董事长、副董事长、董事,列入国资委党委管理的总经理(总裁)、副总经理(副总裁)、总会计师。国有企业的年薪由基薪和绩效年薪两部分构成,企业其他负责人的年薪根据任职岗位、责任、风险、贡献来确定,合理拉开差距,原则上控制在企业法定代表人基薪的60%—90%以内。基薪是依据企业规模大小来确定的,超一类企业18万元,一类企业8万元,二类企业6万元,三类企业4万元,其他企业2万元。绩效年薪的确定主要与年度经营业绩考核结果和任期经营业绩考核结果挂钩。考核结果分为优、良、中、低四个级别。考核为优的企业主要负责人的绩效年薪在基薪的1.5—2倍之间,考核为良的在1—1.5倍之间,考核为中的在0.5—1倍之间,考核为低的在0—0.5倍之间。从理论上讲,年薪制本来就是"舶来品",是我国社会主义市场经济与国际接轨的体现,是资本主义市场经济的产物。将其运用于社会主义市场经济,其积极作用、意义是无须赘述的。按照马克思主义理论讲,年薪制中的基薪是高层管理人员的劳动收入,属于按劳分配的范畴。年薪制中的绩效年薪是依据企业负责人在市场的判断、开拓等方面所做的贡献,严格地说,它属于风险收入,不属于按劳分配的范畴。为了激励企业家的创业精神,巩固和发展公有制经济的主体地位,发挥国有企业的主导作用,我们必须采取年薪制。

第二，利润制成了鼓励、发展非公有制经济的基本举措。以公有制经济为主体、多种所有制经济共同发展的社会主义初级阶段基本经济制度的确立，意味着非公有制经济从体制外进入体制内。并且，党的十六大、十七大、十八大在政治报告中反复强调，要始终坚持"两个毫不动摇"——"毫不动摇地巩固和发展公有制经济的主体地位""毫不动摇地鼓励、发展和引导非公有制经济"。而"毫不动摇地鼓励、发展和引导非公有制经济"最根本的举措就是把所有制与所有权统一起来，通过承认所有权体现、承认所有制。因为所有制与所有权的关系类似于内容与形式的关系，所有制是形式，所有权是内容。所有权寓于所有制之中。所有制归谁所有，谁就拥有所有权。有什么样的所有制，就有什么样的所有权。强调坚持"两个毫不动摇"，事实上就是强调坚持"两个所有权毫不动摇"。生产资料所有制之所以能够决定一个社会制度的性质，是因为统治者总是把所有制和所有权牢牢地捆在一起，总是通过所有权的实现，反映、体现生产资料所有制的性质。在资本主义社会，与其说资产阶级强调坚持生产资料私有制，毋宁说它特别强调坚持资本所有权。抽取了资本所有权原则，私有制就成了没有任何实际意义的空壳。在社会主义初级阶段也是这样，强调"两个毫不动摇"，事实上就是强调"两个所有权毫不动摇"。只有坚持非公有制经济的所有权，才能"毫不动摇地鼓励、发展和引导非公有制经济"。而坚持非公有制经济所有权，根本地体现在"谁投资，谁决策，谁受益"，体现在保障私营企业主获得适当利润，承认资本的剩余索取权。

三、我国现行分配制度的实践

按劳分配在社会主义市场经济条件下的变化深刻地说明,任何一种社会形态甚至在同一社会形态下收入分配方式也是不尽相同的,亘古不变或普遍适用的分配方式都是不存在的。纵观国际共产主义运动史,我们可以骄傲、自豪地说,社会主义初级阶段的基本分配制度是中国共产党人的伟大创造,是中国共产党人对"什么是社会主义,如何建设社会主义"这个问题的基本回答。伴随着新的分配制度的确立,中国人民从"关心经济利益"的朴素情感出发,关心生产、关心企业效益,助推着中国经济进入发展的"快车道",成为"世界第二大经济体"。中国人民的收入不断提高,达到中等发达国家收入水平,直逼全面小康。当然,现阶段的分配制度作为中国改革开放的新事物,是在受到公有制的不成熟性及其公有制发展的外部环境的制约、受到非公有制经济和市场经济的利己主义和个人主义的影响下产生的。在这样的背景下,社会主义按劳分配原则实现的范围小了、形式多了、程度轻了,以至于人民的整体收入水平、生活水平提高了,但是收入差距却拉大了,并且还在持续扩大,管理人员、技术人员的劳动得到尊重,而普通劳动者的劳动得不到充分的尊重。因此,正确认识和评价现行个人收入分配制度,全面深化收入分配制度改革,不仅是党和政府的重要工作,国内学者也责无旁贷。笔者认为,我们要以马克思主义的立场、观点和方法,科学评价现行分配制度,用中国特色社会主义理论,全面深化收入分配制度改革,完善现行分配制度。

（一）现行分配制度推动着中国经济快速发展

如前所述，生产决定分配。生产什么分配什么，生产多少分配多少。生产资料所有制的性质决定分配的性质。资本主义生产资料私有制决定了按资分配，社会主义生产资料公有制决定了按劳分配，社会主义初级阶段以公有制为主体、多种所有制经济共同发展的基本经济制度，决定了以按劳分配为主体、多种分配方式并存的分配制度。但是，分配也不是消极被动的，它对生产及其生产资料所有制也具有反作用，二者是人类社会中紧密相连的两大根本性问题。正如阿特金森所说，生产和分配就像一枚硬币的正反两面，所以，不能撇开一方面来谈另一方面。30多年改革开放的实践表明，分配制度的改革，对经济生产和社会发展起着至关重要的作用。下面仅就改革开放以来分配制度改革对经济生产和社会发展的巨大作用做一简要分析：

首先，农村分配制度的改革，带动了中国的改革和经济发展。回首30多年的改革开放，我们能够发现，改革开放这场中国的"第二次革命"与"第一次革命"走的都是"农村包围城市的道路"。毛泽东领导中国革命，是在革命的困难时期改变了苏联"城市中心论"的革命模式，逐步提出并走出了农村包围城市、武装夺取政权的道路。与此相似的是，邓小平开创的改革开放，也是从农村开始的，走的也是农村包围城市的道路。如果说毛泽东、邓小平在开创农村包围城市道路方面有什么不同的话，那就是毛泽东率先提出并说服了党内同志一起走这条道路，而邓小平则是说服党内同志尊重农民的首创精神，顺应时代潮流，毅然决然地抛弃了人民公社体制，走上了家庭联产承包责任制的道路。家庭联产承包责任制在安徽、四川等省份取得成功后，迅速在全国广大农村推广开来，并在短短数年时间解决了农民的吃饭问题、中国人的吃饭问题，创造了中国历史、世界历史的奇迹。承包制在广大农村取得成功后，于1984年十二届三中全会后迅速引入城市，推动城市工商企业的改革。全国上下一致认为，"'包'字进城，一包就灵"。中国改革开放的帷幕就是这样拉开的。

现在，我们需要思考的是，农村改革成功的原因究竟是家庭联产承包责任制呢？还是与家庭联产承包责任制密不可分的分配制度——"交够国家的，留足集体的，剩下都是自己的"。笔者认为，是与家庭联产承包责任制密不可分的分配制度。因为这种制度从根本上颠覆了农民厌恶的"干多干少一个样，干好干坏一个样，干和不干一个样"的平均主义、"大锅饭"的分配制度，顺应了广大农民奖勤罚懒的朴素价值观，适合亿万农民的传统习惯。用农民的话说就是，"大包干，大包干，直来直去不拐弯"。承包制引入城市的情况与此相似，它一改过去不管贡献大小、能力高低，按劳动时间计发工资的平均主义传统，用计件等方式计发工资、奖金、福利。从而激发了人民生产的积极性、主动性和创造性，在不到10年的时间内，中国人民解决了温饱问题，实现了国民生产总值翻一番的目标。

其次，"谁投资，谁决策，谁受益"的分配原则的实施，促进了"增量改革"，造就了非公有制经济的国民经济生力军。改革开放以来，"姓资姓社"的激烈争论，一直困扰着非公有制经济的发展。1988年，私营经济入宪后，这一场争论虽然暂时告一段落，但是制约非公有制经济发展的问题远未得到解决。投资人拿出资本投资企业的目的在于获取价值，获取比资本更大的价值。在社会主义国家能允许吗？

有保障吗？这个涉及投资人根本利益的问题不解决，一切都是枉然。当国务院明确提出"谁投资，谁决策，谁受益"这个原则后，制约非公有制经济发展的瓶颈总算破除了。特别是邓小平 1992 年南方谈话以后，党的十四大将建立社会主义市场经济体制作为我国经济体制改革的目标以后，非公有制经济才迎来了中国历史上发展的春天和黄金时期。以至于到了 20 世纪末期，有人预测我国的非公有制经济已经是"三分天下有其一"。现在，我们完全有理由说，没有"谁投资，谁决策，谁受益"的分配原则的提出，就没有非公有制经济的发展，就没有全面小康目标的实现，就无法如期完成社会主义现代化第二步战略目标。

再次，以按劳分配为主体、多种分配方式并存的分配制度的确立，为中国成为世界第二大经济体立下了汗马功劳。"多种分配方式"从体制外进入体制内，是社会主义初级阶段分配制度的一次革命。它的伟大意义不仅体现在理论上，更重要的是给企业主吃了一颗"定心丸"，使其生产经营合法化。他们不用顾虑重重，担心企业被没收、财产被没收，以私营企业为主体的非公有制经济可以甩开膀子大干一场了。同时，国有企业为主导的公有制经济高层管理人员，也不再为"褚时健现象"所困惑，为三资企业、私营企业高管的年薪所诱惑，他们在公有制企业做高层管理人员，同样可以堂堂正正、光明正大地拿年薪。事实上，2004 年 1 月 1 日国有企业年薪制的实施，从根本上解决了公有制企业分配不公的问题，极大地调动了高层管理人员生产经营的积极性、主动性和创造性，破除了国有企业动力不足的问题，使他们能够从关心自己利益的角度关心企业的发展。总体看来，社会主义初级阶段分配制度把按劳分配和按生产要素分配相结合、生产要素按贡献参与分配，"尊重劳动、尊重知识、尊重人才、尊重创造"等方针、政策的制定和落实，尊重人们运用知识、技术、经验进行劳动、管理、创造的实践活动，可以进一步调动人的积极性，激发人的创造性，凝聚社会各阶层的力量，把人民群众中蕴藏的巨大能量充分释放出来，为加快现代化建设和全面建设小康社会提供坚强的人才保证和智力支持。也正是这些重大分配政策的实施，我国的现代化建设才取得了实质性突破，经济发展才取得了标志性的成就。我国经济总量从世界排名第四位、第三位稳步进入第二位，成为世界公认的第二大经济体。2008年国际金融危机爆发以来，我国成为世界经济发展的引擎，甚至西方人惊呼"只有中国能够拯救资本主义"。

（二）现行分配制度下个人收入差距进一步拉大

随着经济的发展和生产力水平的提高，人民生活水平也显著、快速提高。回顾改革开放30多年中国走过的路程，中国人的生活水平是一步一个脚印，过几年上一个大台阶。20世纪80年代，我们用了不到10年时间解决了温饱问题，20世纪90年代，又用了不到10年时间实现了小康水平。到2010年，国内生产总值在2000年的基础上翻了一番，人均收入达到中等发达国家水平。但是，经济的飞速发展、人民收入水平的巨大提高、新的分配制度的确立，并不意味着分配问题就完全解决了。事实上，进入新世纪以来，收入分配领域中居民收入差距不仅没有缩小，而且还在拉大，将个人收入分配领域中的问题梳理、概括一下，主要包括以下三个方面：

1. 居民收入差距拉大

改革开放以来，我国的经济发展取得了举世瞩目的辉煌成就，经济总量上升到世界第二位，人均国民收入水平有了极大的提高，步入了中等收入国家行列。改革开放30多年是我国城乡居民收入增长最快的时期。从1978—2007年，全国城镇居民人均可支配收入由343元增加到13786元，实际增长6.5倍；农民人均纯收入由134元增加到4140元，实际增长6.3倍。据国家统计局数据显示，2011年我国城镇居民的人均可支配收入和农村居民人均纯收入达到21810元和6977元，分别是1978年的64倍和52倍。值得注意的是，收入差距也同居民收入增长一样，一路攀升，居于高位。用国际上通常使用衡量收入分配差距的主要指标基尼系数分析，改革开放以来，我国居民收入差距除了个别年份有缩小的趋势以外，总体上呈现上升趋势。陈宗胜、周云波的研究表明，1981—1983年基尼系数有所下降，1984—1994年基尼系数在波动中不断上升，1995—1997年基尼系数再次下降，1998年以后基尼系数又开始上升，远远超过了20世纪80年代初期的水平。[①] 根据亚洲开发银行的估计，中国的基尼系数已经从1993年的0.407上升到2004年的0.47，超出国际公认的警戒线0.4的标准，这表明，我国社会的贫富差距已经突破了合理的限度。居民收入分配差距如果任其发展下去，将会影响到我国和谐社会的构建以及国民经济的稳定健康发展。

[①] 陈宗胜、周云波《再论改革与发展中的收入分配》，经济科学出版社，2002年，第65页。

第一,城乡居民收入差距扩大尤为显著。据国际劳工组织发表的 36 个国家的资料表明,绝大多数国家的城乡人均收入比小于 1.6,只有 3 个国家超过了 2.0,中国是其中之一。[①] 从基尼系数看,我国城乡居民收入差距在持续扩大。改革开放以来城乡基尼系数的演变大致经历了这样一个变化过程:1978—1983 年,城乡基尼系数从 0.180 下降到 0.118;1984—1994 年,城乡基尼系数在波动中上升,1994 年该指标达到 0.248;1995—1997 年,基尼系数呈现下降势头,到 1997 年已经降至 0.217;1997—2007 年,城乡基尼系数再次大幅度上扬,2007 年城乡基尼系数高达 0.280;2008 年至今,城乡基尼系数又有所下降,到 2012 年达到 0.239,但是,还是远远超过了 20 世纪 70 年代末的水平。虽然农村、城镇内部的基尼系数目前还处于合理范围,但其趋势却是不断扩大的;[②] 从城乡居民人均收入水平比较来看,城乡居民收入差距正在逐年拉大。20 世纪 80 年代中期,城镇居民的人均收入是农村居民的 1.8 倍,1989 年为 2.28 倍,1997 年为 2.47 倍,2000 年为 2.79 倍,2002 年为 3.11 倍,2006 年为 3.28 倍,2007 年为 3.33 倍。[③] 如果再加上城镇居民在住房、社会保障、公共卫生、教育、基础设施等方面享有的国家补贴,实际差距还将更大。从城乡居民收入增长率比较来看,1998 年之后,人均收入实际增长率一直是城镇

[①] 张彩虹、冯国庆《"剩余劳动"与"劳动剩余":对结构转换中劳动力转移的一种新见解》,《学术学刊》2004 年,第 11 期。

[②] 胡晶晶《改革开放以来中国城乡居民收入差距研究》,人民出版社,2013 年,第 45 页。

[③] 刘永军、梁泳梅《中国居民收入分配差距研究》,经济科学出版社,2009 年,第 3 页。

居民快于农村居民。1998—2007年城镇居民人均收入平均年增长率为8.7%，农村居民人均收入平均年增长率为4.6%，城镇比农村居民收入年增长率高出近1倍。这些方面都充分说明我国城乡居民收入差距呈现逐年拉大的趋势。

  第二，区域间居民收入差距明显。新中国成立前，除了东南沿海地区以外，广大的内陆地区依然处于自给自足的自然经济状态。新中国成立后，由于当时特殊的国际环境，毛泽东被迫采取了先发展内地的"均衡发展"战略，这一战略的实施，缩小了沿海与内地的差距。改革开放以后，邓小平审时度势，断然采取了先发展沿海、后发展内地的"非均衡发展"战略，将有限的资源配置到条件比较好的东部地区，使东、中、西部地区已经逐步缩小的差距再次呈现出来。据统计，东、中、西部地区人均GDP最高与最低之间的差距已达10倍以上。东部沿海地区的人均收入已经接近中等发达国家水平，而在西部干旱地区，西南喀斯特山区还有上千万人口没有摆脱贫困。2004年，城镇居民人均可支配收入最高的是上海16683元，最低的是宁夏7218元，前者是后者的2.31倍，绝对差额达到9465元；2007年，城镇居民人均可支配收入最高的是上海23622元，最低的是甘肃10012元，前者是后者的2.36倍，绝对差额扩大到13610元。[①]国家信息中心预测部2005年初发布的一份区域经济发展报告认为，由于市场机制产生的极化效应，2005年中国东部地区，特别是长三角地区经济增长将继续保持领先优势，东、中、西部地区差距仍将继续扩大。2011年"两

[①] 国家统计局编《中国统计年鉴（2008）》，中国统计出版社，2008年，第58页。

会"期间，国家统计局在"十一五"经济社会发展成就系列报告中指出，2010年东部、中部、西部和东北地区城镇居民人均可支配收入分别比2005年增长74.0%、81.2%、80.0%和82.6%，东部、中部、西部和东北地区收入比值从2005年的152.3∶100.3∶100.99∶99.4变为2010年的147.2∶101.1∶100∶100.9，东部地区与其他地区的收入差距有所缩小。值得注意的是，虽然差距有所缩小，但东部地区居民收入依然比其他地区高出近47%。① 这说明，不同地区居民收入差距仍然很大。

第三，居民的行业收入差距在扩大。2012年5月29日，国家统计局公布了2011年全国职工平均工资，其中城镇私营企业就业人员年平均工资为24556元，而非私营企业在岗职工年平均工资为42452元，私营企业职工收入远低于非私营企业。其中，非私营企业中，金融业的平均工资最高，达到9万元以上，最低的农、林、牧、渔业每年收入只有2万元左右，两者相差4倍多。私营企业中，信息传输、计算机服务和软件业的平均工资最高，达到35562元，最低的公共管理和社会组织每年收入只有1万元出头，两者之比为3.03∶1。如果用金融业的平均工资与公共管理和社会组织相比，两者差距更大，前者比后者高出8倍。除了行业之间的收入差距，行业内部的收入差距也是比较大的。北京某大型网络门户网站，新入职的员工月薪2500元左右，高管年薪50万元以上，收入差距达20倍。中关村某家IT上市公司，

---

① 《"十一五"地区间城镇居民收入差距有所缩小》，新浪财经：http://finance.sina.com.cn/g/20110307/13239484087.shtml。

基层普通员工月薪 4000 元，高管年薪数十万到几百万元不等，收入差距达到几十倍甚至上百倍。①除此之外，行业之间收入差距的扩大，还表现在有些垄断行业在不公平竞争环境中获得高额垄断利润，收入分配过分向个人倾斜，而部分服务行业及产业工人收入较低。1985 年，我国城乡居民收入行业差距为 1.81 倍，1995 年已扩大至 2.23 倍，到 2007 年，这一差距扩大到 5.5 倍。②2008 年职工平均工资最高的行业是证券业，人均收入 17.21 万元，最低行业是畜牧业，人均收入 10830 元，前者是后者的近 16 倍。2005 年为 7.78 倍，短短 3 年扩大了 8 倍。③从工资行业标准差系数看，在改革开放初期，二者的差距还出现了短暂的缩小时期。1978 年为 17.54，1985 年是 14.76。进入 20 世纪 90 年代后，差距急剧扩大。1993 年为 17.79，1994 年猛增到 25.09。进入新世纪之后，差距在持续、急剧扩大。2002 年，行业工资标准差系数上升到 28.16，2003 年上升到 39.65，上升的幅度超过以往任何时期。2005 年达到 40.30。④

2. 劳动报酬占 GDP 比重偏低

劳动报酬主要指"工薪阶层"和农民的收入。劳动报酬占 GDP 比重偏低是指，居民收入在国民收入分配中的比重，劳动报酬在初次分配中的比重偏低。具体表现在以下几个方面：

---

① 罗旭《我国居民收入差距数十倍，行业、区域方面表现突出》，人民网：http://politics.people.com.cn/n/2012/1023/c1001-19352501.html。
② 刘永军、梁泳梅《中国居民收入分配差距研究》，经济科学出版社，2009 年，第 4 页。
③ 苏海南《当前我国收入分配问题及改革思路和政策措施》，《中国工人》2011 年，第 8 期。
④ 刘永军、梁泳梅《中国居民收入分配差距研究》，经济科学出版社，2009 年，第 148～149 页。

首先,劳动分配率比较低。劳动分配率是企业人工成本占企业增加值的比重,是反映国内生产总值(即 GDP)初次分配中劳动报酬高低的重要指标。劳动分配率越高,表示劳动者的工资性收入在初次分配中的比重越高;劳动分配率越低,则表示劳动者的工资性收入在初次分配中的比重越低。资料显示,自十四大以来,我国劳动报酬在 GDP 中的比重小幅上涨后,便开始持续下降,到 2007 年降到 39.74%。虽然在 2011 年回升到 44.94%,但仍然低于本世纪初的水平(见图 1),而且也低于世界发达国家的水平(见图 2)。这充分说明我国,劳动者工资收入在初次分配中的比重是比较低的,即在国内生产总值初次分配中劳动报酬的比重偏低,而非劳动报酬的比重偏高。

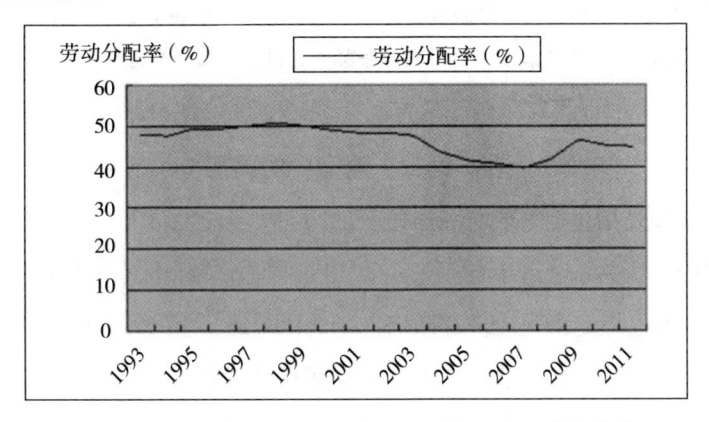

图 1 十四大以来我国 GDP 中劳动报酬比重变化趋势

注:根据地区收入法 GDP 计算出全国劳动报酬在 GDP 中的比重。

资料来源:1993—2004 年的劳动分配率根据《中国国内生产总值核算历史资料(1952-2004)》数据、2005—2010 年劳动分配率根据次年《中国统计年鉴》数据、2011 年劳动分配率根据国泰安数据服务中心相关数据计算得到。

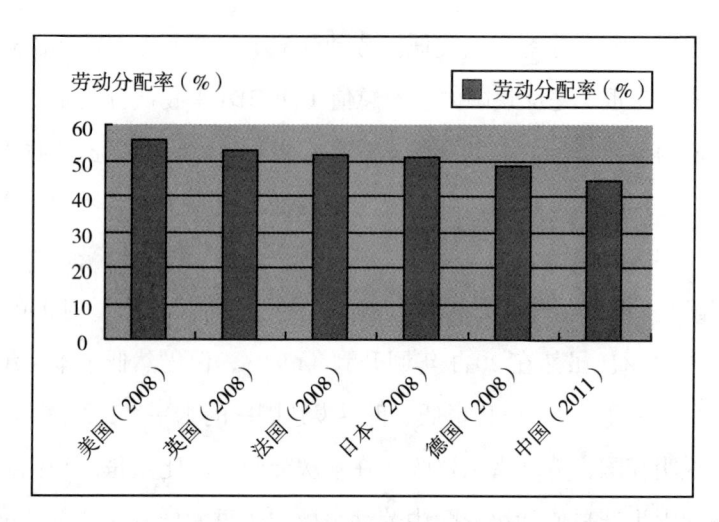

图2 中国和西方发达国家的劳动分配率比较

资料来源：发达国家劳动报酬分配率根据《国际统计年鉴—2010》数据、中国劳动报酬分配率根据《中国统计年鉴—2011》数据计算得到。

其次，居民收入在国民收入分配中的比重持续下降。国民收入分配格局是指企业、政府、居民等部门的可支配性收入在国民收入分配中的比例关系。近十几年来，我国国民收入分配格局发生了巨大的变化，其基本走向是企业和政府部门的比重逐年上升，居民的比重逐年下降（见图3）。政府、企业在国民收入分配中的比重从1992年的19%和12%上升到2008年的21%和22%，分别上升了2个和10个百分点；而居民收入份额比重从1992年的69%下降到2008年的57%，16年间下降了12%。

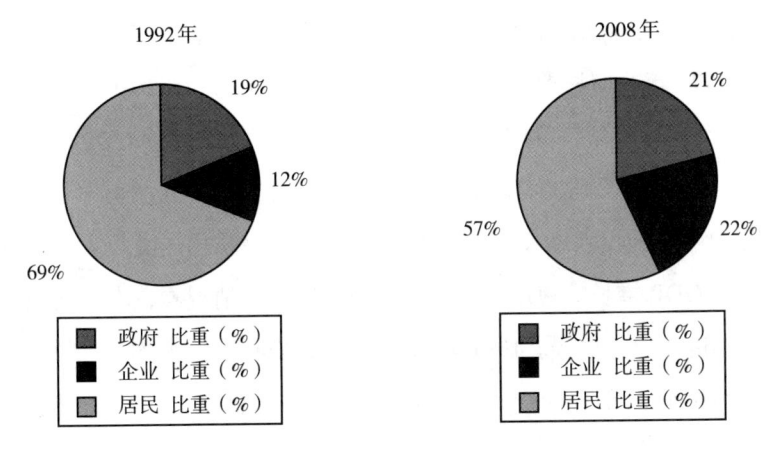

第三章 我国收入分配制度的现实状况

图3 我国国民收入各主体分配格局

资料来源：2004—2008年数据根据2010年《中国统计年鉴》计算得到；1996—2003年数据根据1999—2006年《中国统计年鉴》计算得到；1992—1995年数据根据1998年《中国统计年鉴》计算得到。

根据苏海南的研究，1995年居民收入在国民收入中的比重是67.3%。这个比例与国际上市场经济发达国家、发展比较好的发展中国家较为接近。但是，后来这个比例就处于下降趋势。到了2005年降到54.1%，2007年降到50.6%，12年时间下降了16.7个百分点。而同期政府和企业收入比重都有提高，政府收入比重提高更多。[①]

再次，城镇居民人均可支配收入、农村居民人均纯收入的增长率低于GDP或人均GDP增长率（见表3-1、表3-2）。从这两个表中可以看出，按可比价格计算，我国的GDP增长指数从1978年的100增加到2010年的2058.9；同期的人均GDP增长指数则增加到

---

① 苏海南《当前我国收入分配问题及改革思路和政策措施》，《中国工人》2011年，第8期。

1471.6。若我国城镇居民家庭人均可支配收入、农村居民家庭人均纯收入1978年的增长指数为100，则2010年分别为965.2和954.4。从1979年到2010年，我国GDP年均增长率为9.9%，人均GDP年均增长率为8.9%。而同期我国城镇居民人均年可支配收入增长率和农村居民人均年纯收入增长率均为7.3%，这些都反映出居民收入增长远远低于GDP增长的速度。从20世纪90年代的情况看，农村居民收入增长速度更为缓慢。1991年到2010年，农村居民人均年纯收入增长率为5.8%，低于GDP增长率4.7个百分点，低于人均GDP增长率3.8个百分点。

表 3-1

年份	GDP增长指数	人均GDP增长指数	城镇居民家庭人均可支配收入增长指数	农村居民家庭人均纯收入增长指数
1978	100	100	100	100
2010	2058.9	1471.6	965.2	954.4

资料来源：2011年《中国统计年鉴》。

表 3-2

年份	GDP平均增长率（%）	人均GDP平均增长率（%）	城镇居民人均年可支配收入增长率（%）	农村居民人均年纯收入增长率（%）
1979—2010	9.9	8.9	7.3	7.3
1991—2010	10.5	9.6	8.2	5.8
2001—2010	10.5	10.1	9.7	7.0

资料来源：人均GDP平均增长率由笔者根据2011年《中国统计年鉴》相关年份可比价格数据计算所得，其他数据直接来自于2011年《中国统计年鉴》。

3. 劳动报酬总额在财富总额中的比例不断下降

从现有的统计数据看,劳动者占中国人口总数的绝对比重和劳动者创造的财富以越来越快的速度在增长,但是,劳动者的收入在财富中所占的比重却不断下降,而资本收入比重却持续上升,二者呈反方向的运动,使劳动收入与资本收入的差距不断扩大。

首先,劳动报酬与企业利润、资本收入呈现反方向运动。国家统计局的数据表明,我国自20世纪90年代初期以来,劳动报酬占国民收入的比重呈持续下降趋势。2003年以前,劳动报酬占国民收入的比例一直在50%以上,2003年下降到49.6%,2005年为41.4%,2006年为44.5%。而同期资本回报所占比重则持续上扬,从以前的20%提高到2006年的30.6%。[①]以职工工资和企业利润为衡量指标,情况依然严峻。以职工工资在初次分配中的比重看,1990—2006年,我国职工工资总额在国民收入分配中的比重从15.8%下降到11.0%。而企业利润却呈现上扬趋势。以全国大中型工业企业为例,1992年,全国大中型工业企业的利润占工业生产总值的2.59%,2005年,这一比重提高到14.32%。1992年,全国大中型工业企业的利润占国内生产总值的1.04%;2005年,这一比重提高到6.01%。关于资本收入与劳动收入有学者测算结果显示出更大差异:劳动收入占GDP的比重从1983年的56.5%大幅下降至2005年的36.7%,下降了19.8个百分点。与此同时,资本所得占GDP的比重,在1978—2005年间,

---

① 刘永军、梁泳梅《中国居民收入分配差距研究》,经济科学出版社,2009年,第43页。

上升了 20 个百分点。① 虽然不同的计算方法和口径会使结果产生一些差异，但是，其显示的资本收入份额不断增长、劳动收入份额不断下降的趋势却是一致的，这表明了资本收入与劳动收入的差距是客观存在的。更为重要的是，工资总额占 GDP 的比重，以及劳动报酬占 GDP 的比重偏低，且呈不断下降的趋势，这意味着利润、利息、租金等非劳动要素收入的增加，劳动收入与其他要素收入的差距在不断扩大。

其次，职工工资的增长速度远远落后于利润的增长速度。劳动收入与资本收入的差距，不仅体现在总量上，而且还体现在各自增长速度的差异上，即劳动收入的增长速度一直落后于资本收入的增长速度。以全国大中型工业企业为例，1998 年全国大中型工业企业的利润为 881.94 亿元，2006 年则为 14363.23 亿元，是 1998 年利润总额的 16.29 倍。② 与此不同的是，工资增长却相对缓慢，部分行业或地区的职工工资增长甚至十分缓慢。根据中华全国总工会 2007 年全国职工队伍状况调查，全国 26.7% 的普通工人在过去 5 年内从未增加过工资。依据收入法计算：1993—2007 年，政府收入占 GDP 的比重由 11.68% 增至 14.81%，增幅为 3.13 个百分点，企业的资本收益由 38.83% 增至 45.45%，增加 6.62 个百分点；而劳动报酬占 GDP 的比重由 49.49% 降低至 39.74%，降幅为 9.75 个百分点。按照资金流量表核算：1992—2006 年，政府收入增加了 2.02 个百分点；企业收入增加了 5.01 个百分点；而居民收入则下

---

① 卓勇良《关于劳动所得比重下降和资本所得比重上升的研究》，《浙江社会科学》2007 年，第 3 期。

② 刘永军、梁泳梅《中国居民收入分配差距研究》，经济科学出版社，2009 年，第 45 页。

降了 7.08 个百分点。①

再次，利润"侵占"工资。某一地区劳动收入远远落后于企业利润的增长已如上所述。从整体上看，情况依然不容乐观。如 2002 年，企业利润的增长速度为 22.2%，职工工资总额的增长速度为 11.2%，前者比后者高出 11 个百分点；到了 2003 年，企业利润总额的增长速度一下提升到了 44.1%，比上年增加了 21.9 个百分点，同期的工资增长仅比上年增加了 0.8 个百分点。那么，企业利润缘何快于劳动收入的增长呢？这里有生产发展、外部条件宽松、乱收费、乱摊派减少等原因，但是，外因只是条件，内因才是事物变化的根据。笔者认为，利润以远远高于工资提高的速度增长的根本原因是，中国长期奉行"廉价劳动力战略"，即利润增长很大程度上是建立在牺牲劳动者利益的基础上，正所谓利润"侵占"工资。

以上所述，说明我国的分配关系不合理——分配差距拉大、劳动报酬占 GDP 比重偏低、在初次分配中的比重偏低、劳动报酬总额在财富总额中的比例不断下降。其实，除此以外，我国的分配关系还存在着秩序混乱的问题。据中国劳动学会副会长、薪酬专业委员会会长苏海南介绍，分配秩序混乱主要表现在五个方面②：一是部分用人单位侵害劳动者合法权益，拖欠工资。在世纪之交拖欠工资的问题甚至成为比较普遍的现象，以至于共和国总理不得不为农民工追讨拖欠工资。经过严厉打击和清理，拖欠工资问题虽然得到基本

---

① 李丽辉《工资增长赶不上企业利润增长，劳动收入占比为何下降》，《人民日报》，2010 年 5 月 17 日。

② 苏海南《当前我国收入分配问题及改革思路和政策措施》，《中国工人》2011 年，第 8 期。

解决，但是至今并未绝迹。2008年，金融危机爆发时仅广东省的欠薪逃逸事件就有6700件，涉及劳动者将近78万人。二是同工不同酬现象十分严重。在各种经济组织特别是公有制经济组织与事业单位，正式工与非正式工同工不能同酬。比如电信行业的劳务派遣工，一般的平均工资只有同工种、同岗位正式工的三分之一左右。三是特殊情况工资支付无序，如不少用人单位在加班工资、婚丧假工资等都没有按照劳动法的规定发放。四是部分用人单位制度外收入多，特别是事业单位、国有企业在工资制度外发放的工作性收入多。五是一些要素市场收入分配失范，如股市中一些大股东暗箱操作，将小股东的钱圈到自己手中。

生产问题或者说发展问题，是20世纪80年代关注的焦点。当生产发展起来了，"蛋糕"做大了，有了一定的基础，邓小平的思想就发生了明显的变化。到了20世纪90年代，邓小平关注的焦点就转到了分配问题上，转到了分好"蛋糕"上。1993年，他告诉我们："中国发展到一定的程度后，一定要考虑分配问题。也就是说，要考虑落后地区和发达地区的差距问题。不同地区总会有一定的差距，这种差距太小不行，太大也不行。如果仅仅是少数人富有，那就会落到资本主义去了。要研究提出分配这个问题和它的意义。到本世纪末就应该考虑这个问题了。我们的政策应该是既不能鼓励懒汉，又不能造成打'内仗'。"[①]后来，邓小平在同他弟弟邓垦谈话时语重心长地说："12亿人口怎样实现富裕，富裕起来以后财富怎样分配，这都是大问题。问

---

① 《邓小平年谱》（下），人民出版社，2004年，第1356~1357页。

题已经出来了，解决这个问题比解决发展起来的问题还困难。分配的问题大得很。我们讲要防止两极分化……少部分人获得那么多财富，大多数人没有，这样发展下去总有一天会出问题。"① 在进入 21 世纪的今天，我们再也没有理由将改革开放总设计师这些战略性、前瞻性的嘱托束之高阁、置之不理了。

---

① 《邓小平年谱》（下），人民出版社，2004 年，第 1364 页。

第四章 收入分配制度改革与中小企业劳动关系的关系

收入分配制度与劳动关系同属于生产关系范畴，二者在初次分配这个点上发生交集。在收入分配制度改革这个大背景下，政府从关注地方 GDP 的增长转移到关注企业的初次分配上，第一次与工会的关注点重合。工会对中小企业劳动关系的调整，必须抓住这个千载难逢的良机，与政府合作或者说借助政府推进收入分配制度改革的"东风"，顺势而为，才有可能从根本上改变中小企业劳动关系的状况。

一、收入分配制度改革与中小企业劳动关系的内在联系

马克思主义认为，生产力与生产关系、经济基础与上层建筑是人类社会的基本矛盾，是唯物史观的基本范畴。按照这一理论的研究范式，本书所研究的收入分配制度、劳动关系属于生产关系范畴。并且，在现实生活中，二者相互影响、相互作用。

第四章　收入分配制度改革与中小企业劳动关系的关系

（一）收入分配制度与劳动关系是生产关系的重要内容

1. 生产关系的内涵

生产关系又称社会生产关系、经济关系。它是人们在物质资料生产过程中所结成的社会关系，是人类社会存在和发展的基础。马克思在《德意志意识形态》中第一次使用了生产关系这一概念。按照马克思的研究结论，生产关系包括生产资料归谁所有、人与人在生产中的地位及其相互关系、产品如何分配三大要素。生产资料归谁所有，即生产资料所有制，是生产关系的基础，它决定着生产关系的性质，决定着人们在生产中地位——平等的还是不平等的，决定着分配制度——按资分配还是按劳分配。在生产发展的不同阶段，生产关系具有不同的性质和具体表现形式。人类社会依次经历了原始共产主义、奴隶制、封建制、资本主义和共产主义五种社会形态。作为共产主义生产关系低级阶段的社会主义生产关系是迄今为止人类历史上最先进的生产关系。资本主义社会实行的是生产资料归资本家所有的生产资料私有制，因而资本家与劳动者在生产过程中处于剥削与被剥削的不平等地位，实行的分配制度是按资分配，等量资本获取等量利润。相反，生产资料归劳动者所有的社会主义社会，人与人在生产中的地位及相互关系就是平等的，在分配上实行多劳多得、少劳少得、不劳动者不得食的按劳分配制度，谁也不能凭借生产资料的占有而占有他人的劳动。

与生产关系密切相关的概念是生产力。生产力是指人们征服自然、改造自然的能力，包括人的劳动、劳动对象和劳动资料三个基本要素。马克思认为，生产力决定生产关系，生产关系反作用于生产力。生产关系一定要适合生产力的发展。先进的生产关系可以促进生产力的发展，落后的生产关系会阻碍生产力的发展。我们知道，生产关系的总和是经济基础，或者说生产关系约等于经济基础。那么，与生产关系密切相关的另一个重要概念就是上层建筑。上层建筑是指建立在一定经济基础之上的社会意识形态以及相应的政治法律制度、组织和设施的总和。上层建筑包括政治上层建筑和思想上层建筑。上层建筑与经济基础或者说生产关系是对立统一的关系。经济基础或者说生产关系决定上层建筑，有什么样的经济基础就有什么样的上层建筑。同时，上层建筑反作用于经济基础或者说生产关系。一定的上层建筑对生产关系或者说经济基础具有强大的反作用。

2. 收入分配制度与劳动关系在生产关系中的联系

按照马克思对生产关系的界定，收入分配制度与劳动关系同属于生产关系范畴。收入分配制度与生产关系的关系主要表现在或者说直接对应的是生产关系中"产品如何分配"。产品如何分配既包括由生产决定的分配制度、分配原则等重大问题，也包括如何进行初次分配、再分配的问题。产品分配方式不同，收入分配制度、原则以及初次分配、再分配就不同。比较而言，劳动关系与生产关系的关系稍微复杂一些。从大的方面讲，劳动关系与生产关系的关系，既包括"产品如何分配"的问题，即剩余索取权问题——资本索取还是劳动索取，也与"人与人在生产中的地位及他们的相互关系"相联系，即劳动关系所要改变或者说调整的重要内容之一就是劳动者在生产中被剥削、被管理的地位。因此，恩格斯指出："资本和劳动的关系，是我们现代社会体系所依以旋转的轴心。"① 当然，劳动关系所包括的"产品如何分配"问题，仅仅是指初次分配，它并不包括再分配的内容。我们可以用图 4 表示收入分配制度与劳动关系在生产关系中的联系。

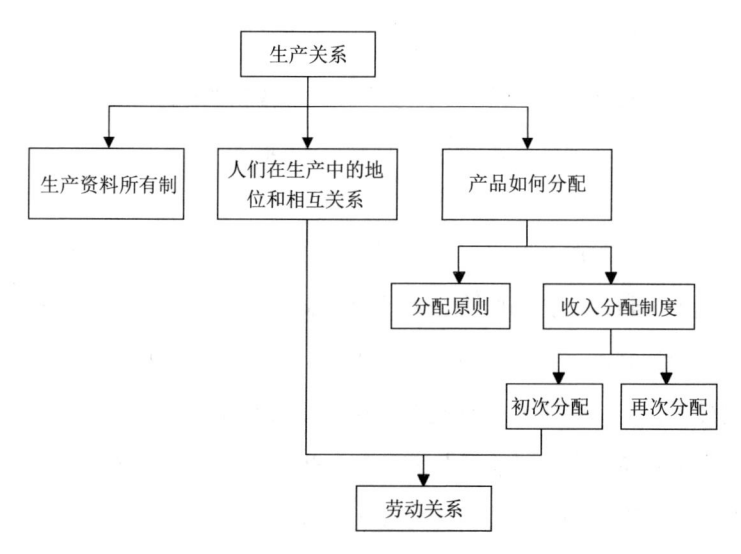

图 4　劳动关系、收入分配制度与生产关系的内在联系

由此看来，收入分配制度与劳动关系联系的关键点在于"产品如何分配"上。我们知道，在资本主义的按资分配制度下，剩余索取权完全由资本"独享"，劳动者充其量只能在工资报酬上做文章，争取提高一点工资。颠覆按资分配这一不合理的分配制度的前提是，颠覆生产资料私人占有制。无产阶级革命在中国及其他国家的胜利，剥夺

---

① 《马克思恩格斯选集》（第 2 卷），人民出版社，1972 年，第 269 页。

了剥夺者，建立了生产资料公有制，将按劳分配制度变为现实。因而，剩余索取权完全掌握在劳动者手里，资本"独享"利润转变为劳动者"独享"，人们在生产中的地位及其相互关系，也由压迫与被压迫、剥削与被剥削转变为同志式的、平等的劳动者与劳动者的关系，从根本上解决了劳动关系面临的所有问题。

（二）收入分配制度改革与劳动关系调整的联系

1. 收入分配制度与劳动关系在现实中的联系

收入分配制度与劳动关系在现实中的联系具有特定的内涵，即在社会主义初级阶段的联系。我们知道，社会主义初级阶段是指脱胎于半殖民地半封建社会的中国进入社会主义社会的特殊阶段。这个阶段的收入分配制度、劳动关系，与资本主义社会的劳动关系具有根本不同的性质，与社会主义劳动关系也存在巨大差异。就分配制度来说，它既不实行资本主义社会的按资分配，也不实行社会主义社会单一的按劳分配制度，而是实行按劳分配为主体、多种分配方式并存的分配制度，工资制与利润制、年薪制并存。在这种制度下，企业的初次分配，依据的主要是效率原则，即根据各生产要素在生产中发挥的效率带来的总收益多少进行分配，高效率获得高回报。再分配依据的主要是公平原则，是指在初次分配的基础上，政府通过税收、政策、法律等措施，调节各收入主体之间现金或实物的分配过程，是对要素收入再次调节的过程。

与此相适应，现实中的劳动关系，既存在公有制企业的劳动者与劳动者的关系，也存在非公有制企业的具有雇佣性质的劳动者与建设者的关系。按照中国人民大学常凯教授主编的高等学校劳动与社会保障专业核心课程教材的定义,劳动关系是指生产关系中直接与劳动有关的那部分社会关系,或者说是指整个社会关系系统中与劳动过程直接相关的社会关系系统。劳动关系包括三方面的内容:一是劳动关系是与劳动过程相联系并在劳动过程中形成的,实现劳动过程是劳动关系的直接目的。二是劳动关系的主体是以劳动者和劳动力使用者(雇主、高管)为基本主体,以社会生产过程的组织协调者的政府、劳动者利益代表的工会和作为劳动力使用者利益代表的雇主组织共同组成的。三是劳动关系的基本性质是社会经济关系,或者说,劳动关系是以经济关系作为基本构成的社会关系。[①]

由此看来,收入分配制度与劳动关系这两条直线在初次分配这个点上相交、重合,形成了共同的或者相似的目标或者任务。

2. 收入分配制度改革与劳动关系调整的重合性

从本质上讲,收入分配制度改革是对现行收入分配制度的完善和优化。《关于深化收入分配制度改革的若干意见》指出,现行分配制度"有力地推动了社会主义市场经济体制的建立,极大地促进了国民经济快速发展,城乡居民人均实际收入平均每十年翻一番,家庭财产稳定增加,人民生活水平显著提高。实践证明,我国收入分配制度是与基本国情、发展阶段总体相适应的"。但是,我们也不能否认,"收入分配领域仍存在一些亟待解决的突出问题,城乡区域发展差距和居民收入分配差距依然较大,收入分配秩序不规范,隐性收入、非法收入问题比较突出,部分群众生活比较困难"。深化收入分配制度改革

[①] 常凯主编《劳动关系学》,中国劳动社会保障出版社,2005年,第9页。

要"坚持以经济建设为中心,在发展中调整收入分配结构,着力创造公开公平公正的体制环境,坚持按劳分配为主体、多种分配方式并存,坚持初次分配和再分配调节并重,继续完善劳动、资本、技术、管理等要素按贡献参与分配的初次分配机制,加快健全以税收、社会保障、转移支付为主要手段的再分配调节机制,以增加城乡居民收入、缩小收入分配差距、规范收入分配秩序为重点,努力实现居民收入增长和经济发展同步,劳动报酬增长和劳动生产率提高同步,逐步形成合理有序的收入分配格局,促进经济持续健康发展和社会和谐稳定"。"深化收入分配制度改革,要坚持共同发展、共享成果。……坚持注重效率、维护公平。初次分配和再分配都要兼顾效率和公平,初次分配要注重效率,创造机会公平的竞争环境,维护劳动收入的主体地位;再分配要更加注重公平,提高公共资源配置效率,缩小收入差距。坚持市场调节、政府调控。充分发挥市场机制在要素配置和价格形成中的基础性作用,更好地发挥政府对收入分配的调控作用,规范收入分配秩序,增加低收入者收入,调节过高收入。坚持积极而为、量力而行。妥善处理好改革、发展、稳定的关系,着力解决人民群众反映突出的矛盾和问题,突出增量改革,带动存量调整。"由此可见,深化收入分配制度改革,主要是解决"城乡区域发展差距和居民收入分配差距依然较大,收入分配秩序不规范,隐性收入、非法收入问题比较突出"的问题。其中,居民收入差距持续扩大的问题,源于初次分配领域的问题,而初次分配领域的问题源于企业所有者、管理者和劳动者之间的利益分割问题。我国劳动关系调整的主要问题,也正是公有制企业和非公有制企业所有者、管理者和劳动者的利益问题,即如何将资本所有权、

第四章 收入分配制度改革与中小企业劳动关系的关系

管理权和劳动权有机统一起来。换句话说，收入分配制度改革与劳动关系调整面临的问题在这里是重合的、交叉的。具体主要表现在以下两个方面：

第一，初次分配的具体制度不完善，使所有者、管理者和劳动者收入差距持续扩大，劳动关系由"蜜月期"进入"矛盾期"。客观地说，我国个人收入分配存在的问题，主要是由现行的初次分配和再分配制度造成的。但是，主要问题在于初次分配。因为再分配领域是典型的按劳分配形式。按劳分配固然会产生一定的差距，但是，它是在政策、法律控制下的差距，是社会可以接受的。而以市场调节为基础的初次分配就不同了。进入新世纪以来，公有制企业的初次分配基本上改变了单一的按劳分配形式，绝大多数国有企业实行的是工资制加年薪制，即对一般职工实行工资制，对高层管理人员实行年薪制。年薪的上限是多少？条件是什么？这些重大问题并没有明确、具体的规定，在实际工作中更没有得到严格执行。非公有制企业的初次分配与国有企业的初次分配迥然不同。我国的非公有制企业"再生"以来，一直采用按生产要素分配的方式，企业主独享"利润"，高管得"年薪"，劳动者得工资。这是市场经济的法则，社会是可以接受的。问题是企业主的产权——利润能够保障，经营者的经营权——年薪能够保障，劳动者的劳权——工资却难以保障。大量的调研数据表明，劳动者的工资不仅低廉，而且经常地、大范围地被拖欠。因此，本次个人收入分配制度改革的重点，就是规范初次分配，进一步处理好初次分配中公平与效率的关系问题，缩小个人收入分配差距，为构建社会主义和谐社会奠定坚实基础。

第二,劳动关系领域存在的经济利益问题主要是由分配制度不完善造成的。我国学界对劳动关系的研究成果表明,劳动关系不合理的主要表现是"劳资双方力量对比极不平衡"①,"利润侵蚀工资"现象非常普遍,企业内部工资分配不公平,企业管理者和职工之间存在着身份的歧视,同工不同酬现象十分严重②。其一,国有企业内部人与人之间收入差距过大。社会主义市场经济体制建立以后,计划经济的用工制度随着优化劳动组合、劳动合同制、"减员增效"与"下岗再就业"、"改制"与职工身份置换的四个阶段改革,被市场化的新的用工制度所取代;随着现代企业制度的建立,"老三会"被"新三会"取代,劳动者管理企业的权利事实上被取消了,职工成了被管理者、被支配者,有关职工利益的决定权转移到管理层。在这样的制度下,单一的工资制演变为工资制、年薪制,即高层管理人员实行年薪制,普通职工实行工资制。更为重要的是,高层管理人员的年薪与普通职工的工资,事实上都是由企业高层管理人员决定的。因而,尽可能地提高年薪、压低工资,在现阶段就成了一个普遍现象。高层管理人员与职工之间的收入差距甚至高达数百倍、千倍。③笔者认为,社会主义市场经济条件下,适当拉开管理者与普通劳动者的个人收入是必要的,也是国际惯例。但是,我国企业管理者与普通劳动者的个人收入差距

---

① 常凯主编《中国劳动关系报告——当代中国劳动关系的特点和趋向》,中国劳动社会保障出版社,2009 年,第 32 页。
② 征汉文《再论公平分配应首先从第一次分配开始》,《当代经济研究》2011 年,第 1 期。
③ 同上。

过大,已经引发了劳动者与企业之间的矛盾,影响了企业的可持续发展,给社会发展带来了安全隐患。其二,在非公有制企业,劳资双方收入悬殊。30多年来,我国的非公有制企业一直按照"谁投资,谁决策,谁受益"的法律规定,经营管理企业。这样的法律规定,保证了非公有制企业的持续高速发展,造就了"半壁江山"的格局。但是,劳动者的地位、权利也随着非公有制企业的发展逐步沦落,以至于劳动者连微薄的工资都难以保证。一是工资长期在低水平徘徊甚至出现负增长。众所周知,深圳是中国改革开放的前沿阵地,是中国经济迅速发展的典型代表,私营企业十分发达。随着改革开放的深入推进,各种先进的管理理念和科学技术相继进入企业,企业的劳动生产率有了极大的提高,实现了质的飞跃,而广大的工人——农民工的收入却没有随着企业生产率的增长而提高,甚至还有所下降。著名社会学家陆学艺研究员在他的调研报告中指出:"城市的一般职工的工资水平是逐年有所提高的。因为各种原因农民工的工资实际是下降的。深圳农民工的历史已经有20多年,但深圳农民工这些年的平均工资是下降的,2001年深圳农民工的月平均工资是588元,低于20世纪80年代的水平。"。二是农民工的工资长期、大范围地被拖欠。非公有制企业劳动者的主体——农民工——为私营企业的发展发挥了举足轻重的作用,但是,他们连微薄的工资都被企业主大范围地、经常地拖欠。黑龙江省总工会的一次调查结果显示:"有509户用人单位拖欠1.8万名农民工工资2916.15万元",该调查涉及农民工11.14万人,欠薪农民工占总数的16.07%。"在被调查者中,能全部追回工资的仅占16.91%,能追回大部分和小部分的分别只占24.81%和25.06%,无法追回的所占的比例最大，达到30.25%"。① 这些触目惊心的数字，引发了社会各界的高度关注，劳动关系不合理的问题已经到了必须调整的程度。

二、收入分配制度改革对企业劳动关系调整的一般作用

收入分配制度是经济社会发展中一项带有根本性、基础性的制度安排，关系到劳资关系双方主体的切身利益，收入分配合理与否直接关系到劳动关系的和谐稳定。深化收入分配制度改革对构建和谐劳动关系具有深远的、重要的影响。

（一）收入分配制度改革的提出，倒逼劳动关系调整

以按劳分配为主体、多种分配方式并存的分配制度的确立，打破了计划经济时代的平均主义和"大锅饭"，有效地激发了社会各种生产要素的积极性、主动性和创造性，生产效率低下、经济增长缓慢、社会发展几乎停滞的局面得到了根本性的扭转，社会财富大幅度增加，人民群众的收入水平普遍提高。但近年来，城乡、区域、行业和社会成员之间收入差距不断扩大，分配不公问题凸显。加快推进收入分配制度改革、缩小收入分配差距、调整劳动关系，成为深化改革开放和现代化建设的当务之急。

1.收入分配制度改革建立在收入差距持续扩大的基础之上

2013年2月出台的深化收入分配制度改革方案，旨在完善收入分

---

① 黑龙江省总工会农民工维权办《关于农民工工资支付情况检查调研情况的报告》，《工运研究》2008年，第5期。

配制度,缩小收入分配差距。《关于深化收入分配制度改革的若干意见》指出:"深化收入分配制度改革,要坚持共同发展、共享成果。……坚持注重效率、维护公平。初次分配和再分配都要兼顾效率和公平,初次分配要注重效率,创造机会公平的竞争环境,维护劳动收入的主体地位;再分配要更加注重公平,提高公共资源配置效率,缩小收入差距。"其主要依据在于以下三个方面:

第一,基尼系数"与日俱增、居高不下"。2013年1月18日,国家统计局局长在接受记者采访时公布了近年来全国居民收入的基尼系数(见图5)。从中可以看出,基尼系数自2000年突破国际公认的警戒线0.4以后,一直居高不下,到2008年达到0.491,随后有所回落,在2012年仍达到0.474。

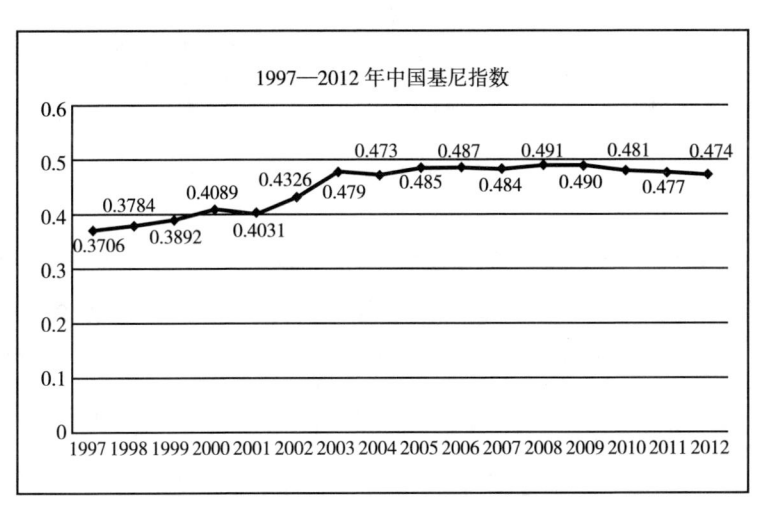

图5 1997—2012年我国居民收入的基尼系数

第二，城乡、地区、行业收入差距持续扩大。根据国家统计局数据显示，城镇住户可支配收入与农村住户纯收入之间的比例2000年为2.79倍，到2010年这一差距扩大至3.23倍；东部沿海发达省市的城镇居民收入远远高于西部落后地区；农业、餐饮业等行业的就业人员收入大大低于金融、IT等行业。（见图6）

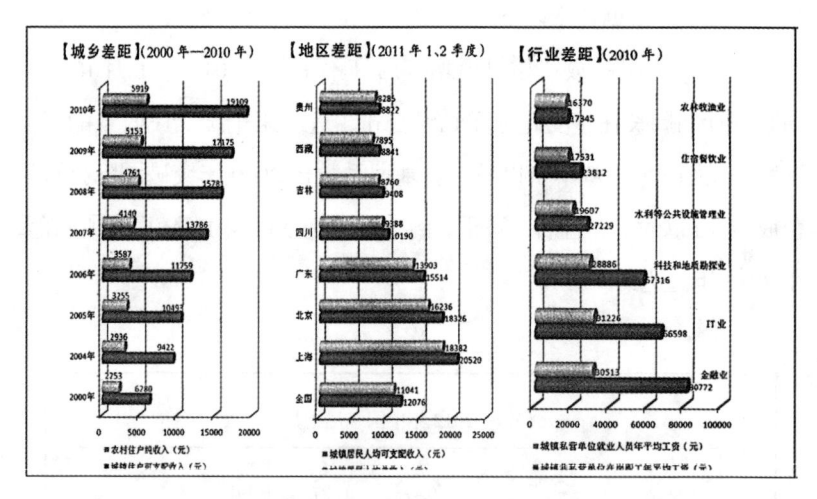

图6 城乡、地区、行业收入差距对比

第三，"民工荒"持续蔓延。在中国劳动力"近乎无限供给"的喧嚣之中，2004年东莞等地爆发了震惊世界的"民工荒"。继2004年之后的2008年、2010年，拥有9亿农民和1.5亿农村剩余劳动力的中国，竟然再次出现大范围的"民工荒"现象，甚至由沿海地区蔓延至内地，由"技工"短缺演变为"普工"短缺。个中缘由见仁见智，复杂多样。但是，多数学者认为，这一现象主要是由农民工的收入过低、劳动条件太差引起的。已经发生至今依然蔓延的"民工荒"现象，说明中国

第四章 收入分配制度改革与中小企业劳动关系的关系

的劳动力供应已经发生了深刻变化，廉价劳动力时代已经过去。改革开放30多年，企业主的所有权、高层管理人员的管理权，通过利润制、年薪制解决了，劳动者的劳动力产权至今无人问津，充其量还停留在学者的研讨会上。甚至连马克思称为必要劳动的工资，还存在大范围的拖欠现象。因此，从根本上讲，"民工荒"是"权益荒"，只有农民工的"权益荒"问题解决了，"用工荒"的难题才能迎刃而解。

上述收入分配方面的突出问题引起了党中央、国务院的高度重视，并提出了深化收入分配制度改革的方案。从2004年开始，国务院启动收入分配改革调研，到2013年2月最终出台《关于深化收入分配制度改革的若干意见》，历时9年时间。《意见》的出台，既标志着收入分配制度改革迈出了重要的一步，也为劳动关系调整带来了不可多得的机遇。

2. 收入分配制度改革建立在社会各界行动的基础之上

收入分配制度改革方案的制定，是社会各界共同努力的结果，是历史发展的合力促成的。从收入分配制度改革的提出到方案制定，始终离不开社会力量的呼吁与行动。

首先，以社会学家陆学艺为代表的学者，掀起了关注弱势群体的研究热潮。著名社会学家陆学艺自20世纪80年代开始，始终关注"三农"问题。从积极倡导和呼吁破除城乡二元结构，实现城乡经济社会一体化，到农民工问题的研究，都发出了关注弱势群体的强大声音，并引起了社会各方面的高度关注。比如，他在占有大量资料的基础上，得出深圳农民工的平均工资自20世纪80年代到21世纪初是持续下降的研究结论，令人震惊，产生了强烈的社会效应。著名劳动经济学家曾湘泉也高度重视农民工研究。他在 2004 年接受《人才市场报》记者采访时指出，在劳动力市场问题研究中，应关注城市下岗职工再就业、农村劳动力就业和大学生就业等问题，就业与"三农"问题同等重要。

学界关于农民工、劳动关系的研究，也存在不同声音。著名经济学家张维迎在中国企业家论坛第九届亚布力年会上，提议应尽快停止执行《劳动合同法》。他认为，该法损害的是工人阶级的利益，因为它让工人找工作更难了，而不是更容易了。同年 3 月，《法人》杂志发表对常凯教授的独家专访。该文以"劳资关系应以法为鉴"为题对张维迎的观点进行了系统的反驳，认为在中国必须使用《劳动合同法》对企业劳动关系双方的行为加以规范和约束。

社会学家、经济学家、劳动法学家对收入分配问题的研究和争议，在客观上推动了学界关于收入分配的研究，活跃了学术思想。更重要的是，将研究的重点与社会关注的热点有机统一起来，引起了社会各方面的高度重视，为收入分配制度改革创造了宽松的环境，营造了关注农民工的社会氛围。

其次，舆论界在行动。在国务院高调制定收入分配制度改革方案的过程中，各类新闻媒体迅速捕捉到重大社会问题，进行了大量地、集中地报道，占据了舆论制高点，在推动地方政府及其领导人的政绩观——从效率、效益、GDP 为标准转向公平、正义、全面发展的政绩观的过程中，发挥了舆论引导作用。

——关于"民工荒"的报道引发了构建和谐劳动关系的社会行动。2004 年以来，我国的主要报刊、各大电视台、网络媒体对东莞等地爆发的"民工荒"进行了密集地、追踪式地报道。这一报道产生的社会

第四章　收入分配制度改革与中小企业劳动关系的关系

效应是重大的、多重的。一是颠覆了改革开放以来非公有制企业长期奉行的"廉价劳动力战略"。20世纪80年代以来，经济学界关于我国"劳动力近乎无限供给"的观点影响了企业界。因而，新生代的农民工的工资与父辈的工资处于同一水平，并且经常不能按时发放。各大媒体对于"民工荒"现象的密集报道，迫使企业改弦易辙，改变用人策略，改善劳动条件，提高劳动报酬，以此来吸引农民工。二是地方政府劳动部门开始关注劳动关系。广东省以查处"血汗工厂"的方法，对全省企业劳动工资进行普查。全国各省、市都以不同形式，查处严重违犯劳动法律的企业。三是中共中央提出了构建和谐劳动关系的要求，中华全国总工会提出和谐劳动关系企业的八条标准，地方政府、工会结合自身实际，细化了劳动关系标准，全国各地开始了创建和谐劳动关系企业的探索和实践。

——关于"黑砖窑"的报道引发了保护弱势群体的社会行动。2005年4月11日，关于"黑砖窑"的新闻首次出现在《山西日报》上："一座占地80余亩的砖厂，一个挣着黑心钱的包工头，一帮狠毒的打手，先是骗取外地农民工的信任，继而强迫农民工劳动。26名筋疲力尽、伤痕累累的外地农民工被成功解救。"此后，2006年1月、6月、9月，《山西新闻网》《中新山西网》等媒体网络相继报道了晋南某县、运城、晋中的"黑砖厂"存在拐骗、雇佣、殴打未成年人、智障人员、社会流浪人员和残疾人员等恶性事件。直到2007年6月5日，互联网《大河论坛》出现了一个题为《400位父亲泣血呼救：谁来救救我们的孩子？》的帖文，并于6月7日被转贴到天涯论坛，短短6天时间，该帖点击率高达58万，并有3000多篇回帖。与此同时，6月7日，《山西晚报》刊发了关于洪洞县黑砖窑案件的报道《黑砖场里,他们过着"奴隶"生活》,该文还配有31名奴工惨状的照片,文章尤其是图片经网络传播后,引起社会共鸣,随后,各地都市类媒体迅速介入,一些都市媒体还主动寻找被解救的民工进行采访。自6月11日起,作为山西黑砖窑事件新闻风暴爆发点的洪洞县"黑砖窑"事件,成为国内各大门户网站的头条新闻,引起全国多家媒体的关注,形成"全国共讨之"的新闻风暴。

"黑砖窑"事件的报道,不仅激起了社会各界对企业主的谴责,促进了司法领域的介入以及对触犯刑律的企业主的法律制裁,更主要的是中央政府、地方政府及其职能部门开始关注弱势群体,并掀起了一场声势浩大的维权运动,特别是维护弱势群体的权益。

——关于拖欠工资的报道引发了声势浩大的追讨拖欠农民工工资的社会行动。进入新世纪以来,拖欠农民工工资的报道见诸报端、电视以及网络媒体。这些报道引起了学界以及社会各界的高度关注、声讨,引起了中央政府的高度重视。一是时任国务院总理的温家宝亲自为农民工追讨拖欠工资。由此在全国范围掀起的清理工资拖欠行动成为各级政府的重要工作。二是从2004年开始,每年的春节前后,人力资源和社会保障部都要会同住房城乡建设部、公安部、国资委、工商总局、全国总工会在全国范围内组织开展为时一个半月的农民工工资支付情况专项检查行动。要求各地区、各部门把解决拖欠农民工工资问题作为清欠工作的首要任务,各级政府要切实负起领导责任,对政府投资工程拖欠的农民工工资,同级财政要积极调度和安排资金,保证兑付;对企业拖欠的农民工工资,要督促企业加快支付;对一些特殊情况,要采取财政救济措施。三是从 2004 年开始,各地地方政府制定了清理拖欠农民工工资的办法,并开始了卓有成效地清欠工作。

劳动报酬在初次分配中持续下降的现象以及社会各界的重大行动,引起了党和政府的高度关注。党的十七大、十八大报告以及国民经济和社会发展"十二五"规划纲要、政府工作报告等中央文件都明确提出要"提高劳动报酬在初次分配中的比重"。2013 年 2 月国务院出台的《关于深化收入分配制度改革的若干意见》专门讲到"促进中低收入职工工资合理增长",其实质是调整政府、企业、居民三者之间的国民收入分配格局,通过调整最低工资标准、完善工资指导线制度等方式,建立反映劳动力市场供求关系和企业经济效益的工资决定及正常增长机制,提高劳动报酬份额,调整劳动关系。

(二)收入分配制度改革方案的制定,营造了调整劳动关系的氛围

收入分配制度改革方案的制定,虽然一波三折,步履维艰,但是,各个职能部门的讨论、争论或者说博弈,在一定程度上接受了对方的主张,兼顾了各方面的利益,也兼顾了"公平",为劳动关系的调整创造了宽松的外部环境。

1. 收入分配制度改革方案的制定过程,促进各地不断提升最低工资标准

自 2004 年提出收入分配制度改革以来,国务院采取的一个重大举措是,要求全国各省、市制定最低工资标准并不断提高最低工资标准。从我们接触到的资料看,我国的《最低工资规定》始于 2004 年。并且,2004 年至 2006 年间,全国各省市区都上调了最低工资标准。2007 年,

29个省市区上调了最低工资标准。此后两年，由于国际金融危机的冲击，各地暂缓了此项工作。随着经济形势的好转，2010年上调最低工资标准再次启动，并且进入了密集调整阶段。江苏省在全国率先确定上调最低工资标准。随后，浙江、广东、福建、上海、天津、山西、山东等27省（市）陆续调整最低工资标准，调整幅度都在10%以上，一些省份超过20%，海南、四川、西藏等地增幅达30%。2011年，全国有18个省份调整了最低工资标准。2012年，全国24个省份上调最低工资标准，平均提高22%。同年，国务院批转的人力资源和社会保障部等部门制定的《促进就业规划（2011—2015年）》明确规定，我国将深入推进工资收入分配制度改革，2011年到2015年，最低工资标准年均增长率要大于13%。

自2013年4月以来，上海、山西等地先后上调最低工资标准。截至目前，全国已有13个省市上调了最低工资标准。其中，上海市以1620元/月领跑全国，江西省上调幅度最高，达到41.4%。国务院批转的《关于深化收入分配制度改革的若干意见》也提出，到2015年，绝大多数地区最低工资标准达到当地城镇从业人员平均工资的40%以上。

2. 收入分配制度改革方案的制定过程，加快了劳动立法

收入分配制度改革方案的制定，主要是国务院或者说中央政府各部委的事。但是，在方案的制定过程中，全国人民代表大会和地方政府也没有袖手旁观，而是通过加快制定全国性的、地方性的劳动法律、法规的形式，为收入分配制度改革方案的制定营造了宽松的法律环境。

应当说，全国人民代表大会和地方政府对劳动法律法规的制定始

终都是重视的。但是，自党的十六届六中全会提出发展和谐劳动关系、构建社会主义和谐社会、制定收入分配制度改革方案以来，国家、部委和地方政府加快了劳动法律法规制定的步伐，陆续颁布、实施了一系列劳动法律法规。概括起来，主要包括四个方面：（一）就业类的劳动法律法规主要有《中华人民共和国就业促进法》（简称《就业促进法》）、《就业服务与就业管理规定》《关于做好春节后农民工就业工作有关问题的通知》等；（二）劳动关系类的劳动法律法规主要有《中华人民共和国劳动合同法》《中华人民共和国劳动合同法实施条例》《关于应对当前经济形势稳定劳动关系的指导意见》等；（三）劳动标准类的劳动法律法规主要有《职工带薪年休假条例》《人力资源和社会保障部等部门关于进一步做好预防和解决企业工资拖欠工作的通知》等；（四）劳动争议处理类的劳动法律法规主要有《中华人民共和国劳动争议调解仲裁法》《劳动人事争议仲裁办案规则》。这一系列劳动法律法规的颁布和实施，对加强劳动用工管理、规范用工秩序、构建和谐劳动关系、维护广大劳动者的合法权益，都具有重要的促进作用。特别是 2013 年 7 月 1 日起，新修订的《劳动合同法》正式实施，明确规定了"临时工"享有与用工单位"正式工"同工同酬的权利，并赋予人社部门依法开展经营劳务派遣业务行政许可的权利。在一定程度上抬高了劳务派遣机构的门槛，增加企业用工成本，对提高劳动报酬、构建和谐劳动关系都有重要的推动作用。

3. 收入分配制度改革方案的制定过程，逐步调整了考核标准

党和政府对各级领导干部的考核标准，在不同时期甚至在同一时期的不同阶段，也是不尽相同的。改革开放以来，党的工作重心转移

到了现代化建设上,"以经济建设为中心"成了党的工作重心,相应地,党对各级干部的考核标准,逐渐转移到经济发展上,甚至滑到了 GDP 崇拜的边缘。在收入分配制度改革的大环境中,在深化收入分配制度改革方案的制定过程中,地方政府的追求目标及其对各级干部考核标准也发生了重要转变,逐步开始注意全面考核。

一是下调"十二五"期间 GDP 的增速。位于长三角地区经济发达的浙江、上海、江苏,华北地区的北京、河北,中西部欠发达地区的内蒙古、广西等地,都纷纷下调"十二五"时期 GDP 年均增长率 1 到 5 个百分点。这些都反映了政府正在从 GDP 崇拜的枷锁中解放出来,逐步实现了把 GDP 作为经济发展的唯一考核指标向 GDP、关注民生多重指标的转变。

二是"幸福"成为各地"十二五"规划中的追求目标。在各地的"十二五"规划中,北京提出"让人民过上幸福美好的生活",广东提出"建设幸福广东",重庆宣示要成为"居民幸福感最强的地区之一"。山东把建设"幸福山东"作为"十二五"规划的主要目标之一。"幸福武汉""幸福沈阳"等更是广泛见诸媒体。可见,提升居民幸福指数、走民生导向发展之路、让百姓共享更多发展成果,已成为各地方"十二五"发展规划中的共识。

三是将劳动关系和谐稳定作为重要指标纳入政府工作考核体系。从 2011 年起,浙江省政府与各地、市政府签订目标责任书,将促进劳动关系和谐稳定工作纳入考核。也就是说,一个地方的劳动关系如何,将影响到地方官员的政绩。每年一季度向全社会发布各市上一年度的劳动关系和谐指数,并作为创建和谐劳动关系成绩的评比标准。

（三）收入分配制度改革方案的出台，为调整劳动关系创造了条件

进入新世纪以来，劳动关系逐步由"蜜月期"进入"矛盾期"，劳资矛盾持续发酵，甚至引发了如"吉林通钢""富士康群殴"等集体劳资冲突事件。《意见》的出台与实施，为规范劳资关系双方的行为提供了强有力的依据。

1.收入分配制度改革方案的出台，增强了劳动者的力量

第一，《关于深化收入分配制度改革的若干意见》的出台，意味着"尊重劳动"进入操作层面。党的十六大报告指出："必须尊重劳动，尊重知识，尊重人才，尊重创造，这要作为党和国家的一项重大方针在全社会认真贯彻。"由于种种原因，知识、技术、管理等劳动得到了实实在在的"尊重"，以至于知识、技术的主体——企业主、高管、高级技术人员成为社会崇拜的对象，而劳动及其劳动者却成为需要保护的"弱势群体"。因此，把"四个尊重"有机统一起来，切实像尊重知识、尊重人才、尊重创造一样"尊重劳动"，成了社会各界的共识和强烈愿望。从2004年开始酝酿、启动的收入分配制度改革方案，便是最集中的体现。方案的制定、出台是利益的再分配，是各方面力量博弈的结果。虽然困难重重，历时9个春秋，但是它毕竟于2013年2月出台。方案的出台标志着"尊重劳动"从认识层面进入操作层面，标志着劳动者的力量迅速崛起。包括非公有制企业在内的所有企业在全社会出现"尊重劳动"的氛围下，调整劳动关系就有了前所未有的条件。

第二，"提低""控高"成为收入分配制度改革的重点。"提低""扩

中""控高"是进入新世纪以来中央规范收入分配秩序的基本要求。"提低"主要是提高包括企业劳动者在内的低收入群体的收入,"控高"主要是控制包括企业主在内的高收入群体的收入,"扩中"主要是扩大中等收入群体的收入。说透了,收入分配制度改革的重要内容,就是调整初次分配,进一步完善国家、企业和职工在收入分配中的地位、比例,即企业向国家缴纳的税金等都要进一步规范、降低,企业所得利润也要适当减少,高管的年薪要严格按照规定、绩效发放,给劳动者发放的工资、福利、报酬都要适当提高。总之,企业所有者的利润和企业高层管理人员的年薪得到严格"控制",职工的报酬得到显著"提高",是《意见》的剑锋所指。显而易见,《意见》的贯彻落实,既是劳动关系调整的核心内容,也为劳动关系的调整创造了宽松的外部环境。

第三,"提低""控高"的执行将进一步提升劳动者的力量。自十一届三中全会以来,改革开放每前进一步都存在各种争议和阻力。《关于深化收入分配制度改革的若干意见》的出台过程也是这样,始终伴随着各种利益集团的较量,以至于方案迟迟不能出台。如今,方案已经出台,下一步就是执行了。在执行过程中,难免会出现"上有政策,下有对策","有令不行,有禁不止"的现象。国家发改委社会发展研究所所长杨宜勇研究员说:收入分配制度改革的最大阻力在于富人,在于高收入群体,还有垄断企业和一部分企业主。深入推进收入分配制度改革就是从"富人"身上"割肉",会损害和减少他们的既得利益,他们必然会想方设法阻止。中国劳动学会副会长兼薪酬专业委员会会长苏海南也指出:在初次分配领域深化好改革,"提低"的可行性最高，而"控高"则较难推进，涉及上市公司和国有企业高管薪酬过高等利益问题。对于久经改革开放考验的中国共产党人来说，这都是"小巫"。它不会也不可能影响，更不可能阻挡《意见》的执行。我们相信，历史也终究会证明，今后预料之中的和预料之外的争论，只能坚定缩小收入分配的差距，加速"提低""控高"的执行，提升劳动者在全社会的地位。

2.收入分配制度改革的"剑锋所指"与劳动关系调整一致

第一，《意见》与劳动关系调整的基本要求相似。《意见》共分七个部分：充分认识深化收入分配制度改革的重要性和艰巨性；准确把握深化收入分配制度改革的总体要求和主要目标；继续完善初次分配机制；加快健全再分配调节机制；建立健全促进农民收入较快增长的长效机制；推动形成公开透明、公正合理的收入分配秩序；加强深化收入分配制度改革的组织领导。它的基本要求是："立足当前、着眼长远，克难攻坚、有序推进；共同发展、共享成果；初次分配和再分配都要兼顾效率和公平；发挥政府作用，规范收入分配秩序；结合本地实际，制定具体措施。"其中，"立足当前、着眼长远，共同发展、共享成果；初次分配和再分配都要兼顾效率和公平；发挥政府作用，规范收入分配秩序"与劳动关系调整的目标具有相似性或者重合性。《意见》中诸如此类的要求，作为各级政府当前和今后工作中的一个重要内容，必将增强各级工会调整劳动关系的力量。

第二，《意见》的重要内容也是劳动关系调整的内容。如《意见》中明确提出"加强国有企业高管薪酬管理——缩小国有企业内部分配差距，高管人员薪酬增幅应低于企业职工平均工资增幅；建立健全国有资本收益分享机制。全面建立覆盖全部国有企业、分级管理的国有资本经营预算和收益分享制度，合理分配和使用国有资本收益，扩大国有资本收益上交范围"。加强国有企业高管薪酬管理既是收入分配制度改革要解决的问题，也是国有企业劳动关系调整的重点。年薪制与工资制的比例是国有企业劳动关系的一个敏感问题，稍有不慎，就会影响劳动关系的稳定。再如"维护劳动者合法权益——健全工资支付保障机制，将拖欠工资问题突出的领域和容易发生拖欠的行业纳入重点监控范围，完善与企业信用等级挂钩的差别化工资保证金缴纳办法"。《意见》针对不同性质企业的上述规定，对于缩小企业内部分配差距，解决长期、普遍存在的工资拖欠问题，对于配合工会调整劳动关系，都具有基础性的作用。

第三，"加强深化收入分配制度改革组织领导"的举措，客观上将地方政府相关部门的领导纳入劳动关系调整的行列。《意见》第七部分将"加强深化收入分配制度改革组织领导"作为标题，予以强调。第七部分中的具体内容，如第33款提出"各地区、各部门要深入学习和全面贯彻落实党的十八大精神，充分认识深化收入分配制度改革的重大意义，将其列入重要议事日程，建立统筹协调机制，把落实收入分配政策、增加城乡居民收入、缩小收入分配差距、规范收入分配秩序作为重要任务，纳入日常考核"；第34款提出"鼓励部分地区、部分领域先行先试，积极探索"，对加强深化收入分配制度改革组织领导，都做了具体、明确的要求和安排。这些要求和安排既是贯彻落实收入分配制度改革的组织保证，也是调整劳动关系必须具备的客观条件。

第四章 收入分配制度改革与中小企业劳动关系的关系

3. 收入分配制度改革方案的出台为调整劳动关系提供了依据

第一，恰当地处理效率与公平的关系。效率与公平的关系问题，始终是困扰收入分配制度改革的基础问题。改革开放以来，"先富带后富"的大政策，"坚持效率优先，兼顾公平"的原则，有效地解决了平均主义、"大锅饭"问题，极大地调动了亿万人民的积极性、主动性和创造性。同时，也使我国城乡、地区、居民收入差距持续扩大，引起了社会的普遍担忧和不满。党的十七大报告改变了十六大报告中的"坚持效率优先，兼顾公平"的提法，明确指出："初次分配和再分配都要处理好效率和公平的关系，再分配更加注重公平。逐步提高居民收入在国民收入分配中的比重，提高劳动报酬在初次分配中的比重。着力提高低收入者收入，逐步提高扶贫标准和最低工资标准，建立企业职工工资正常增长机制和支付保障机制。创造条件让更多群众拥有财产性收入。保护合法收入，调节过高收入，取缔非法收入。"十八大报告在提高"两个比重"的基础上，进一步指出："必须深化收入分配制度改革，努力实现居民收入增长和经济发展同步、劳动报酬增长和劳动生产率提高同步……初次分配和再分配都要兼顾效率和公平，再分配更加注重公平。"

《意见》的出台，将党的十七大、十八大报告中关于恰当地处理好效率和公平的关系转化为政策，将收入分配政策的落实情况纳入地区和部门日常考核的重要内容，将劳动关系和谐稳定细化成包含工资支付、就业环境、收入待遇、生活环境、成就感等在内的多项指标，形成劳动关系和谐指数评价体系，将职工得实惠、企业得效益、经济得发展、社会得稳定的共进局面作为追求目标……所有这些，不仅是落实党的十八大会议精神、缩小收入差距，实现我国社会长治久安的重大举措，也为建立和谐劳动关系创造了宽松的条件和良好的氛围。

第二，突出劳动者的经济利益。劳动与资本是社会生产不可或缺的两大因素。在自然状态下，甚至在政府干预不力的情况下，资本总是处于强势地位，劳动总是处于弱势地位。改革开放以来特别是进入新世纪以来，"强资本弱劳工"也成了我国工业化过程中的一大奇特现象。因而，平抑劳动与资本的关系，改变劳动与资本的"不对称"地位，维护劳动者的合法权益，构建社会主义新型劳动关系，就成了中国特色社会主义事业发展的内在需要。党的十六届六中全会《中共中央关于构建社会主义和谐社会若干重大问题的决定》提出："实施积极的就业政策，发展和谐的劳动关系。"此后，党的十七大报告指出："规范和协调劳动关系"；中共中央关于"十二五"规划的建议中指出："发挥政府、工会和企业的作用，努力形成企业和职工利益共享机制，建立和谐劳动关系"；党的十八大报告中进一步指出："健全劳动标准体系和劳动关系协调机制，加强劳动保障监察和争议调解仲裁"，"推行企业工资协商制度，保护劳动所得"。在此基础上，《意见》将"维护劳动者合法权益"单列出来，突出了在经济利益上维护劳动者的合法权益。其主要内容是："健全工资支付保障机制，将拖欠工资问题突出的领域和容易发生拖欠的行业纳入重点监控范围，完善与企业信用等级挂钩的差别化工资保证金缴纳办法。落实清偿欠薪的工程总承包企业负责制、行政司法联动打击恶意欠薪制度、保障工资支付属地政府负责制度。完善劳动争议处理机制，加大劳动保障监

第四章 收入分配制度改革与中小企业劳动关系的关系

察执法力度。"

由此观之,我国社会主义市场经济对劳动者权益的维护,已经跨越了自由竞争、一般地政府干预阶段,进入到细化政策干预,综合运用行政、法律等手段,重点解决劳动者最关心的经济利益问题。随着《意见》的贯彻落实,劳动者的薪酬等经济利益的解决,工业化过程中始终存在的劳动与资本的"不对称"问题将得到逐步解决,劳动者在市场经济中的地位将得到进一步提升。

第三,改善了管理者与劳动者的关系。薪酬问题是劳动关系的症结和前提。利益关系调整之后,双方的对立情绪就会得到缓解,就可以坐在一起商量、讨论问题。

在劳动关系中,劳动者向管理者或雇主让渡自己的劳动力,管理者或雇主向劳动者或员工支付劳动报酬和其他福利。工资和有关福利是连接劳动者与管理者的最基本因素或基本纽带。劳动者只有获得相应的工资待遇,才会受雇于管理者;管理者只有通过支付工资,才能雇佣到有关劳动者。劳动者得到了相应的薪酬,劳动关系的症结问题就解决了,双方的对立情绪就小了或者说没有了,双方就有了对话的基础。

《意见》的出台,提出完善劳动、资本、技术、管理等要素按贡献参与分配的初次分配机制。通过各种措施,提高劳动者获取报酬的能力。同时,对企业管理者过高的薪酬进行具体规定。这样做的结果是,通过相互合作、配合,劳资双方在摩擦与协调的对立统一过程中,通过利益的磨合,缓解矛盾,解决纠纷与冲突,实现利益的整合。这种利益的磨合过程,也是一种观念与行为的求同过程,"同舟共济、互

155

助互利"的观念共识,以及"求利有道""见利思义"的行为自律将给各方利益的获取找到一个恰当的通路,最终回归"劳资两利"的终点,改善劳动者与管理者的关系。

第五章 收入分配制度改革中中小企业劳动关系调整的基本思路

在这样一个特殊情况下，中小企业劳动关系的调整，绝不能就劳动关系调整调整劳动关系，而是要跳出劳动关系调整来调整劳动关系。具体来讲，需要在摸准中小企业劳动关系问题的前提下，大力扶持中小企业发展，科学确定劳动关系调整的目标。

一、准确透视我国中小企业劳动关系存在的主要问题

（一）我国中小企业存在的问题

第一，中小企业内部存在的主要问题。首先，企业规模小、抵御风险能力弱、生命周期短。在我国的企业中，中小企业占全国企业总数的99%以上。在中小企业中，小微企业占99%左右。其中，80%为2—3人的个体工商户。就经济欠发达的山西省而言，亿元以上企业的数量不到企业总数的千分之六，规模以上企业不到企业总数的3%。企业规模小，固然有船小好掉头等优点，但是，它的致命的弱点在于，市场一旦出现风吹草动，受冲击的、受伤害的非中小企业莫属。国务

院发展研究中心课题组认为,我国中小企业成活率低、寿命短、抗风险能力差,平均寿命仅为 3.7 年,相比欧洲、日本的 12.5 年,美国的 8.2 年,存在较大差距。① 其次,中小企业中劳动密集型企业多,资本密集型、技术密集型企业少。我国的经济发展基本是沿着劳动密集型——资本密集型——技术密集型这样一个循序渐进的路径走过来的。现在正处于劳动密集型与资本密集型共存期。② 就中小企业而言,总体上还未达到这个水平。据山西省中小企业局报告,该省亿元以上企业的数量不到企业总数的千分之六,科技型中小企业数量仅占企业总数的 1%,且大多数企业没有建立自己的研发机构。③ 再次,技术装备落后,产品附加值低。从我国多数中小企业的现实来看,其经营策略是过分注重向人力资本上要效益,想方设法压低劳动者的待遇;过分偏爱高能耗、高污染行业,不愿意在节能减排、安全生产上进行必要的投入,更不愿意在技术改进、设备与工艺改善上进行投入,往往生产工艺极其落后、产品附加值较低。天津市工商联合会《中小企业调研报告》显示:"全市中小企业自主创新能力总体偏低,未形成强劲的市场竞争力。品牌企业、上市企业少,高科技产品、高附加值产品少,专新特精产品少……中小企业中大部分工业企业产品技术含量和附加值较低,高端产品的

---

① 国务院发展研究中心课题组《中小企业发展——新环境·新问题·新对策》,中国发展出版社,2011 年,第 6 页。

② 邓良、王亚新《金融危机后我国劳动密集型与资本密集型产业协调发展的经济学研究》,《经济体制改革》2010 年,第 1 期。

③ 全国工商联编《2011 年中国中小企业调研报告》,中华工商联合出版社,2012 年,第 44 页。

第五章　收入分配制度改革中中小企业劳动关系调整的基本思路

研发能力不足，产品缺乏核心竞争力，处于产业链的中低端。"[①] 最后，中小企业人员素质低。"招工难"与高校毕业生"就业难"是我国劳动力市场的一个奇特现象，更是我国中小企业的真实写照。由于种种复杂原因，高校毕业生可以放下身段进入大型私营企业。但是，绝大多数高校毕业生几乎不会进入中小企业。所以说，中小企业不仅"招工难"，而且引进人才、"留住人才"更难。因此，我国中小企业的普通员工、管理层的整体水平都比较低。这主要体现在两个方面：一是科技文化水平不高。山西省工商联的调查显示，本省中小企业拥有大中专以上文化程度的职工仅占中小企业从业人数的8%，拥有初中高级职称的技术人员仅占中小企业从业人员总数的4%。二是管理水平不高、创新意识淡薄。全省90%以上的中小企业是家族企业，且自身规模偏小、工作环境差、专业人才缺乏、人才培训机制不健全。在技术创新方面，由于需要大量投入且收益周期较长甚至还有许多不确定性，因而，一些企业动力不足。特别是由于发展高技术面临很大的技术、市场和技术流失风险等，一些企业存在"创新恐惧症"。此外，由于复制、仿制或者仿冒其他企业的产品成本低、利润大，一些企业产生投机心理，不愿冒险创新。

第二，中小企业外部存在的问题。首先，中小企业经营成本增加。一是中小企业税负一向较重。我国税制以流转税为主体，导致盈利水平较低的小型和微型企业实际税负偏重。我国大型企业与中小企

[①] 全国工商联编《2011年中国中小企业调研报告》，中华工商联合出版社，2012年，第29页。

业型税负标虽然相同或者大致相当,但是,大型企业和部分中型企业比较容易获得各种名目的直接或间接的税收优惠或财政补贴。为应对国际金融危机,国家出台了税收优惠政策,但力度有限,而且一些减免税收政策因认定成本过高导致实际执行效果大打折扣。我国个体工商户的增值税预营业税起征点偏低。按照月营业收入2000元—5000元和1000元—5000元的纳税标准,许多低收入个体户家庭也被纳入征税范围。个体工商户所得税与工薪阶层所得税起征点相同,但边际税率明显偏高,创业不如打工。另外。中小企业长期遭受乱收费的困扰。国家法定的行政事业收费虽然不多,但乱摊派、乱罚款、乱检查、乱评比、乱认证、乱培训等形式的乱收费现象层出不穷。政府部门乱收费的原因很多,有的地方借乱收费缓解财政困难,有的部门利用权力寻租,通过下属事业单位乱收费谋取部门利益,有的基层执法管理人员违规违纪乱收费谋取个人利益,等等。有些地区的中小纺织企业除缴纳"五险一金"外,还需缴纳城市建设维护附加费、教育附加费、地方教育附加费、水利建设专项基金、文化事业建设费等11个大项。据粗略统计,目前向中小企业征收行政性收费部门的有18个,收费项目达69个大类。[①]据世界银行统计报告显示,国际上小微企业税负平均20%,而中国中小企业所得税高达25%,增值税17%(需抵交已交的进项增值税)、营业税5%、城市建设税7%、国家教育费附加3%、地方教育费附加

---

① 全国工商联编《2011年中国中小企业调研报告》,中华工商联合出版社,2012年,第9页。

第五章 收入分配制度改革中中小企业劳动关系调整的基本思路

2%，加之其他各种费用，高达 40%—50% 的综合税费。[①] 二是原材料价格大幅上涨。三是劳动力成本急剧加大。金融危机爆发以来，我国连续数年大幅度提高了最低工资标准。2010 年全国 30 个省市区上调了最低工资标准，2011 年又有 12 个省市区继续上调，幅度为 20%—25%。2012 年，全国已有 24 个省市调整了最低工资标准。2012 年 12 月 18 日，人力资源和社会保障部部长尹蔚民在全国人力资源和社会保障工作会上表示，2012 年我国工资收入分配制度改革稳步推进，规范公务员津贴补贴、事业单位实施绩效工资工作有序进行，年内有 23 个省份上调了最低工资标准。从 2008 年到 2012 年的 5 年间，全国最低工资标准年均增幅为 12.6%[②]，基本实现了《国家人权行动计划（2012—2015 年）》（2012 年 6 月 11 日国务院发布）提出的最低工资标准年均增长 13% 以上的目标。到 2013 年的 7 月，全国已有北京、上海、天津、广东、浙江、山东、山西、河南、江西、广西、深圳、甘肃、陕西、宁夏、贵州、新疆、江苏、四川、辽宁、安徽共 20 个省市区先后上调了最低工资标准，平均涨幅约 18%[③]。（见表 5-1）进入 2014 年，各地区最低工资标准再次进行调整。截止到 2014 年 8 月，全国共有 16 个省市区公布调整标准（不含深圳）。尽管如此，我国多数省市最低工资标准与职工平均工资

[①] 林汉川等主编《中国中小企业发展研究报告（2013）》，企业管理出版社，2013 年，第 50 页。

[②] 李金磊《24 省市最低工资标准上调，北京陕西等 2013 年再提高》，中新网财经频道：finance.chinanews.com。

[③] 乔雪峰《20 个省市区先后上调了最低工资标准 平均涨幅约 18%》，人民网—财经频道：http://finance.people.com.cn/n/2013/0709/c1004-22134150.html。

之比大都在40%以下，与国际上最低工资标准与职工平均工资之比的40%—60%的标准还有一定的差距。要达到国务院批转的《意见》提出的到2015年绝大多数地区最低工资标准达到当地城镇从业人员平均工资的40%以上的目标，还有一定的距离。

表5-1 2013年20个省市区最低工资标准（单位：元）

地区	月最低工资标准	小时最低工资标准	实施时间
上海	1620	14	2013.4.1
深圳	1600	14.5	2013.3.1
广东	1550	15	2013.5.1
新疆	1520	15.2	2013.6.1
天津	1500	15	2013.4.1
江苏	1480	13	2013.7.1
浙江	1470	12	2013.1.1
北京	1400	15.2	2013.1.1
山东	1380	14.5	2013.3.1
辽宁	1300	13	2013.7.1
宁夏	1300	12.5	2013.5.1
山西	1290	14	2013.4.1
安徽	1260	13	2013.7.1
河南	1240	11.7	2013.1.1
江西	1230	12.3	2013.4.1
甘肃	1200	12.7	2013.4.1
四川	1200	12.6	2013.7.1
广西	1200	10.5	2013.2.7
陕西	1150	11.5	2013.1.1
贵州	1030	11	2013.1.1

第五章　收入分配制度改革中中小企业劳动关系调整的基本思路

值得注意的是，过去、现在以及将来对最低工资标准的上调，主要是面对劳动密集型的中小企业的劳动者。关于这一点，中国劳动学会副会长兼薪酬专业委员会会长苏海南表示，最低工资标准保障的主要是低端岗位的劳动者，上调最低工资标准的目的是确保其实际收入不下降，保证其在制度规范下有尊严地劳动，而不是一种涨工资的手段。[①] 其次，中小企业融资困难。中小企业融资难是长期存在的问题，也是世界性难题，在当前经济运行中这个问题尤为突出。一是小微企业很难获得国有大银行的信贷支持。据银监会测算，我国银行贷款主要投放给大中型企业，大企业贷款覆盖率为100%，中型企业为90%，小企业为20%，几乎没有微型企业，但银行仍是小微企业争取外部贷款的首选渠道。全国工商联调查显示，规模以下的小企业90%没有与金融机构发生任何借贷关系，小微企业95%没有与金融机构发生任何借贷关系。2013年《微型企业融资发展报告：中国现状及亚洲实践》显示，2012年我国约四成小微企业有借款，在有借款的企业中80%的企业近一年内只有1—2次借款，且其中1/3的小微企业主要选择向亲友借款。[②] 黑龙江省中小企业发展所需资金600亿元以上，但小微企业自筹解决的资金不到30%，有50%以上的企业新上项目后，由于缺少流动资金而影响投资生产。内蒙古自治区70%以上的中小企业依靠自身积累和民间借贷，很少能从银行得到贷款。更为严重的是，一些

[①] 乔雪峰《20个省市区先后上调了最低工资标准　平均涨幅约18%》，人民网—财经频道，http://finance.people.com.cn/n/2013/0709/c1004-22134150.html。

[②] 林汉川等主编《中国中小企业发展研究报告（2013）》，企业管理出版社，2013年，第151页。

创新能力较强的科技型企业,由于难以得到资金支持,面临技术外流风险。如宁波天生密封件有限公司生产的核级密封垫片,荣获国家科技进步二等奖和中国机械工业科学技术一等奖,处于世界尖端水平。但是,由于研发投入较大,可用于银行贷款的固定资产担保不足,融资问题一直得不到解决。① 二是小型微型企业很难直接参与融资。由于自身的特征以及我国市场经济、金融体制的发展状况,小型微型企业很难通过公开的资本市场进行直接融资。同时,由于现阶段证券市场发行制度的限制,造成包括中小板和创业板在内的整个证券市场基本上与小型微型企业无缘,直接融资的概率极低。此外,中小企业集合债券等融资产品还处于探索之中,获批发行集合债券的中型企业很少,小型微型企业更是少之又少。再次,中小企业招工难现象严重。一是劳动力供给总量开始减少。据国家统计局发布的数据,2012年中国15—59岁的劳动年龄人口的绝对数量减少了345万。劳动年龄人口总量的下降,意味着人口抚养比上升,中国经济赖以快速发展的人口红利逐渐减弱,中国劳动力从"近乎无限供给"转到了"有限供给",支撑中国中小企业高速发展的"廉价劳动力战略"在总体上开始动摇。二是劳动力市场结构性矛盾突出,"民工荒"持续蔓延。2012年,中国人力资源市场信息监测中心对全国103个城市的公共就业服务机构市场供求信息进行的统计分析显示,这些城市分布在全国各大区域,拥有市区人口近1.9亿,约占全国地级以上城市人口的48.2%;拥有

---

① 全国工商联编《2011年中国中小企业调研报告》,中华工商联合出版社,2012年,第9页。

第五章 收入分配制度改革中中小企业劳动关系调整的基本思路

市区从业人员（含城镇个体劳动者）5576.5万人，约占全国地级以上城市从业人员的57%。从统计情况看，2012年市场中劳动力供求总体平衡；市场供求人数与上年同期相比有所增长。第四季度用人单位通过公共就业服务机构招聘各类人员约508.9万人，进入市场的求职者约473.1万人，岗位空缺与求职人数的比率为1.08，比上年同期上升了0.04。从供求总量分析看，市场需求人数增加了近8万，增长了1.8%，求职人数减少了0.4万，下降了0.1%。与2011年同期相比，东部地区城市市场用人需求与求职人数分别增加了4.3%和1.1%；中部地区城市市场用人需求与求职人数分别下降了7.3%和7.2%；西部地区城市市场用人需求与求职人数分别增长了6.6%和5.3%。[①]2013年第四季度，中国人力资源市场信息监测中心对全国104个城市公共就业服务机构市场供求信息进行了统计分析，从供求总量看，与上年同期相比，本季度的需求人数减少了近16万，下降了3.3%，求职人数减少约28.9万，下降了6.3%。与上季度相比，本季度的需求人数、求职人数分别减少了75.3万和80.9万，各下降了13.7%和15.8%。东、中、西部市场岗位空缺与求职人数的比率分别为1.11、1.07、1.16，需求均略大于供给，市场供求总体保持平衡。与上年同期相比，东部地区需求人数和求职人数分别下降5.9%和9%，中部地区需求人数和求职人数分别增长1.8%和2.9%，而西部地区需求人数和求职人数分别下降3%和12.1%。与上季度相比，东部地区需求人数和求职人数分别下降13.1%和17%，中

---

① 黄海嵩《中国企业劳动关系状况报告（2013）》，企业管理出版社，2013年，第43~44页。

部地区需求人数和求职人数分别下降 10.9% 和 10.1%，西部地区需求人数和求职人数分别下降 18.7% 和 20.9%。总的看来，2012 年、2013 年我国劳动力市场供求总量以及东部、中部、西部地区劳动力供求状况都发生了明显的变化，即劳动力市场开始从买方市场转向卖方市场。具体到中小企业，主要表现在肇始于东莞地区的"民工荒"已经向内地蔓延，并且在国际金融危机以及一系列惠农政策的影响下，大有愈演愈烈之势，致使中小企业不得不"放下身段"，以各种优惠政策吸引劳动力。"民工荒"与高校毕业生"就业难"，是我国劳动力市场结构性矛盾的集中表现，也是中小企业面临的二难选择。

（二）我国中小企业劳动关系存在的主要问题

第一，劳动合同签订率较低，履行程度更低。2011 年 7 月，全国人大常委会对劳动合同法实施情况开展了第二次执法检查，有三位副委员长分别带队赴六省开展实地调查，委托 10 个省、市、自治区、直辖市的人大常委会对当地进行检查，检查报告指出，劳动合同签订中存在的问题主要是：部分劳动密集型企业及非公有制企业劳动合同签订率偏低，部分已经签订的劳动合同内容不规范、履行不到位。检查中各地普遍反映，建筑、制造、采矿和服务等行业中部分劳动密集型企业及非公有制企业，因企业规模小、基础管理工作薄弱、社会配套服务缺失、经营者劳动合同法律意识淡薄、劳动合同签订率仍比较低、已签劳动合同必备条款不齐、变更解除不规范以及不按时足额支付工资、不缴或者少缴社会保险等问题。[①] 2010 年 5 月，重庆市涪陵区

[①] 陈兰通主编《中国企业劳动关系状况报告（2012）》，企业管理出版社，2013 年，第 52 页。

第五章 收入分配制度改革中中小企业劳动关系调整的基本思路

就中小企业劳动关系问题的调查印证了全国人大常委会的调查。本次调查采取发放问卷、调查表，召开座谈会，深入企业走访等方式，在区内开展了一次实实在在的调查研究。调查的 83 户中小企业劳动合同签订率达 80% 以上，但据有关负责人介绍，街道服务类企业、乡镇企业，劳动合同签订率不足 50%。较多中小企业只与少数管理岗位上的职工签订了劳动合同，而与一线职工，特别是农民工，签订劳动合同的很少。据白涛办事处社保所调查资料反映，该办事处的城镇中小企业职工未签订个人劳动合同的有 18% 左右，未签订集体合同的企业有 90% 以上。有的虽然签订劳动合同，但对企业和职工双方的约束力并不大，要认真履行更难。少数企业只是为了应对劳动保障等部门的检查，规避法律而与职工签订形式上的合同书，实际上并未按合同上的条款履行。河南省的调查也显示，劳动合同的签订率不高，并且是分层次的。"中小企业与那些文化、技术水平高的管理、技术人员签订的劳动合同相当规范。而与那些技术性低、流动性大的员工签订的劳动合同形同虚设，内容不清楚。"[1]

第二，"五险一金"缴纳率低。"五险"包括养老保险、医疗保险、失业保险、工伤保险和生育保险；"一金"指的是住房公积金。其中养老保险、医疗保险和失业保险是由企业和个人共同缴纳的；工伤保险和生育保险完全由企业承担，个人不需要缴纳。这里要注意的是，"五险"是法定的，而"一金"不是法定的。目前，除了事业单位以外，企业特别是中小企业缴纳"五险一金"普遍较少、参保面

---

[1] 张灵《涪陵区中小企业劳动关系存在的问题分析及思考》，重庆市人力资源和社会保障局公众信息网：http://www.cqhrss.gov.cn/u/cqhrss/news_35629.shtml。

较窄，较多职工还游离在社保大门之外。重庆市涪陵区2010年5月对83户中小企业的调查显示，五大社会保险，除国有企业外，集体企业、民营股份企业、中外合资企业的基本养老保险相对好一些，其余四项社会保险均较差，企业的参保率只有50%左右，职工的参保率不到20%。另据某办事处材料显示，该辖区内105户小型企业，参加了五项社会保险的只有20户左右，80%的企业只参加了其中一项或两项（多数企业选择养老、工伤保险），有15户企业不给职工缴纳任何一项社会保险。某矿山企业现有职工325人，其中农民工219人，除参加工伤保险外，农民工没有参加其他社会保险。某办事处辖区内有民营水陆运输企业23户，职工3000余人，参保职工只有200余人。①

第三，劳资纠纷发生率高。进入新世纪特别是金融危机爆发以来，我国企业劳动关系纠纷频发，引起了社会的广泛关注。全国工商联主席黄海嵩主持编写的《中国企业劳动关系状况报告（2013）》显示，截止到2012年年底，企业劳动人事争议案件仲裁案件总量仍处于较高水平。2012年，全国31个省（区、市）及新疆建设兵团的劳动人事争议调解仲裁机构处理劳动争议151.2万件，同比增长6.4%。受案涉及195.5万人，同比增长7.9%。办结案件133.2万件，同比增长8.4%，涉及金额237.7亿元，同比增长16.7%。全国25个省市区的仲裁立案普遍增加，增幅为9%。同时，劳动争议诉讼案件总量也在高位徘徊。其中，浙江、江苏等地法院劳动争议案件增幅较大，法院发

---

① 张灵《涪陵区中小企业劳动关系存在的问题分析及思考》，重庆市人力资源和社会保障局公众信息网：http://www.cqhrss.gov.cn/u/cqhrss/news_35629.shtml。

第五章 收入分配制度改革中中小企业劳动关系调整的基本思路

布白皮书或蓝皮书,引起了社会的高度关注。① 在这些频发的劳资纠纷案件中,中小微企业是重点。2014年5月,记者黄合和通讯员任社以《中小微企业劳动关系纠纷频发 甬城启动三年万人培训工程》为题,对宁波甬城市中小微企业劳动关系频发的情况进行了报道。报道指出:"据统计,去年全市劳动争议案件受理总量有3万多件,涉及劳动者5万多人,仲裁机构受理案件涉及申请标的额达7.42亿元。其中,中小微企业量大面广,又处于资本积累阶段,法律法规意识欠缺,从而成为劳动关系纠纷的主要来源地。"市人社局劳动关系处的张文溪表示,部分小微企业缺乏对用工法规政策的了解,"不签劳动合同、不按时发放工资、不足额缴纳五险一金、不重视安全生产、忽视职工发展等五大类问题,在部分中小微企业很突出"。张文溪说:"企业的短视行为直接导致了职工对企业缺乏认同感,员工离职率、劳动争议及劳动仲裁案件数量居高不下,同时,牵扯了企业的人力、物力及财力,无形中增加了企业的经营成本,影响了企业的持续健康发展。"② 值得注意的是,停工或者说群体性事件有增无减。据凤凰网财经综合统计,2011年以来,我国发生了12起大型罢工事件。其中,2011年发生了2起罢工:2011年12月5日,日立环球深圳工厂发生了2500人规模的罢工;2011年12月26日—28日,LG Display南京工厂发生了8000人罢工。2012年发生了3起罢工:2012年4月13—14日,珠海格力

---

① 黄海嵩《中国企业劳动关系状况报告(2013)》,企业管理出版社,2013年,第10～11页。

② 黄合、任社《中小微企业劳动关系纠纷频发 甬城启动三年万人培训工程》,中国宁波网:http://news.cnnb.com.cn/system/2014/05/25/008070352.shtml。

分厂员工爆料称,格力电器珠海空五分厂和冷凝器珠海空三分厂相继发生停工事件,这导致空调三分厂总装车间7条流水线停产;2012年9月,惠州索尼数千员工因"钓鱼岛"在工厂门口进行"9·18"罢工游行;2012年10月9日到11日,新飞近万名工人因物价上涨、工资低等原因进行罢工。2013年发生了4起:2013年6月12日起,固铂成山5000多工人进行了持续2个月的罢工;2013年11月19日,诺基亚东莞制造工厂有数百员工停止工作;2013年5月,联想深圳福田保税区工厂,因工资低、上班时间不稳定罢工;2013年7月23日,深圳富士康消费电子产品事业群(CCPBG事业群)集体罢工。2014年发生了5起罢工事件:2014年3月3日—13日,IBM深圳工厂1000多名员工罢工;2014年3月29日,三星代工厂东莞市善募康科技有限公司爆发员工大罢工;2014年4月15日,格兰仕(中山)电器有限公司员工因工资低于公司招工时承诺的标准发生了打砸工厂事件;2014年4月14日—4月25日,广东裕元鞋厂40000名工人因缴纳养老金时,以他们的基本工资而非总工资作为计算基数举行了大罢工;2014年5月6日—5月9日,TOTO上海工厂因工厂向工会提出了新的工资体系,员工之间却传出了要减少工资的传闻,发生了1000人左右的罢工。

第四,劳动关系组织力量薄弱。一是中小企业工会组织力量薄弱。相关调研资料显示,我国国有企业、大型私营企业一般都建立了工会组织,机构基本健全,人员、经费基本上都有保证。国有中型企业以及改制后的中型企业一般都建立了或者在形式上都有工会组织,也能组织一些文化、娱乐活动。部分中型企业的工会组织基本上是"三无"——无机构、无专职工作人员、无经费。小微企业、个体工商户

第五章 收入分配制度改革中中小企业劳动关系调整的基本思路

基本上没有建立工会组织，开展活动、维护工人权益更是无从谈起。根据重庆市涪陵区 2010 年对本区 83 户中小企业的调查显示，建有工会组织的占一半多一点，但其中 1/3 左右的工会组织基本上是有名无实，无专职人员、无活动经费、无单独的工会活动、无工人代表会制度或职代会制度。据有些办事处调查，私营企业和小型企业基本上都没有工会组织及职代会制度。① 二是中小企业的组织力量或者雇主协会薄弱。我国的雇主组织，在国家、省级层面上是全国工商联、各省工商联。这两级组织可以在宏观上如政策制定、检查落实等方面，代表企业一方与全国总工会、各省总工会、政府，协商、洽谈劳动关系事宜。但是，到了县级、街道，情况就大为不同，许多关于劳动关系的法律、政策的贯彻执行，对量大面广的中小企业而言就成了强弩之末，不少强制性的规定变成了选择性规定，被人为地打了折扣。

（三）我国中小企业劳动关系调整的空间较小

第一，中小企业利润率低，在提高劳动者工资、福利方面空间有限。企业存在的要义是在满足社会需求的同时获利。企业利润是投资者取得投资收益、债权人收取债务本息、国家取得财政税收、企业职工获得劳动收入和福利保障的资金来源，同时，盈利能力也是衡量企业经营业绩的重要指标。处于生产链低端的中小企业，利润率低是普遍的现象。但是，在金融危机肆虐的今天，中小企业利润率可能处于低谷时期。在 2011 年中国工业经济运行夏季报告新闻发布会上，工信部运行监测协调局副局长黄利斌透露，从经营情况看，规模以上企业运

---

① 张灵《涪陵区中小企业劳动关系存在的问题分析及思考》，重庆市人力资源和社会保障局公众信息网：http://www.cqhrss.gov.cn/u/cqhrss/news_35629.shtml。

行状况良好，但小微企业困难加剧。1—7月，在31万户规模以上企业中，亏损企业为4万户，亏损面12.7%，各月亏损面总体变化不大。但值得注意的是，企业亏损程度却在逐月加重：亏损企业亏损额增幅由1—2月的22.2%上升至1—6月的41.6%，1—7月又进一步升至46.9%。小微企业由于自身抗风险能力弱，面临的困难更大。规模以上企业利润率约为6%，中小企业整体利润率不及3%。[1] 即使到了2014年，这种状况依然没有太大变化。我国中小企业最发达的温州地区，情况可能更糟一些。温州中小企业发展促进会会长周德文指出：当前中小企业面临劳动力成本居高、原料价格过高而企业利润微乎其微的困境，"大部分中小企业利润率只有1%—3%，不少温州企业濒临亏损，我所知道的一个企业三年亏损了几千万"[2]。再有，2014年8月，易中公司正式对外发布2014年中小企业经营状况调查报告，报告显示，25%的中小企业，在上年的销售利润率上都超过了15.4%，这称得上是表现好的企业。与之相对，有25%的中小企业销售利润率却低于2.6%。这意味着如果企业的销售利润率在2.6%以下，那就要被列入表现较差的企业。[3]

第二，中小企业成本不断攀升，生产经营压力大，生存问题突出。首先，带有强制性的最低工资标准不断提高。人社部数据显示，2011年全国有24个省份调整了最低工资标准，平均增幅22%；2012

---

[1] 马汉清《中小企业利润不足3%》，《羊城晚报》，2011年9月13日。
[2] 《周德文：中小企业PMI粉饰太平 扶持政策杯水车薪》，网易财经：http://money.163.com/14/0801/12/A2IG36M500251OB6.html。
[3] 《磨砺：中小企业正日益挥别低谷 厚积薄发亟待时机》，中国经济网：http://cz.ce.cn/xwzx1/201407/30/t20140730_1810181.shtml。

第五章 收入分配制度改革中中小企业劳动关系调整的基本思路

年有 25 个省份调整了最低工资标准，平均增幅 20.2%，2013 年全国有 27 个地区调整了最低工资标准，平均调增幅度为 17%。人力资源和社会保障部新闻发言人李忠于 2014 年 7 月 25 日在二季度例行新闻发布会上透露，全国 16 个地区最低工资标准平均调增幅度为 14.2%。从最低工资增长幅度看，2014 年最低工资平均涨幅较上年出现下降。分析认为，目前中国经济正处于爬坡过坎、提质增效的关键时期，而最低工资增长必须建立在经济效益提高的基础上，近两年经济增速放缓，最低工资出现下调也属正常。并且《最低工资标准》规定："最低工资标准是少数生产经营困难、经济效益下降，确无正常工资支付能力的用人单位（最低工资规定连续 3 个月以上不能正常发放工资的）支付给劳动者的最低劳动报酬。有支付能力的用人单位不得将最低工资作为正常的工资支付标准。"根据《意见》，到 2015 年，绝大多数地区最低工资标准要达到当地城镇从业人员平均工资的 40% 以上。目前，各地离这一目标还有一定的距离。以最低工资标准最高的上海为例，2013 年上海月平均工资为 5036 元，按此计算，最低工资标准占月平均工资的 36.1%。其他各省市自治区的差距就更大了。也就是说，包括中小企业在内的所有企业，还要不断提升最低工资标准。最低工资标准的不断提升，大幅度提高了劳动工资。黄海嵩主持编写的《中国企业劳动关系状况报告（2013）》显示，从 2009 年至 2012 年，中国劳动力基本工资增长率逐年递增，分别达到 6.3%、7.5%、9.7%、9.8%。[①] 其次，法定的"五险一金"缴纳比率偏高，中小

---

① 黄海嵩《中国企业劳动关系状况报告（2013）》，企业管理出版社，2013 年，第 64 页。

企业难以承担。目前我国各项社保的缴费比例大体是：养老保险单位缴20%，个人缴8%；医疗保险单位缴8%，个人缴2%；失业保险单位缴2%，个人缴1%。而工伤和生育保险各在1%左右，完全由企业承担。这些缴费累加在一起，企业要承担工资以外的30%以上的社保费率。除此以外，企业还要承受物价上涨带来的原材料上涨的压力。三是提升中小企业劳动报酬可能导致部分微利企业无法经营。中小企业多是微利型的下游企业，劳动关系的法制化即最低工资标准的不断提升、"五险一金"依法缴纳，必然提高劳动成本，挤压企业利润，甚至出现赔本经营、负债经营的情况。在这种情况下，企业可能有三种选择：一是知难而进，压力变动力，对企业进行技术改造，降低成本；二是知难而忍，咬牙坚持，静观其变；三是知难而退，关门歇业。从现实来看，第一、三种选择可能属于少数中小企业。第一种选择只有比例极低的科技型企业可能做到，多数劳动密集型企业是可望不可及的。第三种恐怕也是极少数走投无路的小微企业的无奈选择。但是，如果客观条件没有发生有利于小微企业的变化，让第二种选择的业主看不到希望的话，他们中的部分业主可能就会转向第三种选择，到了这个时候，吸纳就业的主渠道——中小企业——的劳动关系的稳定就会出现大问题。如果维持现状，外在条件不变，中小企业劳动关系也不会发生变化。

二、唱响扶持中小企业发展的主旋律

企业与劳动关系是"皮"与"毛"的关系。"皮"之不存，"毛"将焉附。中小企业的生存、发展存在问题，依附在企业之上的劳动关

第五章 收入分配制度改革中中小企业劳动关系调整的基本思路

系的生存、发展也就存在问题。说到底，调整中小企业劳动关系的基础或者说前提在于创造宽松的中小企业生存环境，让中小企业能够较好地存在、发展下去，然后，才能进一步调整建立其上的劳动关系。为此，笔者认为，调整中小企业劳动关系先要调整好中小企业的生存环境。在当前情况下，中小企业的宏观、中观、微观环境都需要进一步调整和完善。

（一）将"抓大放小"战略转向"抓大扶小"

第一，在国家战略层面实现由"抓大放小"向"抓大扶小"的根本转变。从20世纪末开始，国务院决定对国有企业实行战略重组，重组的战略思路是"抓大放小"。所谓"抓大放小"，就是重点扶持大型企业的发展，培植一批在国际市场上具有竞争力的大企业，对中小企业则采取"放"的态度，国家不再"包养"，放任中小企业自己去谋求生路。具体来说，"抓大"就是以资本为纽带，通过市场组建跨地区、跨行业、跨所有制和跨国经营的大企业集团。"放小"就是放开搞活中小型国有企业，盘活国有资产存量，通过中小企业的改组、兼并、租赁、承包、股份合作、拍卖、破产等形式，转变隶属关系，优化所有制结构。集中力量抓好一批国有大型支柱企业，放开搞活一批国有小型企业，以存量资产的流动和重组为主要途径和实现形式，从实际出发，多种改制形式并存，采取更灵活、更切实际的形式，这就是中央提出的"抓大放小"战略的基本含义。实践表明，在当时，"抓大放小"是搞活企业，促进整个国民经济快速发展的有效途径，是中国国有企业改革的一个重大战略。但是，在国际国内经济形势发生重大变化的情况下，这一战略就需要从根本上转变了。

175

其一,世界上主要发达国家对中小企业实施的都是"扶小"战略。考察发达国家的发展以后,我们发现他几乎对中小企业都实施"扶小"战略。研究显示,采取这一战略的主要原因是,在激烈竞争中的中小企业具有先天不足的劣势——在技术、资本、人才等方面无法与大企业、跨国公司抗衡。如果不加"保护""扶持",任其自由竞争,后果必然是"大鱼吃小鱼,小鱼吃虾米",吃的结果就是剩下几条大鱼互相残杀或者形成垄断。另外,中小企业是解决就业的主渠道,没有中小企业或者中小企业达不到一定比例,任何一个国家都难以解决这个市场经济条件下的世界难题。世界上多数国家认为,我国已经是市场经济国家,作为市场经济国家特别是在经济全球化的条件下,主要游戏规则都是一样的或者说相似的。我们耳熟能详的与国际接轨就是这个意思。另外,我国是世界上劳动力最丰富的国家,也是就业压力最大的国家,而中小企业是我国劳动力就业的主渠道、主阵地。据统计,城镇72%以上的劳动力都在中小企业就业。如果中小企业在金融危机的艰难时期纷纷倒闭,给劳动关系的稳定、劳动就业带来的将是灾难性的后果。

其二,中小企业是我国国民经济的重要力量。中小企业是我国增加就业、稳定社会、自主创新的主力军,是我国实现新农村建设、新型工业化道路、城镇化发展的主导力量。2012年4月26日,东兴证券第一届中小市值企业投资论坛在北京国宾酒店召开,论坛主要围绕中小市值企业的投资机会、成长路径和投资策略展开讨论。国务院发展研究中心企业所副所长马骏在论坛上表示,中小企业在我国经济社会发展中发挥了巨大的作用,中小企业占中国企业数量的98%以上,为中国新增就业岗位贡献是85%,占据新产品的75%,发明专利的

第五章 收入分配制度改革中中小企业劳动关系调整的基本思路

65%，GDP 的 60%，税收的 50%，所以不管是就业、创新还是经济发展，中小企业都非常重要。① 从中国社会经济持续健康发展的角度看，如果没有中小企业的复苏、稳定与创新，整个中国的社会经济复苏、稳定与持续发展是不可能的。

鉴于国际经验及其中小企业在我国国民经济中举足轻重的地位和作用，国家必须在企业发展战略思路上实现根本转变。事实上，"抓大放小"是 1999 年 9 月 12 日中国共产党第十五届中央委员会第四次全体会议审议通过的《中共中央关于国有企业改革和发展若干重大问题的决定》提出的针对国有经济实行战略性改组的重大决策。进入新世纪以后，从全国人大到国务院，都依据经济发展的新形势、新情况，制定了关于中小企业发展的法律、法规以及相关配套政策与措施。在全国人大立法和国务院一系列法规的引导下，各部委、各级地方政府下发了大量的配套文件，确定了对中小企业发展、创业扶持、技术创新、市场开拓、社会服务等一系列政策措施。应当说，法律法规、政策措施是重要的、必需的，它对金融危机条件下收入分配制度改革中中小企业的生存和发展发挥了重要作用。但是，我们也应当看到，这些法律法规、政策措施还是不够的。只有将"抓大扶小"上升到国家战略层面，实现了由"抓大放小"向"抓大扶小"的战略转变以后，中小企业的发展环境才能发生根本性的转变。

第二，成立国家中小企业管理机构，实现中小企业管理体制创新。制度带有根本性、全局性，体制作为制度的重要组成部分，也是这样，

---

① 《马骏：中小企业占中国企业数量的 98% 以上》，新浪财经：http://finance.sina.com.cn/hy/20120426/100211929864.shtml?qq-pf-to=pcqq.c2c。

具有举足轻重的作用。目前,我国中小企业的管理职能机构分布在多个部委,其中农业部乡镇企业局管理乡镇企业、商务部中小企业办公室管理出口型中小企业、科技部管理科技型中小企业、国家工商管理总局管理个体与私营企业、工信部的中小企业司负责中小企业发展的宏观指导和总体促进工作。这种管理体制致使工信部及其中小企业司在中小企业宏观管理中处境尴尬,作为一个司局单位,中小企业司向上无法充分协调比它级别高的发改委、商务部、科技部、财政部、人民银行、银监会、证监会等与中小企业发展密切相关的中央部委,向下缺乏有执行力的地方隶属部门,进而加大了政府部门之间的协调成本。这种管理体制格局无法完成中小企业迫切要求国家在政策环境、法律制度、市场秩序、财税金融扶持做出重大调整的历史使命。尽管国家成立了中小企业领导小组(设在工信部),但其领导和成员由各部委领导兼任,起到的只是临时性、协调性的作用,远远不能适应中小企业特别是小微企业快速发展对于公共服务的巨大需求,更不能担当落实国家"扶小"战略的重任。

为此,我们建议尽快成立直属国务院领导的中小企业管理局(与省级中小企业管理局相对应),统筹规划、组织领导和总体协调中小微企业发展,落实"扶小"战略与政策支持体系,通过体制创新加强对中小企业特别是小微企业的领导。各部委应成立相应地专管中小企业的司局,纵向落实该部委"扶小"的职能,横向落实与协调国家(各级)中小企业管理委员会的"扶小"战略与政策,从组织上、体制上解决制约中小微企业发展的根本问题。

第三,改革地方政府考核指标,调动地方政府发展小微企业的积

第五章 收入分配制度改革中中小企业劳动关系调整的基本思路

极性。进入新世纪以后特别是金融危机爆发以来，中央政府对发展中小企业特别是小微企业格外重视，并制定出台了一系列法律法规和政策，较好地营造了中小微企业生存发展的外部环境，一定程度上解决了中小微企业中的重大问题。但是，时至今日，中央政府关于中小微企业发展的各项法规、政策的落实依然存在"玻璃门""弹簧门"现象。当前，中小微企业发展面临的"四贵三难"[①]问题就是这一现象的真实写照。如何调动地方政府的积极性，破解上述难题，真正搞活中小微企业，把中央的法律法规和政策贯彻到底，就成了我们迫切需要解决和回答的现实问题。为此，笔者建议，改革地方政府绩效考核指标。具体来讲，主要是淡化GDP指标，着重考核就业率、创新率、环保率三项指标：一是考核地区就业率指标。对这项指标的考核，必然促使地方政府重视、发展中小微企业，落实中央政府的法规和政策。二是考核地区创新率指标。它包括地方的企业专利数、地方的R&D投入占地方GDP的比重、地方的R&D增长占地方GDP增长的比重等指标。考核这些指标必然使地方政府积极营造有利于中小微企业创业和创新的环境，加大对创新型中小企业的财税金融支持等。三是考核环保指标。它可以监督和限制地方政府因GDP增长而盲目发展污染环境的企业，引导地方政府发展战略性新兴产业，特别是节能环保型的小微企业，并积极促进小微企业的优胜劣汰和优化产业分布结构。[②]

[①] "四贵三难"是中小微企业在后金融危机时期面临严峻困境的主要特征。"四贵"是指用工贵、用料贵、融资贵、间接费用贵；"三难"是指订单难、转型难、生存难。

[②] 林汉川等主编《中国中小企业发展研究报告（2013）》，企业管理出版社，2013年，第52页。

（二）扫除"扶小"的主要障碍

众所周知，中小企业具有船小好掉头、完善市场经济的重要作用，又存在规模小、实力弱、抵御风险能力弱的问题。因此，它的存在、发展不仅需要自身的努力，还需要政府和社会的扶持。西方发达国家从其发展经验出发，不仅将支持中小企业发展作为重要的经济政策，更作为重要的社会政策。我国作为经济全球化条件下的市场经济国家，也依据我国中小企业发展的实际，制定颁布了一系列"扶小"的法律法规和政策。这些政策的导向主要在两个方面：从中长期来讲，主要是促进中小企业加快转型和升级步伐，努力实现"三个转变"——从"拼资源、拼环境、拼成本"的粗放模式转向"讲创新、讲环保、讲效益"的集约模式；从偏重加工制造向重视服务业和新兴业转变；从低端产品出口为主向中高端产品出口为主、从贸易为主向贸易与投资为主转变。从近期来讲，主要是缓解或者化解中小企业发展特别是劳动密集型的小微企业面临的"四贵三难"问题，促进企业走出低谷，走向复苏，进入繁荣时期。金融危机爆发以后，我国对中小企业发展采取的一系列"扶小"政策，收到了一定的成效。但是，依然没有扭转中小企业市场经营的被动局面，让中小企业走出低谷。因此，进一步落实"扶小"政策，引导中小企业发展，就成了我们必须回答和解决的问题。

第一，落实国家"扶小"政策，降低中小企业成本。一是统一企业划型标准，保证"扶小"政策惠及企业。现行企业划型标准过于粗放，决定了目前各类支持中小企业的财政专项资金实际上主要惠及中型企业，最需要获得扶持的小微型企业被拒之门外。因为各部门对中小企业有不同的认定标准，如中国银监会将银行对单户授信总额500万元

第五章 收入分配制度改革中中小企业劳动关系调整的基本思路

以下的企业列为小企业,税务部门按行业、所有制对企业进行划分并统计税收情况。由于各部门对中小企业的划型标准不一,缺少相应的统计分析,在一定程度上影响了扶持政策的制定和落实。因此,企业划型标准不仅是一个理论问题,而且是一个关系企业生死存亡的实践问题。笔者建议,在当前和今后一段时间内,中央和地方政府的职能部门应统一按照2011年6月工业和信息化部、国家统计局、发改委、财政部制定的《中小企业划型标准》(工业和信息化部联企业【2011】300号)执行(该标准按照中型、小型、微型企业三种类型,具体标准根据企业从业人员、营业收入、资产总额等指标,结合行业特点制定),尽快废除原有标准,保证"扶小"政策在组织机构上落实到位。二是尽快完善配套措施,打破政策落实中的"玻璃门"。继全国人大常委会2002年颁布了《中小企业促进法》后,国务院2005年出台了《关于鼓励支持和引导个体私营等非公有制经济发展的若干意见》(简称"非公经济36条"),2009年出台了《国务院关于进一步促进中小企业发展的若干意见》(简称"中小企业29条"),2010年又出台了《国务院关于鼓励和引导民间投资健康发展的若干意见》(简称"民间投资36条"或者"新36条"),2011年,制定了"十二五"中小企业成长规划,2011年10月12日,国务院召开常务会议,研究确定支持小型企业和微型企业发展的金融、财税支持措施,2012年7月,工业和信息化部、财政部、国家工商行政管理总局联合发布了《关于大力支持小型微型企业创业和兴业的实施意见》,促进中小企业发展的法律法规和政策框架已经形成,中小企业特别是小微企业逐步享受到法律法规和政策的倾斜支持。但是,大量研究成果和一线企业反映,这些鼓励、支持和引导中小企业发展的法律法规和政策，在具体执行过程中还存在"玻璃门"。齐齐哈尔市精铸良公司反映，他们生产的高铁机车配件已成为美国高铁的主打产品，但迟迟不能进入中国市场，国内的入围企业只能从美国购回该产品以满足需求。近年来，中国银监会提出了小企业信贷增长"两个不低于"，即确保小企业信贷增速不低于全部贷款平均增速，增量不低于上年。虽然取得了一定成效，但由于缺少有效的监督考核机制，该政策并未在所有商业银行网点得以广泛推行。三是扩大财税政策面，保证量大面广的小微企业享受政策的阳光雨露。针对中小企业的发展特点和薄弱环节，从 1999 年起，中央财政先后设立了科技型中小企业技术创新基金、中小企业发展专项资金、中小企业国际市场开拓资金、中小企业公共服务体系补助资金、中小企业商贸企业发展专项资金 5 个专项资金，并根据中小企业的发展需要，不断细化为 10 个小项。金融危机爆发后，中央财政支持中小企业专项资金规模增长较快，由 2008 年的 49.9 亿元增至 2013 年的约 150 亿元，5 年增长了两倍。[1] 2014 年，国家中小企业发展专项资金总的规模是 115 亿元。[2] 客观地说，在经济下行压力较大的情况下，国家对中小企业支持的力度是比较大的，但是，中小企业量大面广，具体到受惠企业的额度与受惠面都比较小。调研显示，财政补贴分配以中型高科技企业为主，补贴额占企业销售收入比重的 0.3%—2%，年销售

---

[1] 李子彬《中国中小企业 2013 年蓝皮书——进一步发挥中小企业促进社会就业增长的重要作用》，中国发展出版社，2013 年，第 124 页。
[2] 陈曦、苏恒《2014 年国家中小企业发展专项资金总规模达 115 亿元》，《中国电子报》，2014 年 6 月 5 日。

第五章 收入分配制度改革中中小企业劳动关系调整的基本思路

额在 1000 万元以下的企业基本享受不到财政补贴。财政资金支持还存在重单个项目、轻服务体系建设的情况，大量需要帮助的中小企业特别是微型企业仍然游离于政策之外。在税收扶持方面，有些直接针对小型微型企业的政策措施，其意图和出发点不错，但往往可操作性不强。例如"年应纳所得税额 3 万元（含 3 万元）以下小型微利企业，其所得按 50% 计入应纳所得税额，按照 20% 的税率缴纳企业所得税，并将小型微利企业减半征收所得税政策延长至 2015 年年底并扩大范围"，一般只适用于查账征收的企业。由于起征额度低，且对企业财务管理较高等原因，符合该优惠条件的企业实际上非常有限。2010 年，泉州市 4.99 万家中小企业中仅有 91 家享受过该政策的优惠，仅占企业总数的 0.2%。

总的来看，国家扶持中小企业发展的力度与中小企业的需求还存在不小的差距。笔者认为，化解这一矛盾的基本途径包括：首先，借鉴发达国家扶持中小企业的先进经验，检讨、修正、完善现有扶持中小企业发展的法律法规和政策，制定出符合中国实际的扶持政策。同时，注重法律法规和政策的贯彻落实，消除"肠梗阻"现象。其次，把重点扶持与一般扶持统一起来。目前，我国对中小企业的扶持政策存在的问题或者偏差在于没有把重点扶持企业与一般扶持企业的关系处理好，甚至存在以扶持重点中小企业代替了扶持一般中小企业，以至于扶持政策"叫得响"、政策多、力度大，但多数中小企业感觉不到、享受不到政策的实惠。所以，应将重点扶持与一般扶持区别开来，采用分类扶持的办法：对于国家重点扶持的科技型企业、国际市场开拓企业、新兴产业企业以及一般企业中符合产业发展、升级企业重大项目，必须一如既往地采用针对性的扶持政策；对于量大面广的劳动密集型一般中小企业，要确保扶持政策能够落实到每一个企业身上，如对中小微企业税收减免（至于减免的比例、时间，可以由企业、政府、学界共同讨论确定），只要属于中小微企业一律可以享受优惠，再如"五险一金"的缴纳比例，也可以考虑在特殊时期，对中小微企业比照发达国家的经验，适当减少，以降低中小微企业的经营成本，让企业真正享受到政策的扶持，促进企业健康发展，同时，也为中小企业严格执行《劳动合同法》和收入分配制度改革的意见创造条件。

第二，引导、支持中小企业产业升级和转移。引导中小企业转型发展，支持中小企业产业升级、转移，是国家扶持中小企业发展战略的主要内容，也是国家经济转型发展的基本要求。从根本上讲，化解中小企业发展中存在的重大问题，还是需要支持、引导企业走产业升级、转移之路。

笔者认为，中小企业的产业升级属于企业内涵式发展的范畴，需要企业拥有相当的资本和比较先进的技术条件，中小企业仅仅依靠自身力量是难以完成的。进入新世纪以来，我国在这一方面已经采取了许多措施，并且取得了明显的成效。但是，这与国家经济转型发展的要求还有一定的距离，还需要加大力度、加快速度。具体建议是，将产业升级与转型适当分开，按照分类扶持的办法进行针对性的扶持，把扶持中小企业发展具体化、细致化。如目前国家重点扶持的各类中小企业，资本、技术条件较好，再加上国家的扶持政策，可以将其中条件最好的中小企业率先引上产业升级的道路。另外，中小企业的产业升级也要遵循渐进的方式，波浪式推进。比如说，国家重点扶持的

第五章 收入分配制度改革中中小企业劳动关系调整的基本思路

各类中小企业中条件最好的企业完成产业升级的任务以后，就可以考虑国家重点扶持的各类中小企业中其他企业的产业升级。这些企业的产业升级任务完成后，再在非重点扶持企业选择一部分条件较好的企业作为扶持对象，一部分一部分进行，直至整个中小企业全部完成这一任务。

产业转移主要是指产业的地域变化，如从东部转移到中西部、国内转移到国外。在目前情况下，产业转移是中小企业摆脱困境的重要举措，也是中小企业急于实现的目标。但是，我国的中小企业往哪里转移，是中西部还是国外？是就近转移到东南亚还是欧美发达国家抑或非洲等欠发达国家和地区？在这个重大战略问题上，必须借助国家的力量和一流的专家学者的智慧，确定产业转移的主要方向、地区和国度。2013年7月21日，世界银行前高级副行长、著名经济学家、全国工商联执行副主席林毅夫在"CMRC中国经济观察"上表示："劳动密集型企业是到非洲做生意的时刻了。"他认为，非洲是劳动密集型产业转移的碧海蓝天，也是最后一站。劳动密集型产业经历了多次产业转移潮，从发达国家转移到韩国、台湾、香港等国家和地区，再到中国大陆，如今中国大陆也面临一次产业转移潮，这是不可逆转的趋势。在向什么地方转移的重大问题上，他不赞成中国的劳动密集型中小企业向中西部、东南亚转移。他认为，国内东西部之间的产业转移已经没有太大空间。"因为大部分中西部的劳动力已经转移到东部沿海地区，所以才有2.7亿的农民工，现在东部沿海地区跟中西部的工资差距顶多是30%。在这种情况下，我想，到海外去是一个必然的选择。"但是，往东南亚转移会导致劳动成本的快速上涨。"越南总人口是9000万，越南制造业的人口也就是 1000 万，柬埔寨人口是 1500 万，制造业充其量能雇用的人也就是 200 万。老挝人口是 600 万，制造业劳动力人口就是 100 万。制鞋业 1900 万个就业机会往越南转移，越南的工资会上涨很快。"在林毅夫看来，唯一有能力承接这么大的劳动密集型产业转移的地方，就只有非洲。因为非洲现在有 10 亿人口，而且工业化水平非常低，并且有大量的年轻劳动力。华坚在埃塞俄比亚开设有工厂，目前埃塞俄比亚的工资只有国内的十分之一。因为有这么大的基数，很有可能像中国改革开放初期那样，有 20 年的时间，非洲的工资水平基本上是不上涨的。林毅夫坚定地认为非洲是劳动密集型产业的最后一站。转移到非洲，在当前来说还有优势，因为目前非洲大部分是低收入国家，在非洲生产的鞋子往发达国家出口，是不用交关税的。[1] 笔者认为，林毅夫教授的主张值得重视和研究，工信部、发改委、财政部、外交部等部门应当牵头组织专家学者予以充分讨论。如果能将这一重要主张转化为中小企业产业转移的政策，扶持的重要对象，那么，它的意义将是深远的、重要的。它不仅可以使中小企业迈开产业转移的实质性步伐，也能从根本上落实中小企业的扶持政策，解决中小企业健康发展的诸多难题。

三、科学确定中小企业劳动关系的发展目标

通过重大战略的调整，由"抓大放小"转向"抓大扶小"，降低

---

[1] 戴小河《劳动密集型企业转移非洲时刻已到》，《证券市场周刊》，2013 年 7 月 29 日。

第五章 收入分配制度改革中中小企业劳动关系调整的基本思路

中小企业经营成本,引导、支持中小企业产业升级、转移等举措,改变中小企业生产经营环境。但是,促进中小企业健康发展仅此还是不够的,还必须合理确定中小企业劳动关系目标,即劳动者及其工会的要求必须符合企业的实际。也就是说,当前,我国中小企业劳动关系建设目标还不能盲目地与大型企业攀比,笼统地提出与大型企业一样的目标——建立和谐劳动关系。在劳动关系的建设上,中小企业应当采取渐进的方式,逐步实现和谐劳动关系的目标,即中小企业劳动关系的调整目标,应当由现在的不稳定实现总体稳定,分步建立和谐劳动关系。

第一,中小企业分步"建立和谐劳动关系"的内涵。分步"建立和谐劳动关系"是指,建立和谐劳动关系是渐进的、逐步到位的。它要依据企业和企业劳动关系的实际,通过消除"血汗工厂"、稳定劳动关系等步骤逐步建立。就国内所有企业而言,是先在大型企业"建立和谐劳动关系",后在中小企业"建立和谐劳动关系"。一般来讲,包括大型私营企业在内的企业规模大、人员素质高、管理规范、企业整体发展水平远远高于中小企业。相应地,企业劳动关系状况远远好于中小企业。关于这一点,金融危机爆发以来,全国各地普遍出现的中小企业劳动争议案件高居榜首的事实就是一个很好的证明。因此,建立和谐劳动关系也要充分考虑企业劳动关系的现实条件和可能,先在大型企业推行,待条件成熟后,再在中小企业进行试点。就中小企业而言,先在中型企业、素质好的小型企业推行,后在一般小型企业推行。量大面广、良莠不齐、素质不高、管理不规范、劳动争议突出,是中小企业及其劳动关系的基本特点。这个基本特点决定了中小企业劳动关系的建设不能按照一个标准、一个步骤来进行,而要结合企业实际,根据不同企业的不同情况稳步推进。在中小企业建立和谐劳动关系的过程中,先在素质好、管理规范、劳动关系稳定的企业试行,取得经验后逐步向同类企业推广,最后在所有中小企业中推行。分步"建立和谐劳动关系"的根本点在于,把尊重客观经济规律与发挥人的主观能动性统一起来,特别强调和谐劳动关系建设也是一个自然的历史过程。绝不能不管企业发展水平,匆匆忙忙地建设和谐劳动关系。

事实上,党和政府关于建立和谐劳动关系的规划,蕴含了分步实施的深刻思想。2006年9月12日全国总工会制定并发布了创建和谐劳动关系企业的八条标准。据全国总工会副主席张剑秋介绍,这八条标准是原则性的,各地可以结合自身实际,细化和谐劳动关系标准,制定实施步骤。以山西省为例,2008年,中共山西省委办公厅、山西省人民政府办公厅印发了《关于进一步推进创建和谐劳动关系企业活动的意见》的通知(晋办发【2008】18号),将全国总工会的八条标准细化为12条标准。对创建劳动关系和谐企业活动提出了创建标准、工作目标和实施步骤。【2008】18号文件要求,到2009年年底,大型国有企业以及国有控股企业基本达到创建标准。到2010年年底,各市、县(市、区)创建活动基本实现经常化、制度化和规范化,中型国有企业、国有控股企业以及大型非公有制企业基本达到创建标准。到2012年底,全省中型以上企业和60%以上的小型企业基本达到创建标准。【2008】18号文件的具体规定和要求已经明确、具体地提出不同类型的企业,在不同的时间建立和谐劳动关系即分步建立和谐劳动关系的政策规定。

不仅如此,全国各地关于建立和谐劳动关系的实践经验已经上升

第五章 收入分配制度改革中中小企业劳动关系调整的基本思路

为国家意志,在《中华人民共和国国民经济和社会发展第十二个五年规划纲要》中得到体现。"充分发挥政府、企业、工会的作用,努力形成企业和职工利益共享机制,建立和谐劳动关系",是"十二五"规划关于建立和谐劳动关系的安排。笔者认为,其中的第一句话"充分发挥政府、企业、工会的作用",讲的是建立和谐劳动关系的主要条件。按照"十二五"规划的精神,目前,我国劳动关系三方主体的作用发挥得还不充分,还要继续努力。政府、企业、工会在建立和谐劳动关系方面,能够心往一处想、劲儿往一处使,齐心协力,同舟共济。在涉及企业和职工利益的重大问题上,能够做到"三方共同行动"的企业,就可以先行一步。不具备这些条件的企业,还需要继续创造条件。第二句话"努力形成企业和职工利益共享机制",讲的是建立和谐劳动关系的载体。"十二五"规划要求所有企业"努力形成"这个载体。而形成与否不是依靠企业或者政府主观认定、自我判断,其衡量标准是"企业和职工协商共事,机制共建,效益共创,利益共享"。符合这个标准,就是形成了这个载体,就可以先行一步,不符合这个标准,就要按照这个标准"努力形成"。第三句话"建立和谐劳动关系",讲的是最终目标。具备上述条件、形成企业和职工利益共享机制的企业,就可以着手建立和谐劳动关系。否则只能做第一步或者第二步的工作。由此看来,"十二五"规划关于建立和谐劳动关系的三句话,是三层意思、三个步骤。也就是说,"十二五"规划关于建立和谐劳动关系的安排,暗含了分步走、渐进式的深刻内涵。

第二,中小企业分步"建立和谐劳动关系"的依据。首先,和谐劳动关系是劳动关系的最高目标,需要经过若干阶段才能实现。按照中国人民大学程延园教授的主张，劳动关系是在就业组织中由雇佣行为而产生的关系，是组织管理的一个特定领域，它以研究与雇佣行为管理有关的问题为核心内容。劳动关系是指管理方与劳动者个人及团体之间产生的，由双方利益引起的，表现为冲突、合作、力量和权力关系的总和。至于劳动关系这种冲突、合作的不同状态，在实践中是如何表现的，是先表现为冲突后表现为合作，还是先表现为合作后表现为冲突？程延园教授没有具体说明。

西方发达国家劳动关系的实践表明，它是从冲突或者对抗开始的，而后走向基本稳定阶段。美国芝加哥大学教授弗雷德里克·H.哈比森与约翰·R.科尔曼在深入研究工业化国家劳资关系的基础上，将其划分为四种连续形态：对抗（confrontation）、休战（armed truce）、和睦相处（working harmony）与合作（cooperation）（如下图）。这里

| 对抗 | 休战 | 和睦相处 | 合作 |

资料来源：程延园主编《劳动关系》，中国人民大学出版社，2002年，第135页。

说的对抗状态主要指的是第二次世界大战之前的资本主义社会劳动关系。休战状态主要是指战后50年代、60年代、70年代劳资关系的状态。和睦相处指的是80年代以后的劳资关系。合作状态是西方发达国家劳资关系的理想状态，至今尚未在任何一个发达国家实现。我国作为工业化后发国家，在工业化高速发展的30多年里，劳动关系的发展轨迹与弗雷德里克·H.哈比森与约翰·R.科尔曼研究的结果不完全相同。

第五章　收入分配制度改革中中小企业劳动关系调整的基本思路

20世纪八九十年代,我国的劳动关系总体上处于和睦相处状态,劳动关系双方在总体上相安无事。进入21世纪后,我国的劳动关系发生了明显的变化,劳动争议不断,停工现象时有发生,劳动关系进入冲突期。国内学界将改革开放30年来劳动关系的状况称为从"蜜月期"或者蜜月状态进入"矛盾期"或者矛盾状态。现在学界与党和政府、社会各界追求的目标是建立和谐劳动关系,争取我国的劳动关系进入和谐期。这样,"蜜月期"——"矛盾期"——"和谐期",就成了我国劳动关系至少要经历的三个阶段。

由此看来,中西方工业化国家的劳动关系尚未进入和谐状态。西方发达国家的劳动关系,充其量是处于"和睦相处"状态,在总体上没有达到合作状态,更没有进入和谐状态。我国的劳动关系正处于矛盾期或者矛盾状态,从矛盾期或者矛盾状态到和谐劳动关系状态是否还存在其他形态?如企业和职工利益共享即企业和职工合作,是否可以作为劳动关系的矛盾状态向和谐劳动关系状态过渡的一个阶段或者状态,目前学界尚无此类研究成果。即使二者之间不存在其他阶段或者状态,和谐劳动关系也是我国乃至世界劳动关系的最高形态,是包括西方发达国家在内的所有工业化国家追求的理想目标和最高目标。

其次,中小企业及其劳动关系的现实特点奠定了分步建立和谐劳动关系的基础。一是我国中小企业抗风险能力弱,劳动关系处于不稳定状态。众所周知,我国中小企业是在大型企业和公有制企业的夹缝中生存、发展的。其生存、发展所需要的人才、资本、技术以及原料、燃料、辅助材料等生产要素,主要是通过企业主及其管理人员"钻空子""挖墙脚"等特殊方式得以满足的。特殊的生存环境使我国中小企业难以正常生存、发展下来。统计数据显示，目前我国中小企业平均寿命仅为3年至5年，每年有400多万家中小企业从工商登记"户口簿"消失。而国外发达国家中小企业的平均寿命为5年至7年。金融危机爆发后，所有企业都受到了巨大冲击，但是，大型企业在冲击、影响中可以巍然屹立，中小企业则是摇摇欲坠，濒临破产。中国企业联合会2009年上半年对22个省、自治区、直辖市的近400家企业进行调研后发现："国有企业多数规模较大……抗风险能力相对较强……规模较大管理比较规范的民营企业多数没有采取经济性裁员措施……金融危机对中小民营企业的冲击最大。"学者的研究进一步证明了中国企业联合会的调研结论。据统计，2009年1月以来，全国大部分中小企业都因亏损处于停工、半停工状态，北京地区20%的中小企业面临经济危机，浙江温州30万中小企业中20%已经倒闭，广东90%的中小企业资金奇缺，濒临破产。我国中小企业平均寿命短、金融危机中濒临破产以及破产、倒闭的现实，决定了建立其上的劳动关系处于朝不保夕的不稳定状态，决定了中小企业难以腾出手来在改善劳动关系方面下功夫。二是我国中小企业劳动争议较多，处于劳动关系发展的"矛盾期"。中国企业联合会2009年上半年对22个省、自治区、直辖市的近400家企业的调研表明，"劳动关系不稳定因素在部分中小民营企业中还大量存在……2008年以来,劳动争议案件大幅度上升……2008年下半年和2009年上半年，中小型民营企业破产倒闭和停工数量急剧上升。"2012年，在中华全国总工会举办的"劳资冲突与合作：集体劳动争议处理与规制国际研讨会"上，学者认为"劳动争议和集体劳动争议80%以上发生在中小企业"。2012年上半年，北京市朝阳

第五章 收入分配制度改革中中小企业劳动关系调整的基本思路

区人民法院共受理劳动争议纠纷 3000 件,其中涉及中小企业的劳动争议案件占 90% 以上。江苏省高级法院于 2011 年 4 月 28 日发布了《2008—2010 劳动争议审判蓝皮书》。该书显示,《劳动合同法》施行三年以来,全省法院共审结一、二审劳动争议案件 11.4 万余件,其中追索劳动报酬争议案件数量居首位,占总数的 37% 以上,民营中小企业成为劳动争议多发地带。这些争议案件的焦点集中在劳动用工、工资拖欠、"五险一金"的缴纳等劳动关系领域的基本问题上。这些问题的普遍存在决定了我们不能对中小企业劳动关系的要求过高,不能提出脱离这一实际的过高目标。三是我国中小企业劳动关系改善的空间相对狭小。

(1)我国中小企业消化劳动成本上升的能力较弱。总体上看,我国中小企业是在劳动力"近乎无限供给"的廉价劳动力战略下发展起来的、以劳动密集型为主的、处于产业链低端的微利企业。在市场不规范、法制不健全的条件下,尚可存在和发展。一旦劳动关系规范化、法制化程度提高,中小企业的日子就不好过。《劳动合同法》的实施,增加了中小企业的劳动成本,加剧了劳动关系的紧张程度。据东莞外商协会的材料显示,《劳动合同法》的实施提高了企业用工成本 30%,最低工资标准逐年提高增加企业用工成本 30%,两项因素造成企业总成本增加 8% 左右。据另一项统计资料显示,对于以劳动密集型为主的东莞中小企业来说,如果全面执行规定的加班工资和社会保险,企业的人工成本将会增加 40%—50%,相当于新增企业总成本 8%—10%。劳动成本的上升以及其他原因,使中小企业生产经营困难,利润急剧下滑。据工信部的统计,2011 年 1—7 月,中小企业的利润不及 3%。而全国总工会对部分省市的专项调查也显示,有 30% 以上的中小企业处于亏损和严重亏损的状态。在这种情况下,如果再强行要求中小企业提高劳动报酬,改善劳动者待遇,确有竭泽而渔、杀鸡取卵之嫌。云南省企业联合会 2011 年 4 月的调查给我们提出了警告,"目前不少地方硬性规定了职工工资的上涨幅度,如果一定要强制执行,很多中小企业难以承受……如果不考虑近期原材料价格上涨的因素,硬性规定企业的工资也必须保有一定的上涨幅度,可能造成一些中小企业倒闭"。(2)中小企业劳动关系主体素质较低,不习惯于规范劳动秩序。签订劳动合同、规范市场秩序是稳定劳动关系最基本的要求。2011 年 3 月浙江企业联合会的调查显示,"现在没有企业不与务工者签订劳动合同的现象,反倒是存在务工者不与企业签订劳动合同的问题。在当前招工难的情况下,企业没有很好的解决办法。有的企业采取让务工者写一份不愿签订劳动合同的声明"。再如,"五险一金"不能及时缴纳的问题,不仅是中小企业不愿意履行这个义务,由于种种原因,不少务工者也不愿意缴纳。(3)中小企业劳动者组织程度较低,组织能力较弱。全国总工会在新世纪之初就提出"企业发展到哪里,工会就建到哪里"的口号。经过各方面的努力,中小企业工会的组建工作取得了阶段性的成果,受到了社会各界的关注。但是,我们不能不承认,工会并未覆盖所有企业,工会的体制、机制尚未得到根本性解决。安徽省企业联合会 2011 年调查指出:"非公有制企业工会组织不健全,有的虽有工会组织,但工会干部受制于企业,不能独立开展工作,集体合同制度也难于建立。"各地企业联合会的调查及其学者的研究也表明,我国中小企业及其劳动关系面临的突出问题是生存问题、规范问题。采取扶持措施,先让其存在下来,然后再让其规范起来、

第五章 收入分配制度改革中中小企业劳动关系调整的基本思路

发展起来,最后才能考虑将其引导到中国特色社会主义劳动关系的最高目标。

第三,我国中小企业分步"建立和谐劳动关系"的步骤。我国中小企业劳动关系存在的诸多问题,既有制度安排上的深层次原因,也有经济环境变化的偶然性原因;既有无法可依的原因,也有有法不依的原因;既有经济发展阶段的客观制约,也有劳动关系主体素质的限制。要消除影响中小企业劳动关系的种种因素,彻底解决上述问题,必须把解放思想与实事求是统一起来,把统一要求与分类指导结合起来,把量力而行与敢闯敢试统一起来。具体来说,我国中小企业建立和谐劳动关系要采取以下三个步骤:

首先,扶持中小企业发展,稳定劳动关系。如上所述,企业的存亡决定劳动关系的存亡,企业的经营状况总体上决定劳动关系的总体水平。因此,中小企业的存在、发展决定劳动关系的存在、发展。扶持中小企业发展,就是扶持中小企业劳动关系、稳定劳动关系。为此,必须坚决贯彻《中华人民共和国中小企业促进法》《中华人民共和国国民经济和社会发展第十二个五年规划纲要》《国务院关于进一步促进中小企业发展的若干意见》以及工业和信息化部编制的《"十二五"中小企业成长规划》,形成扶持中小企业发展的宽松环境。同时,还要优化中小企业产业分布结构——引导中小企业进入现代农业、现代服务业、战略性新兴产业,支持中小企业在科技研发、工业设计、技术咨询、软件和信息服务、现代物流等新兴领域拓展发展空间。加强区域合作与交流,引导东部中小企业向中西部有序转移,加快中西部中小企业发展,促进区域协调发展;优化企业规模结构——支持高成长性中小企业做强做大,成为主业突出、拥有自主核心技术、具有规模效益、带动力强的龙头企业;优化企业产品结构——实施品牌战略,提高名牌产品的数量和比重,开发自主知识产权新产品,培育竞争力强、知名度高的名牌产品,保护老字号等传统品牌,加大驰(著)名商标培育、扶持力度。最后,要加快淘汰中小企业的落后产能,落后技术、工艺和装备,促进产业结构优化,节约资源和能源。通过上述法律、政策,支持、引导中小企业提升自身素质,促进中小企业发展,从根本上保证劳动关系的稳定。

其次,按照社会主义市场经济的规则规范劳动关系。中小企业作为市场主体,与其他主体一样,都要遵守"游戏规则",按照市场化、法制化的国际惯例经营企业。一是严格遵守《劳动合同法》的相关规定,按照劳动者提供的劳动时间、劳动质量,及时、足额地支付劳动报酬。拖欠工资是中小企业存在的一个普遍现象,是影响劳动关系的首要问题。今后要按照《关于深化收入分配制度改革的若干意见》的要求,"健全工资支付保障机制,将拖欠工资问题突出的领域和容易发生拖欠的行业纳入重点监控范围,完善与企业信用等级挂钩的差别化工资保证金缴纳办法",保证及时、足额支付工资,兑现"必要劳动",维持劳动力的再生产。二是执行最低工资标准。执行最低工资标准是市场经济最基本的"游戏规则"。中小企业作为市场主体,已经享有法律规定的各项权利,也必须履行法律规定的各项义务。权利与义务的统一,是市场经济对所有市场主体的基本要求。只享有权利不履行义务的特殊主体,在任何一个国家都会被淘汰出局。三是规范劳动用工制度。市场经济是法制经济、契约经济。签订劳动合同、集体劳动合同,

第五章 收入分配制度改革中中小企业劳动关系调整的基本思路

是市场经济对企业的基本要求，也是保护企业发展的重要举措。企业与劳动者签订劳动合同、遵守劳动合同，就有了法律依据，即使劳动者一方要求对簿公堂、诉诸法律，企业也不至于被动应付，受到法律的制裁。所以，在规范劳动用工方面，企业不能以"招工难"为由，也不能以劳动者不愿意签订劳动合同为由，放弃与劳动者签订劳动合同。四是健全工会组织。工会组织的建立并独立开展工作，是企业劳动关系成熟的标志。支持或者不反对企业建立工会组织、开展工作，也是市场经济国家的惯例。工会组织的存在、发展，是劳动关系进入新阶段的重要标志。西方国家的企业经历了从无工会到有工会、非法到合法的历史变迁。当他们建立工会并合法开展工作以后，劳动关系就相对稳定、缓和。西方发达国家的经验告诉我们，我国中小企业劳动关系的稳定，也必须先把工会组织建立起来，然后让其在不完全依附企业的情况下独立开展工作。五是规范集体协商制度。集体协商是指劳动者通过自己的组织或代表与相应的雇主、雇主组织或者其代表为签订集体合同进行商谈的行为。它是维护职工合法权益不可缺少的重要手段，是协调、稳定劳动关系和维护正常的生产、经营和工作秩序的重要保证。2011年，全国总工会投入1000万元在10个省市试点聘用专职工会人员开展工资集体协商，今后职工加班工资、奖金分配、福利补贴和薪酬制度设置等应纳入到协商之中。工资集体协商制度是我国多部法律早已明确规定的内容。2013年2月国务院颁布的《关于深化收入分配制度改革的若干意见》，明确要求建立工资集体协商制度。在深化收入分配改革制度的过程中，中小企业要认清形势、克服困难、积极建立工资集体协商制度，促进企业劳动关系的稳定。

再次，按照先试点后推广的"渐进"模式，建立和谐劳动关系。一是学习大型企业建立和谐劳动关系的经验。就全国而言，建立和谐劳动关系已经在大型国有企业、大型私营企业展开，2011年全国还召开了经验交流会。中小企业建立和谐劳动关系可以发挥后发优势，借鉴大型企业的经验，以大型企业的"他山之石"，攻中小企业建立和谐劳动关系之"玉"。二是结合中小企业实际，选择试点单位。中小企业与大型企业不同，具有自己的特点。就选择试点企业而言，必须符合以下条件：工会组织与雇主组织健全，在企业和职工中享有崇高威望，能够代表企业和职工；企业和职工特别是企业愿意实行；企业劳动关系稳定，没有或者很少发生劳动争议；地方政府同意、支持本企业作为试点单位。三是在试点单位试行"企业和职工利益共享机制"。选好试点单位以后，主要任务是在试点企业试行"企业和职工利益共享机制"。试行新机制的关键是成立以雇主组织、工会组织、企业或者管理者和职工代表为核心的领导机构，领导、组织建立新机制的一切事宜。同时，企业愿意让职工参与管理、让渡部分利润于职工，职工及其工会组织愿意接受企业的各项规定和要求，适度放弃一些权力和要求。并且地方人大和政府要制定、颁布地方法规、政策，以减免税费等方式，支持企业试行"企业和职工利益共享机制"。四是在试点企业中选择个别企业建立和谐劳动关系。在试点企业中选择"企业和职工利益共享机制"效果好、管理规范、整体素质较高的企业，作为建立和谐劳动关系的企业，取得经验后再行总结，逐步在中小企业中推广。

第六章 收入分配制度改革中中小企业劳动关系调整的经验

中小企业的发展始终是包括我国在内的世界各国十分重视的问题。不同时期各个国家都依据本国面临的不同问题制定了不同的法律法规和政策,保证了中小企业及其劳动关系健康、稳定的发展。

一、发达国家中小企业劳动关系调整的经验

作为率先实现工业化的西方国家,在劳动关系上的教训是深刻的。在经历了这些痛苦的过程之后,西方各发达国家对于企业劳动关系特别是中小企业劳动关系,逐步确定了符合实际的战略思想和方针:为扶持中小企业发展制定专门的法律法规和政策,中小企业作为市场主体与大企业一样,严格执行国家的劳动法律法规,不允许存在特殊的市场主体。

(一)颁布实施扶持中小企业发展的法律法规

西方发达国家在工业化过程中,经历了自由资本主义和垄断资本主义两个阶段。自由资本主义阶段奉行的是自由主义,政府扮演"守

夜人"的角色，完全放任企业自由竞争。进入垄断阶段特别是第二次世界大战以后，西方发达国家普遍奉行凯恩斯主义，实行国家干预政策。其具体表现之一就是对中小企业普遍实行扶持政策。这些扶持政策、法律，因各国经济发展水平、文化传统等因素的不同略有差异，但是，总的思想、意图都是要让中小企业在国民经济中发挥自己特有的作用。

1. 美国扶持中小企业发展的法律法规

中小企业在美国被称为 small business，通常译为"小企业"（本节均以小企业指代美国的中小企业）。美国对中小企业的扶持基于中小企业是"自由企业制度的基石""竞争制度的心脏""代表着机会、独立和一代又一代美国人梦想的实现"，是"美国创业精神和企业家精神的发源地"和"美国经济的重要支柱"。美国对中小企业的扶持大体经历了四个阶段：第一阶段从20世纪30年代到50年代。这一阶段是美国对小企业政策的形成时期，主要目标是反垄断、维持自由竞争的市场秩序，支持小企业在与大企业的竞争中生存。第二阶段从20世纪50年代末到80年代。这一阶段美国政府对小企业的重要性有了更深刻的认识，主要政策目标是维护小企业的竞争地位，扶持小企业逐渐发展壮大。第三阶段是从20世纪80年代末到2007年，这一阶段美国面临经济结构调整的巨大压力，政策目标是鼓励和发展小企业技术创新。第四阶段是2008年金融危机爆发至今。这一阶段的政策目标是鼓励小企业维持和扩大就业、增加出口。经过近一个世纪对小企业的鼓励和扶持，美国已经形成覆盖完整的法律体系、政府部门与社会组织相结合的管理体系以及财政、税收、金融相结合的政策体系，在专业化、市场化和社会化等方面都达到了较高的水平，对小企业的发

第六章 收入分配制度改革中中小企业劳动关系调整的经验

展发挥了重要作用。

美国对小企业的扶持,从宏观上讲,主要体现在两个方面。第一,建立了较完备的法律法规体系。在法治国家,扶持小企业的发展就是依据不同时期经济发展的实际,制定一套法律法规体系。在资本主义进入垄断阶段的初期,即 1890 年,美国就制定了《谢尔曼反托拉斯法》,旨在限制垄断组织和大企业,保护小企业免受大企业的挤压。1953 年,美国《小企业法》正式出台,确定了小企业的法律地位和国家对小企业的基本政策和管理措施,成为支持小企业的基本法。在此基础上,1958 年,制定了《小企业投资法》,鼓励风险资本投资于小企业,在财政、金融、技术创新等方面给予小企业更大扶持。1964 年制定了《机会均等法》,为小企业参与政府采购创造了优厚条件。此外,美国 1981 年修订《经济复兴法》,1982 年通过《小企业技术创新开发法》,1992 年通过《加强小企业研究发展法》,1997 年通过《纳税人免税法》以及 1998 年开始实施《国内收入局重组与改革法》等,都旨在减轻小企业税收负担和鼓励小企业进行技术创新。国际金融危机爆发后,美国国会又于 2010 年 9 月通过《小企业就业法案》,对小企业实施减税、信贷支持和其他刺激措施,促进经济增长和增加就业。第二,逐步形成了政府部门与社会结合、政府引导与市场机制相结合的管理体系。一是政府管理体系。美国的小企业政府管理体系由隶属于国会的小企业委员会、隶属于白宫的全国小企业会议和隶属于联邦政府的小企业管理局三个部分组成。小企业管理局是美国政府制定和执行小企业政策、支持小企业发展的主要政府部门,其他组织和机构很多都是通过与小企业管理局的合作来为小企业发展提供服务。小企业管理局的组织由三层架构组成：第一层次为华盛顿总部，负责制定方针、政策，指导下属机构开展工作；第二层次为设在十大城市的10个区域办公室，负责指导各地方机构开展工作，并负责与总部沟通；第三层次为遍及美国的各地方机构，负责为小企业提供直接支持。同时，小企业管理局还在全国各地设立小企业发展中心、商业信息中心和妇女商业中心，并组建退休管理人员服务团，为小企业提供一对一咨询、商务研讨和课堂指导等服务。二是民间社会组织。在政府的引导下，民间社会组织也参与到对小企业的支持工作之中。在美国，民间社会组织主要包括两类：一类是创业服务机构。这类机构既包括由政府部门参与和协助建立的小企业社会化服务机构，也包括由社会各方面根据小企业的需求自主建立的社会化服务机构，还包括企业间、行业间自发组织的协会、商会等。这类机构以信息、咨询服务为专长，以灵活性和适用性为特点，克服了行政机构服务中固有的体制僵化等弱点。另一类是技术服务机构。这类机构主要是为小企业提供一系列技术服务支持，以推动创新技术的开发利用、转让以及成果转化。

从微观上讲，美国对小企业的扶持主要体现在财政、税收和金融政策上。在财政支出政策上，美国联邦财政向小企业管理局拨付全额预算，并通过小企业管理局实施相关计划项目支持小企业发展。正常情况下，小企业的预算支出占联邦政府预算支出总额的0.1%以下。2008年国际金融危机爆发以来，美国加大了对小企业的支持力度，预算支出相应增加，2010年，小企业管理局预算支出增加到61.28亿美元，占联邦预算支出总额的0.18%。小企业管理局除将少部分预算资金用于维持机构正常运转和支付人员工资外，大部分用于支持小企业

第六章　收入分配制度改革中中小企业劳动关系调整的经验

发展。主要使用方向是四个方面：一是帮助小企业获得融资支持，如504贷款担保计划、小企业投资公司等；二是支持小企业创新，特别是"小企业技术创新计划"和"小企业技术转移研究计划"；三是向小企业提供更为完善的服务，支持小企业获得政府采购合同；四是支持小企业就业，向小企业提供就业培训项目支持。在税收方面，美国历届政府都十分重视向小企业提供优惠政策。1993年，克林顿政府通过《综合预算调整法案》，对90%的小企业给予减税；2001年，小布什政府通过《经济增长和减税法案》，允许小企业将更大数额的新增投资列入费用，计划10年内为小企业减税70亿美元；2008年，美国总统奥巴马签署生效了17项针对小企业的减税法案，包括对一些关键的小企业投资实施利得税减免，对新增加工资支出的小企业提供10%的所得税税收抵免，对向雇员提供医疗保险的小企业进一步扩大税收减免额度等。在金融方面，美国政府主要是通过债务类融资和权益类融资两种方式支持小企业的发展。债务类融资对小企业而言非常重要，特别是小企业主的自由资金投入和金融机构的信贷支持（包括小企业管理局提供的担保贷款）。2010年，小企业融资总额1.1万亿美元，其中，金融机构的信贷支持1万亿美元，包括小企业主自由资金投入在内的其他融资规模为1000亿美元。美国对小企业的债务类融资的支持，是通过政策性金融体系和商业性金融体系配合实现的。其中，政策性金融体系很少进行直接支持，而更多的是通过向小企业贷款提供信用担保等间接方式发挥引导作用，鼓励、吸引商业性金融机构向小企业提供贷款。权益类融资是美国政府对小企业支持的重要举措。在美国，它主要是通过小企业投资公司、风险资本和多层次资本市场三个层面，向小企业提供权益类融资的政策支持。小企业投资公司、风险资本为小企业创建和成长壮大提供资金支持，造就大批的优质小企业；符合条件的优质小企业在多层次资本市场上市融资，促进了资本市场的进一步发展；而且，小企业上市为小企业投资公司和风险资本提供了便捷廉价的退出渠道，吸引更多的小企业投资公司和风险资本投资小企业。

2. 德国扶持中小企业发展的法律法规

与其他发达国家相比，德国的市场经济体制有独到之处。它是第二次世界大战后，经济学家阿尔弗雷德·米勒·阿尔马克在深入研究的基础上，力图在苏联的计划经济体制与资本主义国家的自由市场经济体制之间寻求"第三种政治经济体制"：竞争与市场是经济发展的重要基础，但必须用社会平等的原则联系起来。鉴于这一特点，国际社会将其称为"社会市场经济"，德国的中间阶层被认为是保障社会市场经济体制正常运转的"心脏"。而中间阶层的最主要组成部分是各个产业行业的中小企业。从最近的统计数据中可以看出，德国的中小企业总数约为370万家，占企业总数的99%，中小企业缴纳的流转税额占全国流转税总额的39%，中小企业的净产值占全国年净产值的51%，德国全部就业岗位的60%也是由中小企业提供的。因此，德国的中小企业也被称为促进经济增长、达到充分就业的"发动机"。

鉴于德国的经济体制以及中小企业的特殊作用，德国对中小企业特别是第二次世界大战以来一直采取扶持政策。联邦经济与技术部作为德国经济政策研究和制定的中枢，在2011年公布的对促进中小企业发展的现阶段政策重点是：加强对中小企业在产品、技术、管理等方

第六章 收入分配制度改革中中小企业劳动关系调整的经验

面进行自主创新的引导与支持,加大资金投入力度;加强中小企业专业人才培养,促进企业专业技术队伍建设;鼓励企业扩大规模,在力所能及的情况下创立分公司,并在一定范围内给予企业替代继承方面的政策优惠,通过条件优惠使企业能够保障生产经营的延续,并使其焕发出新的活力和创造力,为德国经济的振兴做出贡献;加强对中小企业提高国际竞争力的引导,积极为中小企业创造走向国际市场的机会;拓宽中小企业融资渠道,积极探寻企业发展筹资的新模式;加强对中小企业在节能环保方面的政策引导,使企业在提高原材料和基础能源的使用效益上不断改革创新,降低生产成本,以提高效益来达到增强国际竞争力的目的,同时在节能环保方面也可获得具有可持续发展重要意义的整体社会效益;消除管理部门的官僚主义,确保企业的经营自主权,减轻企业负担,为企业做好服务工作。

除了联邦经济与技术部对中小企业的上述支持以外,德国对企业的资助扶持政策大体包括三个方面:一是来自财政资金的直接补贴、补助,二是各类税收的优惠税率及减免措施,三是由财政系统提供担保的低息或无息贷款。专门针对中小企业的专项补助补贴政策包括五个方面:一是提高能源使用效益补贴与低息贷款——这是一项专门针对中小企业,促进中小企业适应国际经济发展趋势的优惠政策。节约能源与环境保护紧密相连,因此"节能环保"一直是德国政府遵循的经济社会全面发展的基本原则。为了使中小企业和个体经济在生产过程中减少能源消耗,提高能源使用效益,德国采用了低息贷款和利息补贴政策。低息贷款由德国复兴信贷银行(欧洲复兴计划基金)向申请的中小企业发放,利息补贴由联邦财政按具体规定从预算资金拨付。

每年联邦政府根据需要制定该项补贴预算，并根据经济状况编制滚动预算计划。近几年来，联邦财政对该项利息补贴支出情况如下：2009年支出总额为2570万欧元，2010年为1960万欧元，2011年为3050万欧元，2012年计划为3050万欧元，与2011年持平。二是对中小企业自主创新改革项目鼓励补贴政策——这是一项旨在提高企业生产能力的资助性激励政策。该项政策主要是联邦财政对中小企业的直接补贴，补贴资金的75%来自联邦财政的预算资金，另外少部分来自于欧盟的专项资金及其他来源的资助。2009年联邦财政对自主创新改革的补贴支出为27960万欧元，2010年为46690万欧元，2011年为65610万欧元，2012年计划为37340万欧元。三是对技术的创新风险投资补贴——这是专门针对中小型技术企业进行风险投资的资助支持政策。为支持中小型技术企业的创新科研与实践，德国政府制定财政补贴政策，给中小型技术企业的创新风险投资一定比例的补贴。因2010年欧债危机爆发，近年来该项补贴预算呈下降趋势——2010年为1440万欧元，2011年为850万欧元，2012年计划为570万欧元。除了上述三个方面以外，德国政府还采用了对中小企业改善原材料使用效益的资助补贴政策以及中小企业发明专利、创名牌商标、使用专利进行生产的支持补贴政策。

与财政补贴政策一样，税收优惠政策分为一般性企业的税收优惠和专门针对中小企业的税收优惠。德国政府对中小企业的税收优惠主要表现在两个方面。第一，对中小微企业实行的营业税、所得税、公司税收优惠政策。（1）在区域经济整合、企业技术改造、经济结构调整过程中对不动产转让出售的税收优惠政策。为了使企业在社会、区域、

第六章　收入分配制度改革中中小企业劳动关系调整的经验

企业自身的经济调整过程中减轻税收负担，德国政府专门对中小企业制定了税收减免规定：一是对中小企业出售土地、地产、建筑物、土地上生长的植物和农作物以及内陆航运设施等固定资产时，或对股份公司的股票做转让出售时，二是土地、地产、建筑物、土地上生长的植物和农作物以及内陆航运设施等固定资产做新的投资，对股份进行新的改造时，其销售收益在50万欧元以下、新投资额度在50万欧元以下的免征营业税、所得税、公司税（法人所得税）。对采取混合税率（营业税、所得税、公司税三税合一）征税的小微企业，50万欧元以下的转让销售收益、新投资额度免征混合税。（2）在城市改建扩建及实施发展规划措施的过程中，对直接受到影响的中小企业，除得到应有的补偿、赔偿外，企业在出售转让土地、地产、建筑物以及土地地产上的增值收益或准备获得收益的植物、农作物时，对获得的转让出售收益减收或缓收营业税、所得税、公司税。（3）预提特别折旧是德国政府制定、由联邦财政直接承担的专对中小企业实行的税收优惠政策。特别折旧的优惠力度特别大，对企业积累流动资金所起的作用也较为明显。2007年以前实行预提特别折旧仅限于购置新机器设备等生产经营性资产，并且有一些具体明确的限制。2008年以后，特别是金融危机爆发后，德国政府对这一扶助政策进行了调整，取消了此前的具体限制条件，使中小企业受益也更加显著。（4）针对中小企业普遍面临的融资难问题，德国政府用政策引导中小企业注重自由资金的积累，努力拓宽投资渠道，鼓励企业用盈利所得进行再投资。联邦财政2011年8月在欧债危机爆发后发布的第23次财政援助政策项目条款中，关于税收优惠第26项对投资抵扣做了明确规定：中小企业获得的新投资总额可按一定比例最高至投资总额的40%计入购置准备金或生产成本,以此来冲抵企业利润总额,降低应纳税基数,减少纳税金额。近几年,这一支出的变化也比较大,2009年达到了7.98亿欧元,2010年为6.52亿欧元,2011年为2.9亿欧元,2012年为1.02亿欧元。另外,德国对中小微企业还实行其他税收优惠政策,如小微企业整体出售转让、出售公司股票股权,在国内上市交易企业土地、地产和建筑物等方面的税收优惠政策。

除此之外,德国也制定了支持中小企业发展的金融政策。资金短缺而融资困难是德国中小企业普遍存在的问题,是制约企业发展的瓶颈。为了解决这个问题,德国政府和相关职能部门在加强政策管理的同时,运用调节方式进行引导,不断拓宽中小企业融资渠道,建立融资平台,帮助中小企业克服资金困难,促进中小企业健康发展。到目前为止,德国形成了包括商业银行、政策性银行、信贷担保机构、各类发展基金、企业之间拆借、投资银行(投资公司)、私人投资等多渠道的融资体系。

商业银行主要包括储蓄银行、合作银行、大众银行等,是针对中小企业生产经营中进行贷款的最普遍的渠道,在经济状态不佳的情况下,中小企业由于规模小、自有资金不足,在商业银行贷款会受到"惜贷"的阻挠。经济危机爆发后,联邦政府针对具体情况出具调节方案,引导商业银行对中小企业提供贷款;政策性银行包括德国复兴贷款银行、欧洲共同体投资银行、担保银行等。这些政策性银行和金融机构向中小企业提供的资金支持要多于商业银行,尤其是2008年金融危机爆发以来,德国政府首先利用的就是政策性银行和专项基金对濒临破产的

第六章　收入分配制度改革中中小企业劳动关系调整的经验

中小企业予以援助。政策性银行贷款包括一般性扶持贷款、专项目标援助贷款和鼓励投资的低息贷款；针对中小企业的信贷担保机构由手工业和工业行会、储蓄银行、合作银行和大众银行联合成立，政府提供必要的基金并设立担保银行。目前，在联邦和州两级政府中均设立针对中小企业的担保机构，旨在从不同方面或根据具体需要对企业提供贷款担保。需要指出的是，德国政府注重给予银行、担保、信贷等金融机构税收方面的优惠，以政策引导金融机构对中小企业在资金上进行支持和援助。如德国政府一向重视对担保银行（机构）提供税收优惠政策、对中等规模资本参与公司向中小企业投资的税收优惠政策、对信贷担保联合会中的保险机构的税收优惠政策。

3. 日本扶持中小企业发展的法律法规

支持中小企业发展是日本长期坚持的基本国策。第二次世界大战后，日本支持中小企业或者说中小企业振兴政策主要经历了战后经济复兴期、高度经济成长期和安定成长期三个阶段。先后制定和完善了《中小企业基本法》《国民金融公库法》《中小企业金融公库法》等法律法规，使日本政府能够通过扶持中小企业发展的财政支出政策、税收政策和金融政策，对中小企业进行适当的支持和帮助。

首先，日本扶持中小企业发展的财政支出政策。日本扶持中小企业发展的财政支出政策包括预算支持、就业扶持支出、产品政府采购支持和创业支持四个方面。预算支持是政府在财政预算中设立了中小企业科目，主要用于中小企业支援中心建设、技术开发、中小企业金融支持和信用担保等。国际金融危机爆发以来，日本政府根据中小企业的发展状况，于2008年10月制定了"生活对策"，不间断地实行

209

紧急对策，帮助中小企业适应经济的剧烈变化。预算中中小企业相关支出剧增，较 2011 年增长了 70.44%。

　　日本政府对中小企业的就业扶持措施主要包括三个方面：一是调整产业结构、创造新的就业需求，大力发展低碳技术和健康产业。二是加大就业财政投入，"实现稳定的就业"。三是鼓励中小企业发展，创造更多的就业机会，日本政府制定了诸多优惠政策，如简化注册手续、提供贴息贷款和廉租商业用房、组织培训、减免税收及提供免费法律咨询与市场分析等。2008 年金融危机爆发后，日本政府着眼于引导更多的大学毕业生到地方企业及小企业工作，日本经济产业省和日本工商会搭建了专用的网络平台，免费为有用人需求的小企业和就业困难的大学生搭建沟通的桥梁，登录该平台的大学生有的在两个星期内便能拿到企业的录用通知。另外，为了让大学毕业生积攒更多的实践经验，日本政府鼓励企业接受大学生实习。2010 年，日本中小企业厅推出了应届大学毕业生就业支援项目，政府拿出 108 亿日元专项资金给予符合条件的实习生每天 7000 日元的技能学习补贴，同时企业每接受一名实习生将得到每天 3500 日元的教育训练补贴和 1300 日元的实习学生宿舍补贴。日本民间调查机构 Recruit Works 研究所针对 2012 年毕业生的一项调查结果显示，希望在员工人数达到 1000 人以上的大企业就职的学生人数为 21.28 万，而希望在中小企业（员工不足 1000 人）工作的学生则有 22.17 万。希望到 5000 人以上的企业就业的学生人数较 2011 年大幅减少，幅度达到 15.2%，而希望到 300—9999 人的企业工作的人数却出现了同比增长 2.9% 的态势。

　　日本政府支持采购中小企业产品的措施的主要着眼点在于，通过

第六章 收入分配制度改革中中小企业劳动关系调整的经验

实施交易公平化,为中小企业提供一个公平的交易条件。为此,日本政府制定了《政府公共团体需求法》《确保官方需求从中小企业订货法》。这两部法律保证了中小企业能获得平等的官方订货机会。不仅如此,2011年6月日本内阁会议又通过了2011年"和中小企业有关的国家合同方针",规定了增大中小企业获得政府订单的机会,同时将面向中小企业的合同目标比例设为56.2%,并要求各地采取措施贯彻该政策。

其次,日本扶持中小企业发展的税收政策。日本政府扶持中小企业发展的税收政策,一是通过立法规范税收优惠政策,二是注重政策的连续性、稳定性和协调性。遇到特殊时期如2008年国际金融危机,日本政府还出台了一揽子针对中小企业的扶持计划,包括中小企业减税方案在内,投入总计5万亿日元。具体地说,主要有以下几个方面:

法人税优惠政策。对中小企业法人实行法人税(相当于我国的企业所得税)优惠。2008年国际金融危机爆发前,注册资金1亿日元以下的中小企业所得税税率为:800万日元以上为30%,800万日元以下部分为22%。国际金融危机爆发后,日本政府进一步对中小企业实行政策倾斜,对于注册资金1亿日元以下的亏损企业,实施退还其上一年的法人税优惠制度,优惠政策实施时间为一年。2011年日本颁布《税制修订法案》及《复兴财源确保法案》。根据这两个法案,法人税率从30%降到25%。

消费税优惠政策。日本对中小企业消费税(相当于我国的增值税),如事业者免征点制度、简易课税制度及进项税扣除等,也实施特别优惠政策。事业者免征点制度指的是上一年度或上上营业年度应税营业额在1000万日元以下的企业无须缴纳消费税。为了减轻中小企业的负担，设置的简易课税制度是指以营业额为基础计算出相应税额，再乘以一定的设定进货率，将其所得金额视为进货价格中所含的税额。值得注意的是，适用简易课税制度的中小企业是上上营业年度的应税营业额在5000万日元以下，且事先提出申请表示同意适用简易课税制度的经营者。

特别折旧及固定资产税优惠。特别折旧及固定资产税优惠是指日本政府采用财政补贴给予支持，主要包括中小企业投资促进税制、中小企业基础强化税制、中小企业信息基础强化税制及小额折旧资产的购入价损失算入特例制度。为了促使中小企业的设备现代化，日本政府提高中小企业固定资产折旧率，即在一般折旧之上又增加了特别折旧（如超过过去5年设备投资的平均值时，第一年可折旧30%）。为了有效使用机械设备，对中小企业共同使用的机械设备3年内减半征收固定资产税。同时，日本注重培育具有高度活力的中小企业成长机制和中小企业与大企业的分工协作。中小企业进行联合实现集团化，将降低联合体的税率。目前，日本有60%的中小企业加入了大企业与中小企业分工协作体系，而其他国家如西方发达国家仅达到30%，远远低于这个水平。中小企业组成的合作组织，则按照27%的优惠税率纳税。

除此之外，日本扶持中小企业发展的税收政策还包括鼓励技术创新的财政补贴、区域性税收优惠、遗产税优惠和中小企业法人债务准备金的特别处理等优惠政策，此处不再一一介绍。

再次，日本扶持中小企业发展的金融政策。日本扶持中小企业发

第六章 收入分配制度改革中中小企业劳动关系调整的经验

展的政策是始终一贯的、全方位的。金融政策作为扶持中小企业发展的重要内容之一，当然是不可或缺的。长期以来，日本政府扶持中小企业发展的金融政策形成了一套完整的体系，主要包括间接金融政策和直接金融政策两个方面。

日本中小企业间接金融体系作为外部融资的主要渠道，间接融资比重较小，但也形成了完整的体系。概括起来讲，它是在国有金融机构领导下，在信用担保和保险组织支持下，大量民间金融机构积极参与。政府通过国有金融机构以及信用补充系统作为调控、扶持的手段，利用竞争，引导以赢利为目的的民间金融机构成为中小企业贷款的主体，保证中小企业的资金需要。其主要特点是：有比较健全的中小企业贷款机构，如大量的都市银行、地方银行、互助银行、信用组合及信用金库等民间金融机构，有比较完善的中小企业信用补充体系，如中小企业信用担保系统、中小企业信用保险系统。

日本扶持中小企业发展的直接金融政策是中小企业的内部融资渠道，在所有融资中所占比重较大。日本扶持中小企业发展的直接融资政策主要有三种：一是设立中小企业直接融资机构。这是由日本政府、公共团体和企业共同出资建立的中小企业投资育成公司，是专门为扩大中小企业资本实力，促使某些企业发展成为中型企业的金融机构。二是中小企业股权债券融资政策。在直接融资方面，日本政府对中小企业的支持主要采取了两大措施。一个是建立直接融资市场。1963年建立了柜台交易市场，鼓励中小企业面向社会筹集资金，公开发行股票和债券。在此基础上又建立了上市条件宽松的"第二柜台交易市场"，使那些暂时亏损但有发展潜力的企业也可以争取上市的机会。另一个

213

是日本政府创设由信用保证协会为中小企业发行公司债（私募债）提供信用担保的制度，为中小企业开辟直接融资渠道，推动筹资多样化。三是允许鼓励中小企业公开发行股票和债券。为扶持高新技术型中小企业发展，20世纪90年代，日本建立了"日本创业板市场"，1996年建立了风险基金，对发行债券的风险企业融资，并鼓励政府向新兴的高新科技中小企业提供风险投资，支持中小企业进入资本市场获取资金，甚至以政府名义直接认购中小企业的债券。

  以上所述是日本政府在正常情况下扶持中小企业发展的政策。在特殊情况下，如2008年国际金融危机爆发以来，日本政府还制定了多种金融救援措施，出台了一揽子针对中小企业的扶持计划。首先，加强信用担保的支持。为了应对金融危机时期金融机构对信用风险高的中小企业融资更加慎重的现实困难，2008年，日本政府在原来的信用补充制度基础上实施了"紧急保证制度"。这一制度的核心内容是：扩大实施对象的范围。起初，实施的担保对象是因原油、原材料价格和购入价格高涨而受到严重影响的545个业种，后来又增加了73个业种，2008年12月增加了80个业种，到2009年6月实施紧急担保制度的被担保对象扩大到781个业种。下调担保费率与增加担保额度。在得到市、区等官方认定的属于制定业种并在营业额上减少的中小企业，可以享受下调至0.8的担保费率。担保额由当初设定的6万亿日元扩大到30万亿日元的紧急担保额度贷款。其次，扩大中小企业融资对策。扩大中小企业融资对策主要包括两方面内容：一是降低利率。日本从2009年1月开始对业绩急速下滑的中小企业采取下调利率0.3%的措施，2009年6月又以应对就业维持、振兴企业为目的，进一步采取了下调

第六章　收入分配制度改革中中小企业劳动关系调整的经验

利率 0.1% 的措施。二是融资限额的扩大。在金融危机爆发后，融资制度从危机前的 3 万亿日元增加到 10 万亿日元，且适用于全部业种。民生事业方面相关的中小企业融资额度由 4.8 亿日元增加到 7.2 亿日元。三是融资安排期限的长期化。如在 2009 年末实施的金融危机紧急对策措施进一步延长到 2010 年度，安全网贷款适用规模仅国民生活事业和中小企业事业就扩大了 13 万亿日元。再次，复兴紧急担保。2011 年 3 月东日本大地震后，针对受灾的中小企业向民间金融机构贷款新设了"东日本大地震复兴紧急担保"制度。该制度涉及 82 个行业，为陷入筹资困难的受灾企业的复兴重振提供了必要的资金支持。包含这项担保制度的中小企业资金筹措支援支持总额达到了 5000 亿日元，并被列入日本 2011 年财年第一次补充预算案中。

（二）严格执行国家劳动法律法规

西方发达国家在工业化或者后工业化过程中，将企业分为大型企业与中小企业，并重点扶持中小企业发展，仅仅是指企业的生产经营方面。在劳动关系上则一视同仁，严格执行国家的劳动法律法规。在劳动法律法规面前，所有的市场主体都是平等的。

1. 美国劳资关系的特点

第二次世界大战后特别是 20 世纪 80 年代后，受威茨曼分享经济的影响，美国在劳资关系上着重推行了员工持股、集体谈判和三方协商制度，使劳资关系进入了平稳发展的新时期。

（1）员工持股

美国是世界上企业员工持股制度产生较早而且发展较为成熟的国家，其相关实践和理论研究水平一直处于世界前列。美国员工持股协会（The ESOP Association）对企业员工持股制度的界定是：员工持股制度是一种使主要投资用于本企业的职员受益计划，也可以说是一种使员工成为本企业的股票拥有者的职员受益机制。概括地讲，就是企业员工通过持有本企业的一部分股权，以此参与本企业经营管理和利润分配的一整套完整的企业管理体系。

美国的企业员工持股制度是"福利型员工持股"，是众多企业员工福利制度中的一种，企业股票分红直接与企业利润挂钩，以此增加员工的福利待遇，它不仅保障员工拥有固定的收益和稳定的工作，而且员工可以通过投资企业股票获得更多的利益，从而激发员工的积极性和创造性，在保障企业发展的前提下保证了劳资关系的稳定。

美国的企业员工持股制度包括多种类型，按照企业员工购买股票的资金来源，美国的员工持股制度可以分为杠杆型和非杠杆型。杠杆型（也称作贷款型）是指企业员工以信用和预期劳动支付作为获得企业股份的主要方式，而企业同时通过建立信托基金会，运用信贷制度，使员工在拥有企业股份后的这段时间内成为"资本工人"。非杠杆型（也称作非贷款型）员工持股制度是指企业员工要通过自有资金来购买企业股票成为员工股持有人。非杠杆型以企业员工的不同出资形式还可以分为不同类型：延期利润分享计划、奖励股票计划、养老金计划和内部收入计划。因为非杠杆型的员工个人出资特点使企业的员工股规模较少，使员工参与收益额度降低，所以这种非杠杆型员工持股制度在美国的应用范围较小，影响力也较弱。

员工持股制度的推广和实施，是通过员工持有本企业的股票来实现的，其目的是增加员工的福利和经济收益，员工持股使员工除了获

第六章 收入分配制度改革中中小企业劳动关系调整的经验

得工资（V）外，还能获得一部分自己创造的剩余价值（M）。这就极大地激发了广大员工的生产积极性，以获得更多的经济利益。但是，我们从中也要看到，员工只是参与企业的利润分配，对企业没有决策权和管理权，仍然没有摆脱被压迫、被剥削的境地，只是形式较为隐蔽而已。

（2）集体谈判

在美国，没有专门的劳动争议处理法律法规，美国的劳资关系立法大致可以分为两类：一类是关于各种劳资关系的标准的制定，比如最低工资、工作时间等；另一类是关于劳资关系调整的机制或方法，如集体谈判代表权的确认等。与劳资关系密切相关的许多内容，如解除劳资关系的条件、工资增长机制、工资数量、福利报酬等也都是通过集体谈判，共同协商来确定。这就使集体谈判显得相当重要，关系到劳资双方的切身利益，关系到劳资关系是否稳定。

集体谈判主要在企业一级进行，已经形成了一套规范的、完整的程序和规则，通过集体谈判所签订的集体合同也更加全面、细致，不仅包括工资水平和劳动条件等，而且更加注重工作时间、劳资关系争议处理程序等。政府也积极推动集体谈判的发展，经常发布一些信息，如物价水平、最低工资标准、国际竞争形势等，使劳资双方能及时对自己准确定位，提高谈判的效率。不仅如此，联邦调解调停署的调解员还与所在地的企业与工会保持密切联系，随时掌握集体谈判的情况，及时解决谈判中出现的问题，并保证谈判的顺利进行，而且，针对集体谈判还给予资金上的支持，由集体谈判的单位提出申请，根据所谈判的项目，联邦调解调停署将决定资助资金的多少。同时，集体合同到期前60天，企业必须向该署报告。这样，就在制度上保证了政府机构介入企业内部的劳资集体谈判，把握劳资谈判的各个方面和环节，使劳资双方的集体谈判能够按照政府的意愿，实现预期的效果。

（3）三方协商制度

三方协商制度是美国处理劳资关系的一项基本经济制度，是政府、雇主组织和工会就劳资关系相关的社会经济政策和劳动立法以及劳动争议处理等问题进行沟通、协商、谈判和合作的原则的总称。[①] 三方协商制度是政府、劳方、资方有组织、有目的的共同行为，三方的地位是平等的，通过合作的手段促使相互之间加强沟通和了解，以建立起良好关系，从而改善劳动条件、提高生活水平、稳定劳资关系。

在美国，20世纪70年代后新保守主义盛行，主张政府减少对劳资关系领域的干预。直到70年代末，工会与政府、资方达成一致，正式确定了三方合作关系。这个原则确立之后，美国政府极力宣扬劳资合作，官方宣称国家经济犹如一块蛋糕，由劳资双方和政府共同分享。同时，美国的工会也主动与雇主协商合作，千方百计缓解劳资矛盾，甚至在一些方面做出妥协和让步。具体到企业内部，出现劳动争议之后，一般都在企业内部协商解决。对于企业内部协商解决不了的争议，劳资双方可按照有关规定，向联邦或州的调解调停机构申请调解。这使得劳方、资方、政府能够坐在一起更好地协商如何处理所出现的纠纷，更好地维护社会稳定发展，为经济发展奠定了基础。

三方协商机制的建立，确实强化了劳资双方和政府进行制度化的

[①] 常凯主编《劳动关系学》，中国劳动社会保障出版社，2005年，第326页。

沟通。第一，消除彼此之间的误解和意见偏向，在最大程度上达到一致，使劳动立法等涉及劳资关系的政策更符合劳资双方的最大意愿，从源头上避免劳资冲突的发生。第二，针对具体劳动报酬等进行协商或谈判，从而形成较为一致的意见。第三，发生集体争议时，通过三方委员会的努力来调解矛盾，防止社会动乱的发生。三方协商机制的建立和发展，为劳资矛盾的解决提供了更广阔的空间，有利于形成劳资合作的良好局面。

2. 德国劳资关系的特点

作为第二次世界大战的战败国，德国在战后经济重建中，按照"社会市场经济"的指导思想，成功地建成了不同于美国、英国、法国的经济模式，创造了世界奇迹，被世人誉为"德国模式"。这一模式反映在劳资关系上，主要表现为德国在劳资关系中推行的劳资协议、自治，劳资共决制，集体合同制和就业培训制四大制度。

（1）劳资协议、自治

劳资协议、自治的核心是劳资双方在不受国家干预的情况下，通过集体谈判确保实现公平与效率，双方在劳动条件、工资、福利等方面商议，共同决定。这种机制被认为是最有效地协调劳资关系运行的机制。劳资协议、自治的发展和推行，需要一系列相关配套措施来保证，比如：法律的制定、劳资双方组织的成立、集体谈判机制的制约等。在德国，人们普遍认为，劳资双方必须保持实力的均衡，才有利于劳资双方的平等，从而促进社会的稳定和经济的发展。德国（西德）在 1949 年颁布了《企业基本法》，这部法律明确规定：劳资实行自治，政府不直接介入劳资关系的确立与调整。随着社会的进步和发展，德国逐渐形成了由政府宏观调控、劳资双方自治的基本局面，劳资双方通过集体谈判达到各自的目的，主要内容是包括工资在内的一系列与劳方发展切身相关的基本内容。其中，关于工资协议的谈判内容，主要是报酬问题和其他经济方面的津贴问题，包括工资等级规定的建立或修改，工资增长幅度，企业在裁员过程中出现的经济问题等。近年来，工资谈判还包括以下内容：减少周工作时间，增加就业岗位；降低退休年龄，缓解就业压力；允许工会介入有关新技术的应用。这些都是随着社会的进步和发展而迫切需要的。一般地说，工资谈判按照行业在州的区域内进行，即在州内由各自相对应的行业工会与雇主协会进行谈判。这与德国的劳资双方都有各自强大的组织机构密不可分，不仅为集体谈判奠定了良好的组织基础，而且也推动了劳资协议、自治的发展。

劳资协议、自治由于不受政府的直接干预，劳资双方在经过多年斗争之后，各方面都形成了比较规范的制度，劳资矛盾的解决采取较为缓和的方式进行，维护了劳资关系的稳定，促进了社会的良性发展。

（2）劳资共决制

劳资共决制是劳资双方共同参与企业的管理和重大事项的决定，通过"伙伴式"的对话关系解决彼此之间的利益对立、协调彼此之间的权利和义务的一项协调劳资关系的制度。劳资共决制是德国工人民主参与企业管理的一个重要特色，产生于第二次世界大战后，不但促进了企业的发展，而且在协调劳资关系方面取得了明显的成效，对其他西方发达国家有重大影响。

劳资共决制的实施和发展，有相关的法律法规作为保障。根据法

第六章　收入分配制度改革中中小企业劳动关系调整的经验

律的规定，500人以上的企业设有监事会。监事会是企业的最高权力机构，由人数相等的劳资双方共同组成，监事会主席由资方担任，并拥有两票决定权。其主要职能是对企业重大问题进行决定，如董事长及董事成员的任免；讨论并审查董事会的年终报告；确定企业的经营方针等。主要方式是通过投票表决，所有重大问题需得到三分之二以上的多数票才能通过。劳方进入监事会以后，就等于进入了公司的最高决策机构，也就是说劳方同样有权利参加关乎企业发展前途的重大决策，具有投票表决的权利。如果在个别问题上经过两轮投票仍没有通过，监事会主席可以使用第二票表决权强行通过。如劳方不服，可以上诉到劳动法院请求仲裁。虽然最终的决定权不在劳方手中，但劳方毕竟能够参与企业重大决策的制定，参与企业的民主管理，能充分反映工人的要求，加强劳资双方之间的对话，减少矛盾的产生。

监事会下面设立董事会，这个董事会与我们通常所说的董事会不同，它受命于企业监事会，并对监事会负责，负责企业的生产、经营和管理。企业董事会有专门的人事机构，负责与劳方签订劳资合同以确定劳资双方关系。劳资合同包括工资的构成及计算方法；员工晋升的条件，如学历、学位、资历等；不因除参加恐怖活动或犯罪以外的原因而被解雇等内容。劳资双方可就这些方面进行协商，以达成一致。

在500人以下的中小企业设立职工委员会。职工委员会是由企业职工选举产生的群众性组织，其主要职责是：维护职工在工资、福利及劳动安全等方面的合法权益；监督企业在维护员工利益方面的规章制度执行情况及劳资合同的落实状况；参与讨论招聘及解雇等与员工切身利益密切相关的各项事宜。企业职工委员会通常每年召开一次，邀请股东代表出席，直接听取员工的意见和建议；并且与股东代表建立经常性对话机制，每月进行一次，针对多方面问题和事情交换意见，协商解决。所协商的事情和问题都是与员工的利益直接相关的，比如企业对员工的调整、解雇、分工等，都必须征得企业职工委员会的同意，否则企业无权实施。若企业坚持实施，则职工委员会有权诉诸法庭，由劳工法庭判决。若资方需要解雇工人，职工委员会也依法享有提出异议的权利，而且员工本人同时提出要求不被解雇的诉讼时，企业必须留用，等待劳工法庭的判决，按其判决执行。

在企业里，虽然劳方仍然不具备企业生产资料的所有权，依然处于雇佣工人的地位，但是，劳资共决制的实行在形式上实现了劳资平等对话，在法律上保障了劳方的权益不受侵害，使劳方具备了参与企业民主管理的权利，极大地调动了劳方的生产积极性，使劳资双方更多地达成谅解，减少了劳资双方的矛盾和对抗，避免了劳资矛盾的激化，增加了双方的对话与合作，为企业发展、经济增长、社会稳定奠定了良好的基础。

（3）集体合同制

集体合同制度是指劳方与资方就劳动报酬、工作时间、休息休假、保险福利、劳动条件、职业培训等双方共同关心的问题，依法经过谈判达成一致协议，以书面的形式确定劳动标准，用此协议规范劳动和劳动管理行为的法律制度。集体合同的基础是集体谈判，劳资双方通过集体谈判而缔结集体合同。

在德国，劳资双方都有自己的组织，组织规范且集中，在集体谈判中发挥着重大作用。就劳方组织来讲，有各层次的工会组织。德国

第六章　收入分配制度改革中中小企业劳动关系调整的经验

工会联合会（DGB）是德国最大的工会组织，拥有八个产业工会。此外，还有16个行业工会、德国职员工会和德国公务员联合会，它们共同构成了德国的工会组织。德国工会联合会的主要职责是以工人群众的基本利益为基础，以提高工资、改善经济条件、保障就业为目标，代表工人阶级向联邦议会提出法案和建议，同时代表工人同雇主联合会进行谈判。

就资方组织来讲，主要是各种雇主协会。资方的全国性组织是联邦雇主联盟（BDA），还有各种行业雇主协会，德国80%以上的雇主都加入了相应的雇主协会。其主要任务是：向全国企业提供经济等方面的信息，代表雇主向联邦议会和政府提出反映企业利益的法律提案和建议，代表雇主同工会进行各方面的谈判。

德国的工会和雇主联盟的集体谈判主要在行业工会和相对应的雇主协会之间进行，双方围绕工资待遇、劳动条件、福利报酬等方面展开，在此基础上缔结集体合同。这种合同所覆盖的雇员比例高达80%—90%。多数集体合同都可以使劳资双方的权益达到最大化的平衡，比如在规定给予雇员更有利的工资、休假及各类补贴的同时，在工作时间安排等方面，雇主也获得了更大的自主权。企业与雇员也可根据自愿原则，单独约定工资收入及其他权益。根据有利适用原则，比集体合同更有利的契约式约定不受集体合同的影响。劳资合同签订以后，对劳资双方具有同等的强制约束力，资方不得随意解雇劳方，劳方在劳资合同执行期间也不能为改变劳资合同而进行罢工或者其他形式的斗争。因此，集体合同起到了稳定劳资关系的作用。只要集体合同有效，它就能排除劳动纠纷的出现，避免劳资双方提出新要求，从而保障劳资关系的平稳发展。

（4）就业培训制

德国的就业培训是其职业教育发展的一大特色，主要是提高劳方的水平以适应新技术的发展，以避免不必要的失业或者失业后进行培训而找到新的工作，为缓和劳资矛盾发挥着至关重要的作用。在德国，国家和企业都非常重视提高雇员的知识技能，积极开发新的就业岗位，以避免和减少失业。与此相适应，德国实行"双元制"的教育制度，即学校职业教育和企业职业教育相结合。具体实施的办法是：劳动者在就业前参加培训，就业后有机会参加提高专业技能的教育，失业后为寻找新的工作岗位还能参加进一步的培训。在劳动者从事工作的过程中，德国政府向在业人员提供了各种形式的、灵活多变的职业技术培训计划，以适应新技术、新工艺、新产品开发的要求。德国的职业技术学校不仅规模大，设备齐全，还有一批优秀的师资力量。职业教育本身就是一种适应工作的教育，通俗地讲，工作需要什么，职业教育就教什么。培训和工作交替进行，形成"培训——工作——再培训——再工作"这样一个循环上升的过程。

同时，德国还有企业办的职业技能培训，其主要任务是负责自己的工程技术人员和在业工人、失业工人的培训，原则上不承担对外培训任务。劳动者通过知识技能的培训，不仅提高了自身的工作能力和水平，增加了对企业的认同感和归属感，增强了企业的竞争力，而且适应了经济发展和劳动力市场以及产业结构的需要，稳定了劳资关系，为社会和谐稳定奠定了良好的基础。

第六章 收入分配制度改革中中小企业劳动关系调整的经验

3. 日本劳资关系的特点

作为第二次世界大战战败国的日本，在经济重建中的指导思想既不同于德国，也不同于美国。日本以东方文化为基础，十分注重国家、企业的作用，逐步形成了独特的终身雇佣制、年功序列工资制、"爱厂如家"和"春斗"一整套协调劳资关系的制度。

（1）终身雇佣制

终身雇佣制是指从各类学校毕业的求职者，一经企业正式录用直到退休，始终供职于同一企业。对于不能胜任本职工作的员工，实行企业内部培训、岗位轮换制，也就是对其进行培训，而后再另行安排到合适的工作岗位上，一般也不予解雇。它作为一种相对稳定的长期雇佣的心理契约和一种约定俗成的习惯性做法，使劳资双方成为一个命运共同体，对企业留住核心员工，提高员工对企业的忠诚度，从而更好地发挥员工的潜能有非常重要的激励作用，不仅劳方形成了信任感和稳定感，而且资方也关注劳方的发展。

终身雇佣制的实行，调动了劳方的劳动生产积极性，使其愿意为企业效劳。首先，终身雇佣制具有雇佣的稳定性，使员工对企业忠心耿耿。因为企业员工都是普通的劳动人民，终身雇佣使他们的生活、收入、社会地位都有了保障，有助于他们开发自身的工作潜质，他们都会尽其所能为公司效力。其次，雇员就像对待自己的家庭一样为企业努力工作。企业的所有工作人员为提高企业的经济效益进行长时间的"无偿劳动"，例如，管理人员常将未完成的工作带回家，连节假日也不例外。有时甚至一个人干三个人的活而只领一份工资。

终身雇佣制的实行，也促使资方更多关注劳方的发展。首先，加强对劳方进行人力资本投资，提高企业的核心竞争力。企业投资培养出来的核心技术人才所拥有的技术和能力，只有被放到本企业所链接的技术、战略、市场、顾客、历史渊源等要素之中，才能产生相应的附加价值。这种核心人才如果进入其他企业，不会形成技术和战略上的适应性，从而也就无法产生附加价值，企业也就不会因担心人才流失而不愿意投入资本对员工进行培训。而且，终身雇佣制也使日本企业节省了解聘、解雇后再招聘、重复培训以及适应管理等雇佣环节，节省了时间、资本及管理在内的大量成本投入。这种投资在提高企业本身竞争力的同时，也促使劳方自身各方面素质的提高。其次，终身雇佣制使资方不随意解雇劳方。即使在经济萧条、经营困难时，企业也会通过缩短工作时间、调整工资水平等方式维持就业，确保企业在人力资源上的稳定，使企业可以节约人力资源管理成本，有助于对员工的长期培训，提高企业的生产、经营及研究开发的效率，同时，也有助于员工就业的稳定性，保证劳资关系的稳定。再次，终身雇佣制使劳资双方实现了"双赢"。终身雇佣制是发展了的家族制度，这项制度的推行，使得企业很少解雇固定职工，职工也很少离开企业，企业通过对职工进行长期的人力资本投资，优化了企业的生存竞争条件，培养了职工熟练的技能，建立起职工对企业的归属感，使得职工能够长期为企业服务，在服务的过程中，自身的收入和地位也在不断得到提高。同时，终身雇佣制增加了企业发展的活力。公司通过对员工进行严格考核，并依据考核结果对员工进行晋升，促使员工在保障工作安定的同时，在企业内部展开激烈的竞争，让每一个员工以饱满的工作热情，为企业的发展壮大、做大做强，贡献自己的聪明才智。

第六章 收入分配制度改革中中小企业劳动关系调整的经验

（2）年功序列工资制

年功序列工资制是日本企业的传统工资制度，是指职工的工资和在本企业工作的时间直接挂钩。其主要内涵是员工的基本工资随员工本人的年龄和企业工龄的增长而逐年增加，而且增加工资有一定的序列，按各企业自行规定的年功工资表次序增加，亦即根据职工的学历和工龄长短确定其工资水平的做法，工龄越长，工资也越高，职务晋升的可能性也越大。

"年功"的含义就是员工的业务能力和技术熟练程度与员工本人年龄和企业工龄成正比。本人年龄越大，企业工龄越长，对企业的贡献也愈大，功劳也愈高，工资就要逐年增加。考虑到随着员工年龄的增长，生活开支也会有所增加，生活补贴在一定的年龄段也要每年增加。"序列"就是等级的意思。只要在企业内的工龄长，对企业忠诚，能力不高也可以提高工资，提升职位。如果学历、能力和贡献不相上下，工龄就是决定职务晋升的重要根据。这里所说的工龄，均指在同一个公司或企业内连续工作的年数，而在不同公司工作的工龄一般不能连续计算。

年功序列制的实行，保证了劳资关系的稳定。第一，年功序列工资制可以保证秩序，防止过度竞争。不同年龄层职工之间的关系比较融洽，同年龄层之间的工资差别很小，有利于团队和谐。第二，在起点工资确定之后，工资便随着年龄逐渐上升，以保障生活费用为原则，从而使职工有一种稳定感，工作的心理压力不大，能力能够正常发挥。第三，企业内进行人事调动时，年功序列工资制是一种适应性较强的工资体系，有利于企业内人才的相互流动，保证企业的活力和竞争力。

不仅如此，年功序列工资制在一定程度上控制了员工流动率，让企业高层可以放心地对员工进行培训与开发，同时，员工知道自己的未来和企业是紧密联系在一起的，没有企业的发展就没有未来的保障，因此时刻把企业的利益放在首位，把自己的命运和企业的未来真正联系到了一起。

年功序列工资制增强了企业对职工的吸引力，有效地防止了熟练工人和技术骨干被其他企业挖走的现象，使人才的成长具有连贯性和长期性。只要员工在企业长期工作，就可以确定获得越来越高的收入，这不仅保障了劳方在经济上有预期的良好收入，而且为劳方带来了平和稳定的心态，有利于形成健康的劳资关系。

（3）"爱厂如家"的团队精神

日本企业特别注意培养"爱厂如家"的团队精神，注重感情投入。员工对企业尽职尽忠，反过来企业也不亏待员工。员工的福利制度、养老医疗、奖金津贴等，方方面面的优势与便利条件都由企业替员工着想，这使得上层管理人员同所有雇员之间形成一种同甘苦、共命运的情感。

这种团队精神的形成与日本的文化有着密切的关系。日本文化属于东方儒家文化，讲究谦恭礼让、忠实守信，强调集体主义、合作、和谐，提倡主仆伦理的忠、人际伦理的合等基本准则。在这种文化环境的影响下，忠诚、勤勉、服从就成为资方的价值观，资方主张劳资双方亲如一家，鼓励员工忠于企业，以便双方相安而存、共同发展。这样，企业不仅注意满足劳动者物质方面的需要，而且关注劳动者精神方面的需求，并多渠道地培养员工感情，企业营造相互信任、尊重、

第六章　收入分配制度改革中中小企业劳动关系调整的经验

彼此友好、融洽相处的氛围，建立劳资双方人格上的平等关系。企业的行为使劳方感到自身价值的存在，感到自身的利益和企业的命运紧密地连在一起，从而增进了对企业的忠诚度和工作的积极性，产生了同企业荣辱与共的归属感，形成了强烈的企业内聚力，为形成融洽和谐的劳资关系奠定了良好的基础，促进了企业的持续健康发展。

（4）"春斗"

"春斗"是日本独特的劳资双方进行集体谈判的形式。由于日本的财政年度从每年的3月份开始，劳资双方便利用这个特殊时期进行各种谈判，而此时正值春季，故称为"春斗"。它是由工会组织的、调整劳资关系的温和而平静的方式，主要是就工资增长问题进行谈判。

"春斗"虽然集中在每年的春天，也就是2—4月期间，但是在上一年的10月左右，日本各企业工会通常都会召开一次年会，制定下一年度工会工作的方针、政策。同时，为来年的"春斗"做准备，随后即成立"春斗"的全国联合组织及确定"春斗"的基本方针。"春斗"期间还会讲究很多策略，以便使资方向劳方屈服，满足劳方提出的基本要求。"春斗"始于1956年，经过几十年的发展，已经成为劳资双方习惯采用的一种谈判方式，已经成为劳资双方协调工资关系的一种固定渠道，为职工工资的提高和劳动条件的改善发挥了巨大的作用。

总之，日本企业终身雇佣制和年功序列制，为培养员工"爱厂如家"的团队精神奠定了制度基础，"爱厂如家"的团队精神、"春斗"从思想上、心理上、文化上，向员工表明劳资双方是一个利益攸关的共同体。制度与文化的统一，"硬件"与"软件"的配合，促进了劳方与资方的认同，提高了员工对企业的忠诚度，加强了员工对企业的归属感,促进了企业的凝聚力和竞争力,培育了独具特色的劳资关系。

德国、日本、美国的三种劳资关系模式的共同之处在于都形成了较为规范的劳资关系,不同之处是各国的劳资关系协调机制都有各自的侧重点。德国坚持劳资共决制,日本是终身雇佣制,而美国则是员工持股制。虽然机制不一样,如德国的劳资双方组织比较强大,日本主要是企业内工会,而美国的工会力量相对较弱些。但是,他们都努力激发员工的积极性和创造性,避免劳资矛盾的产生,建立了较好的劳资关系。我们要根据我国的实际情况,制定符合我国的政策措施,保证劳资关系的良好运行。

二、新中国成立初期国家扶持民族工商业劳动关系的经验

(一)制定扶持民族工商业的法律法规和政策

第一,中国共产党与各民主党派共同制定了促进民族工商业发展的、具有临时宪法性质的《共同纲领》。对于民族资本主义工商业的政策,我党在中国革命和建设过程中,并没有立刻照搬马克思的"消灭私有制"理论,而是依据中国革命的进程和生产力的发展状况,采取了符合中国实际的政策。早在1928年年初,红军打下草林墟场后,到处张贴打土豪、保护工商业的标语,毛泽东还在群众大会上宣传保护工商业政策,要大家放心做生意。1931年,毛泽东主持的苏维埃第一次全国大会通过的《中华苏维埃共和国关于经济政策的决定》规定:"苏维埃政府对于中国资本家的企业及手工业,现尚保留旧业主手中

第六章 收入分配制度改革中中小企业劳动关系调整的经验

而不实行国有。"1932年初,中华苏维埃临时中央政府颁布的《工商业投资暂行条例》规定:"凡遵守苏维埃一切法令实行劳动法并依照苏维埃政府所颁布之税则完纳国税的条件下,允许私人资本在中华苏维埃共和国境内自由投资经营工商业。"毛泽东在《论联合政府》中指出:"在新民主主义的国家制度下……保证国家企业、私人企业与合作社企业在合理经营下的正当的盈利。"即使到了中国革命胜利的前夜,中国共产党与民主党派共同制定的、具有临时宪法性质的《共同纲领》,关于新中国的经济政策,也没有"照抄照搬"马克思的"条条",而是按照马克思主义中国化的理论和生产力的现实以及各方面的接受程度,在第26条中明确规定:"中华人民共和国经济建设的根本方针,是以公私兼顾、劳资两利、城乡互助、内外交流的政策,达到发展生产、繁荣经济之目的。国家应在经营范围、原料供给、销售市场、劳动条件、技术设备、财政政策、金融政策等方面,调剂国营经济、合作社经济、农民和手工业者的个体经济、私人资本主义经济和国家资本主义经济,使各种社会经济成分在国营经济领导之下,分工合作,各得其所,以促进整个社会经济的发展。"《共同纲领》中这一条的核心在于:"公私兼顾、劳资两利","私人资本主义经济"是新民主主义国家五种经济成分之一,"各种社会经济成分在国营经济领导之下,分工合作,各得其所"。不仅如此,《共同纲领》第30条还明确规定:"凡有利于国计民生的私营经济事业,人民政府应鼓励其经营的积极性,并扶助其发展。"即《共同纲领》对于有利于国计民生的私营经济不消灭、不限制,而是要"扶助其发展"。

第二,人民政府制定了促进民族工商业发展的一系列法律法规。

1950年年初，物价稳定以后，由于通货膨胀而形成的虚假购买力消失等原因，发生了商品滞销、工厂关门、商店歇业、失业人数增加的问题。为了解决这些问题，1950年春夏之际，政府开始合理调整资本主义工商业。"五反"运动过后，党和政府针对新出现的公私关系和劳资关系紧张、市场萧条的情况，进一步调整资本主义工商业。因此，合理调整资本主义工商业的时间是从1950上半年开始到1952年结束。

1950年6月，中国共产党七届三中全会在北京召开。毛泽东在会上做了《为争取国家财政经济状况的基本好转而斗争》的报告，报告指出：全党在国民经济恢复时期的重要任务，是为争取国家财政经济状况的基本好转而斗争。报告中把现有工商业的合理调整作为争取国家财政经济状况基本好转的一个重要条件。毛泽东在会上还做了《不要四面出击》的讲话。他说："我们不要四面出击。四面出击，全国紧张，很不好。绝不可树敌太多，必须在一个方面有所让步，有所缓和，集中力量向另一个方面进攻。""我们一定要做好工作，使工人、农民、小手工业者都拥护我们，使民族资产阶级和知识分子中的绝大多数不反对我们。"在全会精神的指引下，合理调整工商业的工作成了党和政府的重要工作。1950年12月29日，政务院通过了《私营企业暂行条例》，总则第1条指出：根据中国人民政治协商会议共同纲领中经济政策的规定，在国营经济领导之下，鼓励并扶助有利于国计民生的私营企业，特制定本条例。并且在第2条界定了私营企业为私人投资经营从事营利的各种经济事业。按照条例规定，调整工商业主要包括调整公私关系、调整劳资关系和调整产销关系三个基本环节。调整公私关系，就是调整国营工商业与私营工商业的关系。国家主要是

第六章 收入分配制度改革中中小企业劳动关系调整的经验

通过对私营工业的加工订货和产品的统购包销等方式,把私营工业逐步纳入到国家计划的轨道上来,逐步消灭私营工业生产的盲目性和无政府状态。商业上,适当地调整零售与批发之间、产区与销区之间、季节与季节之间、原料与成本之间的价格比例,使私营商业有利可图。调整劳资关系,就是正确处理在当时条件下的工人与资本主义工商业者的关系。资本主义工商业者必须确认工人的民主权利,适当提高工人的工资和福利待遇,但又要保证资本主义工商业者获得合理的利润,以利于生产的恢复和发展。出现劳资问题,由劳资双方协商解决,协商不成,由政府仲裁;调整产销关系,就是逐步实行计划生产,克服无政府状态,使产销渐趋平衡。主要是在生产领域调整资本主义工商业生产方向,在流通领域通过召开各种物资交流大会,按照"以销定产"的原则,制定各行各业的产销计划,逐步走上按计划生产、销售的轨道。在这三个基本环节中,重点是调整公私之间的关系,即调整国营经济和私人资本主义经济之间的关系。经过三个方面的调整,新中国的工商业得以迅速复苏。一般工商业者对我党平抑物价、调整公私关系等各项政策,表示热烈拥护。在党和政府的帮助下,他们从国家的加工、订货、包销、收购中得到的利润,超过国民党统治时期的任何一年。他们开始接受中国共产党和国营经济的领导,初步消除了对社会主义的畏惧心理,所谓共产党要挤垮私人资本主义,要提前实行社会主义等传言和思想疑虑也渐渐消失。

合理调整资本主义工商业的直接目的是,让有利于国计民生的私营工商业得到好处,恢复和发展私营工商业,其根本目的是恢复和发展国民经济,争取国家财政取得根本好转。应当说,这次调整资本主义工商业，既是国家对私营工商业的扶持，私营工商业也因此迎来了近代历史中的第二个"黄金时期"，也是对其消极作用限制的开始，为对其进行社会主义改造奠定了基础。

（二）按照劳资两利的原则促进劳动关系发展

在共产党领导的新民主主义国家，对于劳资关系采取何种政策，直接关系着新生政权的稳定。新中国成立之初，我党按照《中国人民政治协商会议共同纲领》关于"公私兼顾，劳资两利"的政策，制定、颁布了新中国第一部《工会法》《私营企业暂行条例》，确定了工会的性质、职能，私营企业的权利与义务，同时，在私营企业中设立劳资协商会议组织，将《共同纲领》中关于"公私兼顾，劳资两利"的政策落到实处。"在国家经营的企业中，目前时期应实行工人参加生产管理的制度，即建立在厂长领导之下的工厂管理委员会。私人经营的企业，为实现劳资两利的原则，应由工会代表工人、职员与资方订立集体合同。公私企业目前一般应实行八小时至十小时的工作制，特殊情况得斟酌办理。人民政府应按照各地各业情况规定最低工资。逐步实行劳动保险制度。保护青工女工的特殊利益。实行工矿检查制度，以改进工矿的安全和卫生设备。"

第一，制定、颁布《工会法》，确定工会职能。根据七届二中全会精神和《共同纲领》的规定，新中国成立前夕，朱德在全国工会工作会议上的讲话中指出："私人资本主义企业中的职工，他们在经济上还没有获得完全解放，他们还受资本家的剥削，这种剥削在新民主主义时期只能够受到限制，而不能够消灭"；为了工人阶级根本的长远的利益，还必须在"现阶段自觉地忍受资本家之一定限度内的剥削"。

第六章 收入分配制度改革中中小企业劳动关系调整的经验

新中国第一部《工会法》规定了工会的权利与责任。《工会法》对私营企业工会权利的具体规定是:"在私营企业中,工会有代表受雇工人、职员群众与资方进行交涉、谈判、参加劳资协商会议并与资方缔结集体合同之权。""工会有保护工人、职员群众利益,监督行政方面或资方切实执行政府法令所规定之劳动保护、劳动保险、工资支付标准、工厂卫生与技术安全规则及其他有关之条例、指令等,并进行改善工人、职员群众的物质生活与文化生活的各种设施之责任。"工会的责任主要包括四个方面:"一、教育并组织工人、职员群众,维护人民政府法令,推行人民政府政策,以巩固工人阶级领导的人民政权;二、教育并组织工人、职员群众,树立新的劳动态度,遵守劳动纪律,组织生产竞赛及其他生产运动,以保证生产计划之完成;三、在国营及合作社经营的企业中,在机关、学校中,保护公共财产,反对贪污浪费和官僚主义,并与破坏分子作斗争;四、在私营企业中,推行发展生产、劳资两利政策,反对违背政府法令及妨害生产的行为。"由此可见,1950年的《工会法》关于工会的权利主要是,代表受雇工人、职员群众与资方进行交涉、谈判、参加劳资协商会议并与资方缔结集体合同之权。组织罢工这种激烈的、对抗的方式,新中国的《工会法》并没有赋予工会,它体现的精神是"劳资两利"。关于工会的责任或者义务包括四个方面,其特点在于教育并组织工人、职员群众,树立新的劳动态度,遵守劳动纪律,组织生产竞赛及其他生产运动,以保证生产计划之完成,推行发展生产、劳资两利政策。工会的权利与义务均体现了劳资合作、劳资两利的基本精神。

第二,制定、颁布《私营企业暂行条例》,明确企业的权利与义务。

1950年12月29日,中华人民共和国政务院通过的《私营企业暂行条例》（1950年12月30日公布）第一条开宗明义,明确了党和政府对有利于国计民生的私营企业鼓励和扶持的态度。"根据中国人民政治协商会议共同纲领的经济政策的规定,在国营经济领导之下,鼓励并扶助有利于国计民生的私营企业。"在此基础上,第八条、第九条将这一立场和态度具体化。第八条规定："企业的财产和营业受充分的保护,经营管理权属于投资人；但与劳资双方利益有关者,应由劳资协商会议或劳资双方协商解决之。"第九条规定："企业经营的业务,如应国家迫切需要,或在技术上有重要的改进或发明,而在短期内不能获利者,得经政务院财经委员会核准,在一定时期内予以减税或免税的优待。"关于企业负责人,条例也做了明确规定："企业的负责人,在独资为出资人,在合伙及无限公司为执行业务的合伙人或股东,在有限公司为执行业务的股东或董事,在股份有限公司为董事,在两合公司及股份两合公司执行业务的无限责任股东。"关于企业或者公司的分配,条例第二十五条规定："独资合伙企业的盈余分配,除法令另有规定者外,依契约或行业通例办理。公司组织的企业在年度决算后,如有盈余,除缴纳所得税、弥补亏损外,先提10%以上作为公积金,以为扩充事业及保障亏损之用,提存公积金后的余额,先分派股息,股息最高不得超过年息的8%。公司无盈余或有亏损时,其应发的股息得于有盈余的年度弥补亏损后酌情补发。经过提存公积金、分派股息后的余额依下列各款分配：

一、股东红利及董事（或执行业务的股东）监察人经理人厂长等酬金（一般应不少于60%）。

第六章 收入分配制度改革中中小企业劳动关系调整的经验

二、改善安全卫生设备基金（工矿企业一般应不少于 15%）。

三、职工福利基金及职工奖励基金（一般应不少于 15%）。

四、其他。

前项各款百分比由股东会决定之。二、三两项的支配由劳资协商会议或劳资双方协商决定之。

盈余分配以不影响正常生产及业务经营为原则。

上述列举的条例中关于私营企业财产权受充分保护、经营管理权属于投资人、盈余分配中的主导权等，都充分体现了执政的共产党对《共同纲领》的贯彻落实，也体现了私营企业在国民经济恢复时期拥有的主要权利。当然，私营企业作为市场主体，也与国营企业是一样的。它不仅拥有生产经营的权利，在国民经济恢复时期，还享有政府鼓励、扶持的待遇。同时，它也要承担相应的义务。权利与义务是一个统一体，从来没有无权利的义务，也没有无义务的权利。条例关于私营企业劳资关系的义务，第七条是这样规定的："企业应切实执行政府一切有关劳动法令。"这条规定有两层含义：一是政府的一切劳动法令都要切实执行，没有选择余地，不能选择性执行；二是政府一切有关劳动的法令都必须切实执行，而不能敷衍、应付。"如有违反政府法令……应负法律责任。"（第二十三条）

第三，在私营企业中设立劳资协商会议组织。1950 年 4 月 21 日政务院第二十九次政务会议批准的《劳动部关于在私营企业中设立劳资协商会议的指示》（1950 年 4 月 29 日公布）指出："根据人民政府'发展生产、繁荣经济、公私兼顾、劳资两利'的方针，在私营工商企业中，为了便于劳资双方进行有关改进生产、业务与职工待遇各项具体问题的协商起见，在劳资双方同意之下，得设立劳资协商会议的组织。""劳资协商会议的组织，一般适用于雇用五十人以上的私人工厂、商店；凡雇用五十人以下者，得根据本指示的精神与具体情况斟酌办理之。同时在同一城市的同一产业或行业中劳资双方均认为必要时，亦得设立该产业或行业的劳资协商会议。""劳资协商会议为劳资双方平等协商的机关，不负企业经营与行政管理的责任。""参加劳资协商会议之代表，应比较固定，双方各自选定代表后，应将代表姓名通知对方。但遇必要时，双方均有自行更换其代表之权"。"劳资协商会议之主席，由出席会议之劳资双方代表轮流担任之（如一次为劳方代表担任，下一次即为资方代表担任），每次会议由轮值主席负责召集之。"等等。

（三）充分发挥党和政府在劳动关系中的主导作用

新中国成立初期，经济问题特别是私营工商业的劳资关系问题是一个十分突出的问题，因而，党和国家领导人高度重视，始终注意经济形势和劳资关系的变化，通过讲话、指示、政策等方式，发挥政府对劳资关系的主导作用。

首先，始终掌握劳资关系的主动权。面对国民党政府留下的千疮百孔、百废待兴的局面，我党依据《共同纲领》的要求，对资本主义工商业采取了保护、利用的政策。早在1950年，毛泽东就明确指出，资产阶级是要消灭的，但不是立即消灭。现在，我们要与资产阶级合作，一些党员干部中存在的排挤私营工商业的思想是错误的。在这种思想的指导下，党的各项政策都是非常有利于私营工商业的发展的，企业内部劳资关系也比较稳定，双方也能按照合同规定，在一定范围

第六章　收入分配制度改革中中小企业劳动关系调整的经验

内进行合法斗争。这些思想和政策，也使民族资产阶级生产经营的情绪空前高涨，私营经济开始迅速发展，甚至出现了民族工商业发展的"第二个黄金时期"。后来，随着"三反"运动的深入开展，民族资产阶级唯利是图、为富不仁的固有本性暴露出来。再加上经济形势的逐步好转，朝鲜战场的稳定，毛泽东的思想发生了明显的变化，甚至背离了《共同纲领》的基本精神。1952 年 6 月，毛泽东在统战部《关于民主党派工作的决定（草稿）》上批示："在打倒地主阶级和官僚资产阶级以后，中国内部的主要矛盾即是工人阶级与民族资产阶级的矛盾，故不应再将民族资产阶级称为中间阶级。"[1] 在这种思想的指导下，劳资关系上升到无产阶级与资产阶级斗争的高度，劳资双方的矛盾成了敌我矛盾。资本家惶惶不可终日，无心组织生产，甚至关闭工厂。中央领导人发现这一问题后，审时度势，依据形势的发展变化，及时调整了劳资关系，始终掌握着劳资关系的主动权。

其次，制定了一套规范劳资关系的法律法规。新中国成立前后，劳资关系的混乱局面引起了党和政府的高度重视。在深入调查研究的基础上，党和政府制定了相关的法律法规。1949 年 7 月，中华全国总工会召开全国工会工作会议，会议通过了《关于劳资关系暂行处理办法》《关于私营工商业劳资双方订立集体合同的暂行办法》《关于劳动争议解决程序的暂行规定》三个协调劳资关系问题的文件。1950 年，中央政府颁布了第一部工会法——《中华人民共和国工会法》，该法明确规定了工会的权利与责任，规定了工会"生产、生活、教育"三位

---

[1]《毛泽东文集》（第 6 卷），人民出版社，1999 年，第 231 页。

一体的工作方针。同年，劳动部发布了《关于在私营企业中设立劳资协商会议的指示》，私营企业由劳资双方选派同等数量的代表组成劳资协商会议，劳资协商会在全国各地的私营企业中纷纷成立。劳资协商的内容包括订立和履行集体合同、研讨如何增产节约、拟定和修改奖惩制度等。劳资双方出现问题时，可以先进行协商，协商不成的再由政府仲裁。当对政府的仲裁不服时，劳资双方的任何一方均可依司法程序向法院提出申诉，由法院判决。这些文件的贯彻实施，使劳资争议基本上能够按照政府规定的程序解决，初步解决了当时劳资关系混乱的局面。

再次，适时调整劳资关系政策。从新中国成立后到1956年社会主义三大改造完成，我党依据资本主义工商业及其劳资关系面临的实际问题，及时调整党的政策。概括起来，大的调整一共经历了两次：第一次是1950年春夏之交，针对紧缩银根、市场萧条、私营工商业经营困难、部分工商户关门歇业的现象，中共中央在1950年6月召开七届三中全会，第一次做出了调整公私关系和劳资关系的决定。在劳资关系方面，国家规定了劳资关系调整的原则——必须承认工人的民主权利，劳资间的问题必须协商解决，协商不成的再由政府仲裁。这一原则的实施，改善了劳资关系，在提高工人的劳动生产积极性、保障资本家的合法利益方面，起到了巨大的作用。第二次是针对"三反""五反"运动之后，工人阶级和社会主义国营经济的领导地位巩固的情况，进一步加快了资本主义工商业的民主改革，在大的私营企业里建立增产节约委员会，在经营管理上逐步建立了工人店员监督生产和经营的制度。从此，资本家的人事调配权、经营管理权、利润分配权受到了

第六章　收入分配制度改革中中小企业劳动关系调整的经验

限制，取而代之的是资金靠银行、原料靠国营、生产靠工人。从而在私营企业里建立起了"劳方"为主导的劳资关系。

最后，注重对劳资双方进行思想教育。新中国成立后，党和政府在私营工商业劳资关系上面临着这样一个矛盾：对于私营企业当中的工人阶级来说，他们在政治上是领导阶级，是国家的主人；但是，在企业内部，在经济上却处于被领导、被管理、被支配的地位。工人阶级在心理上极不平衡，产生了不小的负面影响。对于民族工商业者来说，党和政府还要"利用"他们的资本、技术和管理经验，发展生产力，巩固新生政权。就是说，暂时还要善待他们，还不能消灭他们。如何处理这一矛盾，调动劳资双方的积极性，就成了摆在中国共产党面前的一大难题。对此，党中央和各级政府除了制定大量的政策、法律，规范劳资关系，恰当地处理劳资冲突、纠纷以外，还采取了思想政治教育的举措，较好地化解了这一矛盾。

早在七届二中全会上，刘少奇就专门针对工人群众的思想教育讲道："我们一进城，即应着手进行教育，要以几个月或半年的时间开展广泛的职工教育，开始着重于工人。……必须加强工人的阶级教育，提高工人的阶级觉悟……要趁热打铁，大办工人训练班、短期训练班，选择优秀分子，办工人政治大学，像东北那样，课程要着重讲马列主义的基本观点（唯物史观，劳动创造世界，剩余价值，阶级斗争）及中国革命的基本问题，然后才是讲各种政策，才是具体问题和具体组织工作。"[①] 新中国成立以后，我党在全国各地开展了一次普遍的、大

---

① 《刘少奇选集》（上卷），人民出版社，1981年，第422～423页。

规模的学习活动。各种暑期学习会、干部训练班、短期政治学校应运而生。各大中专学校、机关、部队、工厂都掀起了学习马克思主义理论的热潮,工人阶级的政治觉悟迅速提高。

1952年,在全国上下热火朝天地进行"三反""五反"运动时,毛泽东在批转《中共中央中南局关于加强私营厂、店工人、店员工作的指示》中指出:"帮助民主建国会的负责人整顿民主建国会,开除那些'五毒'俱全及大失人心的人,增加一批较好的人,使之成为一个能够代表资产阶级主要是工业资产阶级的合法利益,并以《共同纲领》和'五反'的原则教育资产阶级的政治团体。"[1]1956年,刘少奇在中共八大上讲道:"在企业改革的同时,采取教育的办法,逐步地改造资本家,使他们由剥削者改造成为自食其力的劳动者。我们对于民族资产阶级采取又团结又斗争,以斗争求团结的政策,主要是教育他们。"在这样的历史背景下,全社会开始打击不法资本家的猖狂进攻,改造旧的社会意识形态,引导资本家参加学习,加强对他们进行思想改造,提高资本家接受中国共产党领导的自觉性。

我党在建国初期处理劳资关系的上述做法,不仅迅速地医治了战争的创伤,促进了经济社会的发展,改善了人民的生活,维护了政治和社会稳定,巩固了新生政权,而且对于党和政府处理好社会主义初级阶段非公有制企业的劳资关系,依然具有重要的时代价值和现实意义。

---

[1] 薄一波《若干重大决策与事件的回顾》(上卷),人民出版社,1997年,第172页。

第七章 收入分配制度改革中中小企业劳动关系调整的内容与模式

提出调整劳动关系，不是笔者的主观臆断，它是经济社会发展到一定阶段的产物。调整劳动关系既可能是由于经济制度、经济体制、收入分配制度的变更、改革而发生的，也可能是由于劳动关系本身在发展过程中存在一些问题而引起的。新中国成立以来，我国劳动关系的调整主要是由于前者引起的。本书所研究的劳动关系调整，主要是基于收入分配制度改革展开的。

一、中小企业劳动关系调整的依据与内容

收入分配制度改革中的劳动关系调整，不是一般意义上的劳动关系调整，而是针对现有劳动关系调整模式中存在的问题进行的一次调整，是配合收入分配制度改革、促进收入分配制度改革顺利推进的调整。因此，研究收入分配制度改革中的劳动关系调整，要深入研究调整的依据和内容。

（一）中小企业劳动关系调整的依据

第一，收入分配制度改革中劳动关系调整的现实依据，即现行劳动关系调整中存在的问题。

首先，现行劳动用工中存在覆盖面窄、有法不依、执法不严等问题。[①] 当前我国劳动用工方面存在的主要问题在于，"覆盖面太窄"或者说无法可依。我国的《劳动法》是在社会主义市场经济刚刚提出的1994年制定的，它对我国劳动关系法制化具有奠基性的作用。由于历史的局限性，《劳动法》所指的劳动者主要是国有企业、外资企业和民营企业，是较为正规的企业职工。近20年来，这种情况已经发生了很大变化。随着农民工进城务工、国有企业职工下岗，劳动者出现了分层，当时《劳动法》所保护的对象已经属于这种分层中的较高层次，劳动者中处于较低层次的农民工、下岗人员被"漏掉"，使这部分职工处在失范状态，劳动关系成为矛盾、纠纷最集中的领域。另外，有法不依、执法不严的问题在劳动关系领域的表现也十分突出，诸如劳动合同的签订、工资的发放、"五险一金"的缴纳等存在违反劳动法律规定的现象。到目前为止，劳动合同的签订比率并不高，还有相当一部分企业与职工没有签订劳动合同。不少调查数据显示，其原因不仅在于企业单方面搞的"霸王合同"，一些职工也不愿意签订劳动合同；拖欠工资问题基本解决了，但是新的拖欠工资问题又出现了。马克思把工资称为工人的"必要劳动"，在今天的社会主义国家仍然没有充分体现出来；"五险一金"是劳动法律规定的市场经济条件下职工的

---

① 董保华《劳动关系调整的社会化与国际化》，上海交通大学出版社，2006年，第5页。

第七章　收入分配制度改革中中小企业劳动关系调整的内容与模式

基本生存保障，但是由于各种原因，绝大多数中小企业都没有做到。

其次，劳动关系组织不健全、代表性不高、能力不强。我国企业工会的作用远远没有得到发挥。企业工会作为基层组织，了解用人单位和劳动者的情况，在协调劳动关系方面，尤其是集体劳动关系方面，具有不可替代的作用。虽然企业工会客观上做了大量工作，但在我国法院受理的劳动争议案件中，近 90% 的案件在纠纷发生后没有工会的协调，甚至很多企业没有设立工会，即使设立，有些工会也成了企业的管理机构，完全听命于企业，没有真正成为代表职工利益的组织，这使得企业与职工缺少沟通的载体，没有建立固定的沟通机制。我国企业劳动关系的组织发展速度缓慢，不仅表现在工会组织上，雇主组织的发展也差强人意。我国雇主组织的职能也很不到位，既没有发挥"对内自律，对外代表"的作用，又不恰当地试图以"二政府"的面目出现。目前雇主组织的活动几乎不涉及劳动关系协调，劳动关系协调的内部机制处于瘫痪状态。

再次，劳动关系双方法制意识较弱、短期行为明显。劳动关系双方是指企业与职工两个方面。一方面，企业存在法制意识较弱、短期行为明显的问题。一是廉价劳动力战略没有改变，至今奉行低人工成本的经营方式。河北省企业家协会 2010 年调研资料显示，企业人工成本占总成本 36% 以上的企业仅占 16.4%，65.6% 的企业人工成本占总成本的 25% 以下，我国企业平均人工成本为 16.67%，不管是绝对水平还是相对水平，均大幅低于国际水平。[①] 二是大部分私营企业职工工资

[①] 陈兰通主编《中国企业劳动关系状况报告（2011）》，企业管理出版社，2012 年，第 108 页。

依然由企业单方面决定。黑龙江省企业家联合会2011年9月的调研资料显示:"在私营企业工资协商推进难度较大,大部分私营企业还是一方说了算。一些普通劳动者考虑就业难的问题,不敢要求企业增加工资,导致普通职工工资增长缓慢,长期处于较低水平,与企业效益不吻合。"① 另一方面,职工也存在法制意识较弱、短期行为明显的问题。安徽省企业家联合会2011年的调研资料显示,企业在执行《劳动合同法》的过程中,存在的一个突出问题是:"员工离职行为随意化,企业追究责任难。有的职工特别是新就业的技术工人和大中专毕业生,只要另找到合适的工作岗位,丢一个辞职报告就走人,企业奈何不了;有的企业花了很长时间和代价,好不容易培养起来的技术骨干说走就走了。据了解,这种情况约占全员的10%、新进职工的40%—50%。"②

　　第二,收入分配制度改革中劳动关系调整的理论依据。首先,收入分配制度改革要求调整劳动关系。收入分配制度是经济社会发展中一项带有根本性、基础性的制度安排,是社会主义市场经济体制的重要基石。深化收入分配制度改革、优化收入分配结构,是调动各方面积极性、促进经济发展方式转变、维护社会公平正义与和谐稳定、实现发展成果由人民共享、全面建成小康社会的基础。《意见》指出:"深化收入分配制度改革,是一项十分艰巨复杂的系统工程,不可能一蹴而就,必须从我国基本国情和发展阶段出发,立足当前、着眼长远,

---

① 陈兰通主编《中国企业劳动关系状况报告(2011)》,企业管理出版社,2012年,第117页。

② 同上书,第147页。

第七章　收入分配制度改革中中小企业劳动关系调整的内容与模式

克难攻坚、有序推进。……各有关部门要……抓紧研究出台配套方案和实施细则，及时跟踪评估政策实施效果。各地区要结合本地实际，制定具体措施，确保改革各项任务落到实处。"《意见》中提到的"各有关部门要……抓紧研究出台配套方案和实施细则"，就包括了企业、工会支持政府对初次分配的改革。如理顺所有者、管理者和劳动关系的关系，处理好利润、年薪和工资的比例关系，切实缩小初次分配中的收入差距等问题，企业工会既是当事人，也是完成这一重要任务的主角之一。所以，企业工会扮演好自己的角色，是完成收入分配制度改革不可缺少的重要一环。再如，《意见》要求建立工资协商制度。工资协商制度是政府、企业和工会三方的协商，工会缺位或者工作不到位，《意见》的重要内容都是不能完成的。其次，建立和谐劳动关系需要收入分配制度改革任务的完成。"十二五"规划明确指出："充分发挥政府、企业和工会的作用，努力形成企业和职工利益共享机制，建立和谐劳动关系。""十二五"规划的这一段话包含了建立和谐劳动关系的主体和条件两层意思。其中，关于建立和谐劳动关系的条件，即形成企业和职工利益共享机制，也是《意见》的重要内容。因此，工会与政府一起，着力推进《意见》关于"建立健全国有资本收益分享机制"，在客观上，就是为国有企业建立和谐劳动关系提供充分、必要的条件。

（二）中小企业劳动关系调整的内容

如上所述，收入分配制度改革中劳动关系的调整不是一般意义上的调整，而是为促进收入分配制度改革，对劳动关系的基本内容进行的调整。概括起来讲，主要表现在以下四个方面：

首先，强化集体劳动关系的调整。作为《劳动法》调整对象的劳动关系，主要包括个别劳动关系和集体或团体劳动关系。个别劳动关系，即劳动者个人与雇主之间的关系，又谓狭义的或直接意义上的劳动关系。个别劳动关系是基础层面的劳动关系或劳动关系的基本形态。人们所说的劳动关系，诸如建立劳动关系或解除劳动关系等，都是指劳动者和雇主之间的个别劳动关系。个别劳动关系通常通过书面的或口头的劳动合同来确定和规范其权利义务，或者说个别劳动法律关系形成的法律形式是劳动合同。由于劳动从属性的特点，劳动者在个别劳动关系的构成和运行中，始终处于一种被动的和从属的地位。在劳动合同的签订和实施中，劳动者与雇主不可能达到权利对等，劳动者的权利也不可能仅仅通过劳动合同得到保障。换句话说，单纯依靠个别劳动关系的调整和完善，是不能平衡劳动关系双方的力量、维护劳动者的合法权益的。西方发达国家的经验表明，要真正维护个别劳动关系中劳动者的合法权益，实现劳动关系双方的力量平衡，就需要集体劳动关系的法律调整。

集体劳动关系是指工会为代表的劳动者一方与雇主或雇主组织，为了劳动条件、劳动标准以及有关劳资事务的协商、交涉而形成的社会关系。由企业、行业、产业等不同层面的劳动关系所构成，如现实中的集体谈判关系、集体争议关系、职工参与关系等即属于此类关系。集体劳动关系是在个别劳动关系存在和发展的基础上形成的。劳动的从属性及其劳动关系的不对等，是集体劳动关系发生的原动力，即劳动者为获得在劳动关系中的对等地位和权利，必须运用自己的力量。其基本方式是通过劳动者的团结来与资本抗争，以实现劳动者的自我

第七章　收入分配制度改革中中小企业劳动关系调整的内容与模式

保护。集体劳动关系的一方主体为劳动者自愿结合而成的工会组织，另一方为雇主或雇主组织。在这种结构中，雇主所面对的已经不是个别的工人，而是一个作为整体或作为阶级的工人。集体劳动关系改变了雇主对于工人的绝对优势。

集体劳动关系是以集体劳权为核心构建的。所谓集体劳权，是指劳动者集体享有，但通常由工会代为行使的与劳动相关的权利。劳动法学界一般认为，集体劳权由劳动三权，即团结权、集体谈判权和集体行动权为基本内容构成。其形成的主要标志是：劳动者有一个能够真正代表和维护自己合法权益的工会；劳动者与工会有着不可分割的利益联系并能形成与资方抗衡的劳方力量；这个工会能够在劳动力市场的运行、劳工标准的制定和实施、劳动争议的处理等方面以劳动者代表的身份直接介入并发挥作用；集体劳权的行使成为个别劳权即劳动者个人权利包括就业、工资、社会保险、职业安全卫生等权利的保证。

集体劳动关系的法律调整，是市场经济条件下劳动关系法律调整的中心环节和基本方式，也是我国劳动关系调整的目标。《劳动法》虽然已经提出了集体劳动关系调整的法律目标，但是，到目前为止，并没有形成集体劳动关系的法律体系，如我国还没有《劳动关系调整法》《集体合同法》《罢工法》等。不仅如此，集体劳动关系形成的标志性条件还不具备，如工会组织还不成熟，不能担当起职工利益代表的大任，有些企业甚至连工会组织还没有建立起来。另外，我国的劳动者目前还处在历史转变的过程中，尚未形成一种自觉的社会力量，劳动者还处在一种自在和自发的状态中。

因此，弥补劳动关系调整模式的不足，完成收入分配制度改革的艰巨任务，都要求我们将劳动关系调整的重点放到集体劳动关系上。

其次，注重工会、企业联合会（雇主）组织的建设。如上所述，集体劳动关系调整，需要工会组织的担当。收入分配制度改革也需要工会、行业协会（雇主）组织的配合。从一定程度上讲，没有工会、企业联合会（雇主）组织的发展，我国劳动关系调整的目标就难以实现，收入分配制度改革的任务就很难完成。因此，在当前和今后的一段时间，我们必须注重工会、企业联合会（雇主）组织的建设。

狭义的工会组织建设是指提高工会的组建率。一般地讲，提高组建率问题，是对中小企业、私营企业而言的。由于各种复杂的原因，国有企业甚至包括改制企业在内，工会组织始终都是存在的。没有建立工会组织或者工会组织不健全、有名无实的"挂牌工会"现象，主要存在于中小企业、私营企业。如果说这种状况在过去还可以勉强维持的话，那么在收入分配制度改革中就必须改变了。中小企业、私营企业建立了工会组织并且在实践中得到巩固，我国工会的组建率问题就基本解决了。同时，工会组织的建设还要特别注意社区工会、行业工会。企业工会与社区工会、行业工会相配合，才能较好地肩负起收入分配制度改革赋予工会的任务。

广义的工会组织建设是指提高工会的能力。一是重新定位工会职能，使工会向职业化、社会化、产业化的方向转变。职业化是指工会的职能应当是单一的，以维护劳动者的权益为唯一的职责；社会化是指摆脱企业工会的桎梏，发展社区工会等独立于企业的工会组织；产业化是指加强同行业工会的联合和自律，平衡企业行为和行政行为。上述思路虽然在2001年修改的《工会法》中初露端倪，但是还远远没

第七章 收入分配制度改革中中小企业劳动关系调整的内容与模式

有达到具体操作的层面。二是纯洁工会组织，切实维护基层工会主席的合法权利。纯洁工会组织是指，按照2001年修改的《工会法》关于工会会员资格的标准，严格审查工会会员，特别是基层工会委员会委员的资格。凡不是"以工资收入为主要生活来源"的基层工会委员，一律清除出工会组织，保障工会工人群众组织的性质。切实维护基层工会主席的合法权利，关键是要割断工会主席与企业的经济联系，保障工会主席能够没有后顾之忧地站在职工的立场上，为职工讲话，维护职工的合法权益。三是提高工会的整体素质，使工会干部敢于、善于维护职工的合法权益。工会干部敢于维护职工的合法权益，主要是在工会主席的带领下，工会公开、明确自己的职责，在涉及职工利益的重大事情上，都能听到工会的声音，看到工会的影子。工会干部善于维护职工的合法权益主要是指工会干部的工作艺术问题。工会干部维护职工的合法权益，不仅需要了解职工的需求，还要了解企业的经营状况、国家的法律法规、市场行情，更需要在此基础上掌握与企业的协商（谈判）艺术，具备讨价还价的能力。

按照中央关于构建和谐劳动关系的目标和要求，企业联合会（雇主）组织首要加强组织建设，加快建立县（市、区）企业联合会的步伐，推动企业组织机构和工作网络向乡镇、街道、社区和工业园区延伸，将雇主组织"一竿子插到底"。然后，要认真服务，做好企业维权工作——充分发挥企业组织（雇主组织）的作用，积极参与企业相关的立法工作，从法规、政策的源头加强对企业和企业经营者权益的保护；继续推动企业维权立法，为开展维权工作提供法律保障，对企业维权立法尚未列入和已经列入当地立法计划的省市，要加强对企业维权现状和立法可行性的研究，积极争取企业主管部门、立法部门的支持；要积极争取各级党委、政府和社会各方面对企业维权工作的支持，在全社会营造理解、关心、支持企业和企业家的氛围；要切实帮助企业减轻负担，推动优惠扶持政策的贯彻落实。继续做好企业经营环境、负担状况的调查分析，及时向政府有关部门反映企业的意见和建议，发挥桥梁纽带作用。最后，企业联合会要健全机制，引导企业和企业经营者遵纪守法，承担社会责任——从政治上关心企业经营者的成长，引导和组织企业经营者认真学习、贯彻党的路线、方针、政策和国家法律，提高企业经营者的思想政治水平和道德素质，引导他们遵纪守法、诚实经营、善待职工、关爱职工、热心公益、乐于奉献。当前企业联合会的主要任务就是，引导企业支持收入分配制度改革，理顺初次分配中管理者与劳动者、年薪制与工资制的关系，调动劳动者的生产积极性、主动性和创造性；建立健全激励机制，宣传表彰企业经营者的先进典型和优秀企业家；加强对企业经营者的专业培训，提高他们的职业素养和管理能力。

再次，完善劳动关系三方协商机制。三方协商机制是近百年来在西方发达国家逐步形成并推广的一种社会关系和企业劳资关系的协调机制。随着经济全球化的到来，三方协商机制已推广到许多国家和地区，三方原则成为各国协调劳资关系、处理劳资纠纷的共同准则。我国作为国际劳工组织的成员国，无疑应当使劳动制度，包括劳动争议处理制度尽可能地与国际通行的制度接轨或靠拢。将推进、完善三方协商机制作为劳动关系调整的重要任务之一，不仅是因为它是劳动关系调整本身的重要内容，更重要的是，收入分配制度改革任务的完成，

第七章 收入分配制度改革中中小企业劳动关系调整的内容与模式

没有企业以及企业联合会、职工以及工会的参与，单靠政府的力量是远远不够的。就是说，没有三方协商机制作为保障，收入分配制度改革的任务就没有完整的落实载体。因此，必须把推进、完善三方协商机制作为劳动关系调整的重要内容。推进、完善三方协商机制，主要应在以下三方面取得突破：

第一，突破基层组织的薄弱环节，探索符合我国国情的三方协商机制组织模式。2010年国家三方联合调研资料显示，我国三方协商机制建设工作的突出问题在于基层三方协商机制建设。目前，《劳动合同法》只规定县级以上要建立健全协调劳动关系三方协商机制，因受到编制、经费限制，县级以下的协调劳动关系三方协商机制组织建设推进难度较大，人员配备不齐，工作难以开展。摆在我们面前的收入分配制度改革的艰巨任务，迫切要求我们继续推进协商劳动关系三方实体化建设，探索符合我国国情的三方协商机制组织模式。国家层面加强三方办公室常设机构建设，做好各地信息的交流和沟通，并在实际工作中给予各地三方工作人员明确的指导和帮助。逐步完善国家、省、市、县四级三方协商机制组织体系，根据需要将三方协商机制向街道、乡镇和行业延伸，充实其职能，健全工作制度，推动社会层面的合作，形成基础广泛、组织健全、制度完善、运行顺畅、协调有效的格局，通过这个载体，落实收入分配制度改革的任务。

第二，把中小企业作为三方协商机制建设的重点，全面推行劳动合同制度。中小企业员工流动性大、用工形式多样、劳动合同签订率低，是劳资矛盾易发、多发领域。而三方协商机制的基层组织不健全，协调劳动关系工作的触角很难延伸到中小企业，工作开展难度较大。

为此，"十二五"期间，要继续落实《全面推进中小企业劳动合同制度实施专项行动计划》。在巩固规模以上企业劳动合同签订率的基础上，以私营企业、小企业为重点，全面推进劳动合同签订工作，提高劳动合同履行质量，规范劳务派遣用工，加强对企业用工的指导。同时，按照小企业劳动合同制度实施专项行动计划的既定目标，结合本地区经济结构，以建筑业、餐饮业、家政服务业、旅游业、边贸业等小微企业为重点，制定推广简易劳动合同示范文本和小企业劳动用工手册，加强指导服务和监督检查，积极推广小企业劳动合同的签订工作。

第三，丰富三方协商机制工作手段，发挥政策咨询方面的影响力。启动各专业委员会开展实际工作，依托各领域专家，在企业劳动关系状况、工资分配制度、集体协商制度等领域发挥研究、咨询、培训等服务功能。在遇到劳动关系的重大问题及突发事件，或共同参与劳动关系立法时，三方要做好事前的沟通协商，在三方协商机制框架下达成共识，形成统一意见报送国家有关部门，增强三方在咨询方面的影响力。

二、我国劳动关系调整的沿革与模式

（一）我国劳动关系调整的类型

劳动关系调整模式是指劳动关系中劳动条件的形成以及劳资双方相关事务处理采取的模式。按照不同的标准，劳动关系调整模式可以划分为个体自治、团体自治和国家强制或者国家统合三种，相应地建立了劳动合同、集体合同和劳动基准三大制度。个体自治是指劳动者个体和用人单位订立劳动合同；团体自治是指劳动者团结起来组成工会与雇主或雇主团体进行集体谈判；国家强制是指国家设定最低劳动标准限制个体的意思自治。其中，国家强制或者国家统合模式的特点是政府在劳动关系调整中起着举足轻重的作用，通过限制雇主组织和劳动者组织来压缩集体劳动关系，更多的是通过劳动立法来对个别劳动关系进行调整。劳资自治模式更像是一种市场调节机制，通过工会（劳动力卖方组织）和雇主或雇主组织（劳动力买方组织）根据市场环境、经济状况等来决定劳动力买卖的价格（工资）、劳动条件等。经过百余年的实践，团体自治已被历史证明是比较有效地调整现代工业社会劳动关系的方法，劳动者的团结权、团体交涉权和团体行动权也成为世界公认的三项基本的集体劳动权利。

中国人民大学常凯教授把劳动关系调整模式分为个别调整模式和集体调整模式。个别调整模式主要是单个的劳动者和用人单位通过签订劳动合同确定劳动条件及相关事务处理；而集体调整则是由劳动者形成集体力量与雇主交涉劳动条件等劳资相关事务。由于单个劳动者和用人单位相比，力量微弱、地位悬殊，因此个别调整模式需要更多的国家公权介入，而集体调整模式则需要有强有力的工会组织和成熟的雇主组织，主要靠劳动关系双方协约自治。很明显，我国目前的劳动关系调整模式是典型的国家统合模式和个别调整模式。

（二）我国劳动关系调整的沿革

本书所研究的劳动关系调整的范围，设定在新中国成立以后的60多年。60多年来，我国劳动关系随同经济体制的变化而变化，发展而发展。其变化、发展过程大体经历了如下阶段：

1949年新中国成立到1953年过渡时期总路线实施之前，我国处于新民主主义社会，生产资料所有制、经济体制同1949年之前没有实质性的区别。与此相适应，劳动关系也没有根本改变。1953年6月，党的过渡时期的总路线开始实施，"一五计划"开始执行。到1956年，党在过渡时期总路线或者说对农业、手工业、资本主义工商业的社会主义改造基本完成，生产资料公有制在我国建立。与此同时，"一五计划"提前完成，高度集中的计划经济体制在我国确立。随着生产资料公有制与高度集中的计划经济体制在我国的建立，原有的劳动关系发生了革命性的变革，工人阶级第一次成为国家的领导阶级，工人群众成为国家的主人。建立在生产资料私有制、市场经济体制基础上的工人与资本家之间的剥削与被剥削的关系，被平等的同志式的劳动关系所取代。

在计划经济体制下，政府对政治、经济和社会生活各方面进行高度的计划规制，包括物质财富、人们生产和发展的机会（如就业机会）以及信息等重要资源，都由政府或者国家严格控制。政府是劳动关系的管理者甚至是直接当事者。企业是整个国民经济这架机器的"一个车间"，企业的生产、经营、用人、分配等，都服从、服务于整个经济。职工是整个国民经济的"螺丝钉"，进入企业以后实行"固定工制度"，能进不能出，一次分配定终身。在计划经济体制下，国家、单位、个人形成一种纵向序列，每一个劳动者客观上都被囿于"单位"这一狭小的空间。企业与职工的关系几乎完全成为控制与被控制、管理与被管理、服务与被服务的关系。严格说来，这时的劳动关系是自上而下的行政隶属关系，具有极其浓厚的人身依附性质，属于典型的国家强

第七章　收入分配制度改革中中小企业劳动关系调整的内容与模式

制或者国家统合模式。

我国现行的劳动关系脱胎于国家强制或者国家统合的模式。经过30多年的改革开放，我国劳动关系调整模式也发生了重大变化。随着社会主义市场经济体制的建立，逐步实现了政企分开，政府从劳动关系的直接当事人转变为劳动关系的第三方、中间人，从经济生活的直接管理者变为通过设立规则、制度来进行宏观调控。与此同时，企业、职工、工会的角色都发生了重大转变。企业成了独立的经济实体，拥有了包括用工自主权在内的一切生产经营权，工人有了择业自主权，企业工会基本覆盖规模以上企业，在维护职工合法权益方面取得了显著成效。将这些重大变化概括起来，主要体现在以下三个方面：

第一，国家强化了劳动法律调整劳动关系的功能。首先，《宪法》对劳动问题做了详尽的规定。《宪法》是国家的根本大法，其他所有法律法规都必须与《宪法》精神保持一致。《宪法》是劳动立法的最高法律依据，具有最高的使用效力。其次，全国人民代表大会的立法及其全国人民代表大会制定、颁布了一系列劳动法律。一是制定、颁布、实施了《劳动法》。《劳动法》作为一个独立的法律部门，是指调整特定劳动关系及其与劳动关系密切的社会关系的法律规范的总称。1992年，党的十四大提出建立社会主义市场经济体制目标以后，全国人民代表大会法律委员会立即着手制定相关法律，并于1994年颁布了《中华人民共和国劳动法》。《劳动法》通过平衡雇员和雇主之间的权利义务关系达到调整劳动关系的目的。通过规定雇员和雇主双方的权利义务关系，将其行为纳入法制的轨道。我国《劳动法》规定，劳动者享有平等就业和选择职业的权利、取得劳动报酬的权利、休息休假的权利、获得劳动安全卫生保护的权利、接受职业技能培训的权利、享受社会保险的权利、提请劳动争议处理的权利以及法律规定的其他权利。同时，劳动者应当完成劳动任务，提高职业技能，执行劳动安全卫生规程，遵守劳动纪律和职业道德。权利与义务是一致的、相对应的。劳动者的权利就是企业或者用人单位的义务。反之，劳动者的义务就是企业或者用人单位的权利。为了强调用人单位的义务，我国《劳动法》第4条特别规定："用人单位应当依法建立和完善规章制度，保障劳动者享有劳动权利和履行劳动义务。"二是制定、颁布、实施了《中华人民共和国就业促进法》。2007年8月30日，第十届全国人民代表大会常务委员会第二十九次会议通过中华人民共和国主席令第七十号，自2008年1月1日起施行《中华人民共和国就业促进法》。《就业促进法》旨在促进经济发展与扩大就业相协调，促进社会和谐稳定。作为一部与民众利益密切相关的法律，《就业促进法》在起草之初就受到社会各界的广泛关注，人们期待这部法律的制定和实施能为扩大就业、构建和谐劳动关系带来福音。历经三次审议，反复修改，《就业促进法》正式出台。禁止就业歧视、扶助困难群体、规范就业服务和管理……诸多人关心的就业问题在这部法律中都有体现。三是制定、颁布、实施了《中华人民共和国工会法》。现行的《中华人民共和国工会法》是1992年4月3日第七届全国人民代表大会第五次会议通过，2001年第九届全国人民代表大会常务会议第二十次会议《关于修改〈中华人民共和国工会法〉的决定》修改的。工会是社会经济矛盾的产物，是劳动关系矛盾的产物。在市场经济中，工会是作为劳动关系的有机组成部分而存在的，脱离劳动关系，工会便失去了存在的

第七章 收入分配制度改革中中小企业劳动关系调整的内容与模式

基础,而没有工会,就构不成一个完整的劳动关系。我国工会在经济关系中的地位体现在,它是劳动者合法权益的代表。《工会法》规定了工会的性质——工会是职工自愿结合的工人阶级的群众组织;规定了工会的权利义务——工会的基本权利和义务是代表和维护职工合法权益,工会的法人权利和义务,工会的其他权利和义务,等等。四是制定、颁布、实施了《中华人民共和国劳动合同法》。2007年6月29日,中华人民共和国第十届全国人民代表大会常务委员会第二十八次会议通过了《中华人民共和国劳动合同法》,2008年1月1日起施行,是对劳动合同制度的进一步完善。我国于20世纪80年代中期开始进行劳动合同制度改革试点,1995年1月1日施行的《劳动法》正式确立了劳动合同制度。《劳动法》实施以来,适应社会主义市场经济体制要求的、用人单位与劳动者双向选择的新型用人机制基本形成,劳动力这一最重要的生产要素按市场规律得以合理配置,为经济社会的平稳快速发展做出了重要贡献。《劳动合同法》既坚持了《劳动法》确立的劳动合同制度基本框架,包括双向选择的用人机制,劳动关系双方有权依法约定各自的权利和义务,依法规范劳动合同的订立、履行、变更、解除和终止等,同时又对《劳动法》确立的劳动合同制度做出了较大修改,使之进一步完善。(1)《劳动合同法》在维护用人单位合法权益的同时,侧重于维护处于弱势一方的劳动者的合法权益。其立法宗旨是,完善劳动合同制度,明确劳动合同双方当事人的权利和义务,保护劳动者的合法权益,构建和发展和谐稳定的劳动关系。(2)《劳动合同法》通过对劳动合同的订立、履行、解除、终止等做出符合社会主义市场经济要求和我国国情的规定,在尊重用人单位用工自主权的基础上,要求用人单位必须与劳动者订立书面劳动合同、规定用人单位必须全面履行劳动合同、引导用人单位合理约定劳动合同期限、规范用人单位解除和终止劳动合同行为、要求用人单位在解除和终止劳动合同时必须依法支付经济补偿,从而有效地保护劳动者的合法权益。(3)《劳动合同法》为劳动者获得劳动报酬、休息休假、社会保险等各项法定权益奠定了基础,同时又从内容上具体约定了劳动者的工资、工作内容、工作时间等权益,从而为劳动者实现和保障自身的权益提供了依据。劳动合同的重要性,决定了《劳动合同法》在劳动保障法律体系中处于基础地位。《劳动合同法》的出台,标志着我国在完善劳动保障法律体系方面迈出了重要的一步。

第二,政府从劳动关系的直接当事人、管理者转变为劳动关系的第三方、中间人。劳动关系调整模式的转变,除了国家以劳动法律的形式调整劳动关系以外,政府角色的转变也是重要的方面。政府角色的转变表现在政企分开和成为劳动关系的第三方、中间人两个相互交叉的重要方面。

首先,20世纪八九十年代,政府的重点工作是推进政企分开。政府是国家政权机构的具体形式,它的主要任务是治理国家,发挥国家机器的经济管理职能,通过一定的方式制约和影响整个社会的经济活动;企业是经济组织,它的主要任务是组织经济活动,并拥有必要的经营管理自主权,建立独立的生产系统和经营管理系统,将职工的经济利益同企业的经济成果挂钩,使责权利三者结合起来。因此,政府不宜直接经营企业,企业要执行国家的法令、方针和政策,但不具备管理国家的职能。实行政企分开,可以减少政府对企业的控制和干预,

第七章 收入分配制度改革中中小企业劳动关系调整的内容与模式

扩大企业经营管理的自主权，使企业成为自主经营、自负盈亏、自我约束、自我发展的商品生产者和经营者。说到底，政企分开就是要正确划分国家各级政权机构和经济组织各自的权限，正确处理国家和企业的关系。

改革开放以来，我国政府是通过渐进的方式，逐步推进政企分开的。第一步是放权让利。改革开放初期，为了推动城市经济体制改革，我国采取了"放权让利"的方式，即把属于企业的部分权利，如部分生产经营权、奖金、福利发放权下放给企业。让利就是确定企业上缴国家的利润比例，激发企业生产经营的积极性。第二步是"两权分离"。两权分离是指企业的所有权和经营权分离。在当时的条件下，两权分离主要是通过承包制、租赁制的方式实现的。所谓"包"字进城，一"包"就灵，政府通过包死基数等方式，把经营权让渡给企业。第三步是建立现代企业制度。现代企业制度是指以市场经济为基础，以完善的企业法人制度为主体，以有限责任制度为核心，以公司为企业主要形式，以产权清晰、权责明确、政企分开、管理科学为条件的新型企业制度。其主要内容包括：企业法人制度、企业自负盈亏制度、出资者有限责任制度、科学的领导体制与组织管理制度。现代企业制度是一种适应现代社会化大生产和市场经济体制要求的企业制度，也是一种具有中国特色的企业制度，其基本内容包括五个方面：（1）企业资产具有明确的实物边界和价值边界，具有确定的政府机构代表国家行使所有者职能，切实承担起相应的出资者责任。（2）企业通常实行公司制度，即有限责任公司和股份有限公司制度，按照《公司法》的要求，形成由股东代表大会、董事会、监事会和高级经理人员组成的相互依赖又相互制衡的公司治理结构,并有效运转。(3)企业以生产经营为主要职能,有明确的盈利目标,各级管理人员和一般职工按经营业绩和劳动贡献获取收益,住房分配、养老、医疗及其他福利事业由市场、社会或政府机构承担。(4)企业具有合理的组织结构,在生产、供销、财务、研究开发、质量控制、劳动人事等方面形成行之有效的内部管理制度和机制。(5)企业有刚性的预算约束和合理的财务结构,可以通过收购、兼并、联合等方式谋求扩展,经营不善难以为继时,可通过破产、被兼并等方式寻求资产和其他生产要素的再配置。

其次,政府成为劳动关系的第三方、中间人。政企分开意味着政府负责政府的事情,企业负责企业的事情。政府成为劳动关系的第三方、中间人,是通过一系列劳动行政法规、地方性法规、行政规章等的制定、实施逐步实现的。一是由国务院制定、国务院总理签发的,以条例、规定、办法命名的有关劳动行政法规性文件,如《劳动合同法实施条例》《女职工劳动保护的规定》《企业劳动争议处理条例》《全国年节及纪念日放假办法》等。二是由省、自治区、直辖市和较大的市(包括27个省会城市、18个经国务院批准的较大的市、4个经济特区所在的市)的人民代表大会及其常务委员会制定的规范性文件。地方性法规不能同宪法、法律、行政法规相抵触。三是由国务院各部委及省、自治区、直辖市人民政府制定的行政规章,如劳动部2001年12月发布的《劳动力市场管理规定》,北京市人民政府2001年2月发布的《北京市基本医疗保险规定》等。各级政府作为各级政权的执行机构,依据宪法、法律规定,通过劳动行政法规、地方性法规、行政规章等,对劳动合同、工资福利、工作时间、福利待遇、养老保险、

第七章 收入分配制度改革中中小企业劳动关系调整的内容与模式

工伤保险等劳动关系的重要问题做出明确、具体的规定,使政府从企业的直接当事人逐步转变为规定、规则的制定者,从企业的直接管理者转变为劳动关系的第三方、中间人,以第三方、中间人的身份、角色介入劳动关系,调整劳动关系。

第三,企业和职工成为劳动关系主体。社会主义市场经济体制下的企业和职工与计划经济体制时期不同。企业是一个独立的法人,拥有生产经营的所有权力,职工拥有职业选择权。企业和职工开始进入"自治"时代。一是企业和职工用具有法律效力的劳动合同,规定双方的权利和义务。企业和职工按照自愿的原则就劳动时间、劳动报酬、劳动条件、安全卫生等问题签订劳动合同,或者企业与工会签订集体劳动合同。二是政府与企业和职工建立了三方协商机制。我国的三方协商机制是由劳动和社会保障部同中华全国总工会、中国企业联合会组成的。各级三方协商机制,如《中华人民共和国工会法》第34条的规定,是由"各级人民政府劳动行政部门会同同级工会和企业方面代表"组成的,其出发点是将雇主和工人都看作发展经济的重要力量,主张政府在协调劳动关系时,吸收他们双方以平等的地位参与协商,通过雇主和工人的合作,促进经济与社会发展。三方协商机制的本质是协调与平衡不同利益主体之间各自不同的利益需求。三方尽管总体目标是一致的,即促进经济发展、推进社会进步,但还有着不同的利益要求和价值取向,雇主关心的是企业利益的最大化,因此强调降低生产成本,提高生产效率。而工人组织则强调职工权益的保护,希望企业能不断地改善职工的工作条件,特别是希望职工能分享企业发展的成果,保证职工收入稳定增长。政府最关心的是经济的持续发展、社会文化生活的改善和政局的稳定。为了保证三方的利益，就需要一种制度和机制来解决各方的分歧，通过协商、对话和合作达到各方基本满意的目标。在现代社会崇尚社会生活民主化，在涉及雇主、职工根本利益的重大问题上，更需要广泛发扬民主，通过吸收不同利益主体的意见，达到相互协调和平衡，从而充分调动各方的积极性，共同创造一个繁荣、民主、文明的社会。三是建立健全劳动争议制度。劳动争议处理制度是解决劳动争议的重要制度，是劳动争议当事人尤其是劳动者维护自身合法权益的重要法律救济途径。我国自1987年恢复劳动争议仲裁制度以来，随着1993年《企业劳动争议处理条例》和1994年《劳动法》的相继颁布实施，确立了以协商、调解、仲裁、诉讼为主要环节的劳动争议处理制度。多年来，这一制度为保护劳动关系双方当事人的合法权益、促进劳动关系和谐、维护社会稳定发挥了重要作用。但是，随着经济体制、社会结构、利益格局、思想观念的深刻变化，以及工业化、城镇化、市场化、全球化进程的日趋加快，就业形式和分配方式越来越多样化，经济社会生活中的一些深层次矛盾和问题不同程度地反映到劳动关系中来，劳动关系双方当事人的矛盾纠纷不断增多，劳动争议案件数量持续增长、案情日益复杂、影响越来越大。现行劳动争议处理制度存在劳动争议耗时长、力量不足、仲裁时效过短等问题。为了完善现行劳动争议处理制度，全国人大常委会制定了《劳动争议调解仲裁法》。《劳动争议调解仲裁法》在坚持《劳动法》基本原则的前提下，根据经济和社会发展的要求，总结现行劳动争议处理制度的实践经验和不足，对劳动争议处理制度做了进一步完善，强化调解、完善仲裁、加强司法救济，及时妥善地处理

第七章 收入分配制度改革中中小企业劳动关系调整的内容与模式

劳动争议,尽最大可能将劳动争议案件解决于基层,维护当事人的合法权益。

总的来讲,经过 30 多年的发展,我国劳动关系调整模式同经济体制改革一样,彻底废除了单一的国家统合模式,逐步建立起与社会主义市场经济体制相适应的国家统合与集体自治、个体自治相结合的模式,取得了实质性的突破。当然,现在的模式还不是集体自治或者劳资自治的理想模式,还存在一些不容忽视的问题。

(三)收入分配制度改革中劳动关系调整的模式

新中国成立以来劳动关系调整以及西方发达国家劳动关系调整的经验告诉我们,劳动关系模式调整的实质是由谁主导劳动关系。一般地说,劳动关系或者说劳资关系的主体包括两个方面,一方是劳动者或者说劳方及其工会组织,另一方是用人单位或者说管理方及其雇主协会组织。在劳动关系发展过程中,政府通过立法介入和影响劳动关系,调整、监督和干预作用不断增强,因而政府也成了劳动关系主体。劳动关系的劳方、资方和政府三方主体,哪一方主导劳动关系更有利于"发展和谐劳动关系",推动经济社会发展?依据我国和西方发达国家的经验,我国应当而且必须构建政府主导的、工会和职工积极参与的、相关企业管理者和雇主组织积极配合的三层面职工权益保护体系。具体来讲,人民政府要自觉地站在人民的立场上,主动承担起保护和提高职工权益的重任,通过制定职工权益保护的法律法规,有效保护职工权益;作为职工利益代表的工会不能缺位,要与职工一起拿起法律武器维护职工的合法权益;作为劳动关系主要一方的高管、企业主以及工商联、雇主协会,也要按照社会主义市场经济的法律法规经营企业、善待员工、积极承担社会责任、自觉建立和谐劳动关系。在收入分配制度改革过程中，调整劳动关系的重要内容之一，就是构建政府主导型劳动关系。这是因为：

第一，用人单位或者说管理方及其雇主协会组织、劳动者或者说劳方及其工会组织主导劳动关系，都不利于"发展和谐劳动关系"。首先，工业化国家的实践表明，用人单位或者说管理方及其雇主协会组织主导劳资关系，不能"发展和谐劳动关系"。从资本主义产生至今，资本主义发达国家一直是资本主导劳资关系的。在自由资本主义时期，政府扮演着"守夜人"的角色，劳资关系完全交给市场处理，其结果是资本主导劳资关系。在这一时期，劳资关系尖锐对立，罢工浪潮风起云涌。资本主义进入垄断时期特别是20世纪30年代大危机之后，凯恩斯主义风靡全球，资本主义国家在劳资关系领域扬弃了自由主义理论，改变了"守夜人"的角色，从立法、工会组织、集体谈判等方面对劳资关系进行"国家干预"。由于"国家干预"、政府介入，资本主义发达国家的劳资关系在第二次世界大战后进入相对稳定时期。但是，经济萧条一旦来临，罢工等不同形式的矛盾便会随之出现。国际金融危机爆发后，占领华尔街运动就是如此。其次，劳动者或者说劳方及其工会组织主导劳动关系，到目前为止也找不到成功的范例。从第一个社会主义国家苏联到第二次世界大战后建立的社会主义阵营，几乎所有国家都尝试过劳方主导劳动关系的实践，形成了与资本主义对立的劳动关系。劳方的地位、权力可谓至高无上，而企业或者说用人单位的积极性却没有调动起来，生产效率、效益不高，和谐、双赢局面始终没有出现。因此，在现阶段，我国继续沿袭资方或者劳方主

第七章　收入分配制度改革中中小企业劳动关系调整的内容与模式

导劳动关系的"老路"是行不通的。

第二，政府主导劳动关系，是当前和今后相当长时间内的现实选择。从十六届六中全会提出"发展和谐劳动关系"以来，学界对于构建社会主义新型劳动关系和职工权益保护体系就存在不同认识。中国人民大学常凯教授认为"劳资自治"是一种理想状态。① 就目前来说，"劳资不成熟，公权需介入"②，"在基层，更加需要政府权力的介入。这和以往计划经济下'行政化'不是一个含义。政府并非直接介入企业的生产，它只是监督、检查劳动法律执行情况，督促你执行法律"③。马克思主义经济学家程恩富教授认为，"发展和谐劳动关系"、构建社会主义新型劳动关系和职工权益保护体系，"迫切需要构建国家（各级人大和政府）主导的、工会和职工积极参与的、相关企业管理者和雇主组织积极配合的三层面职工权益保护体系"。

笔者认为，上述观点有其合理性。首先，按照自由主义或者新自由主义提出的"劳资自治"的主张调整劳动关系，就背离了社会主义市场经济特别是中国特色社会主义理论，对改变我国劳动关系中存在的"强资本，弱劳工"的问题是无益的，所以说，这种主张只能是一种假设或者说理想目标，而不是现实选择。其次，"劳资不成熟，公权需介入"的论断符合我国国情。在改革开放政策鼓励、支持下发展起来的"劳资"不过30多年时间，也没有经过市场经济的洗礼，让"劳资双方自我调节""发展和谐劳动关系"，是难以做到的。在这

---

① 常凯《三十年来劳资关系的演变历程》，《中国商界》2008年，第6期。
② 常凯《"劳资不成熟，公权需介入"》，《新民周刊》，2006年5月25日。
③ 常凯《三十年来劳资关系的演变历程》，《中国商界》2008年，第6期。

种情况下,公权介入、政府介入,对于稳定劳动关系,维护职工的合法权益,"发展和谐劳动关系"是大有裨益的。再次,"构建国家(各级人大和政府)主导的、工会和职工积极参与的、相关企业管理者和雇主组织积极配合的三层面职工权益保护体系",是构建国家(各级人大和政府)主导劳动关系体系的大胆设想。迄今为止,劳动经济学界、劳动法学界、马克思主义理论学界的一些学者,都对中国特色社会主义劳动关系体系做过一些研究和探索,提出过一些建议,但笔者赞赏这一体系。该体系符合社会主义市场经济体制的实际。社会主义市场经济是市场经济与社会主义制度的结合,是中国特色社会主义理论在现行经济体制上的体现。因此,建立其上的劳动关系,与资本主导劳资关系的资本主义社会不同,与劳动主导劳动关系的社会主义也不同。它是社会主义制度与市场经济的兼容在劳动关系方面的体现。此外,该体系是对学界观点的提炼、概括、升华。它不仅囊括了工会维权、公权介入的主张,而且将其纳入一个完整的体系之中。

诚然,"构建国家(各级人大和政府)主导的、工会和职工积极参与的、相关企业管理者和雇主组织积极配合的三层面职工权益保护体系"的主张并非尽善尽美。从劳动关系主体的视角看,国家并非劳动关系主体,它作为劳动关系的主导方在实际工作中缺乏操作性。因此,笔者建议,在收入分配制度改革中,我们应当而且必须"构建政府主导的、工会和职工积极参与的、相关企业管理者和雇主组织积极配合的三层面职工权益保护体系"。这种政府主导劳动关系的模式,既与国际惯例相衔接,又易于被劳动关系双方认可并接受,也利于建立和谐劳动关系。

第八章 收入分配制度改革中中小企业劳动关系调整的原则与策略

一、中小企业劳动关系调整的原则

（一）"扶持中小企业"与收入分配制度改革相结合

首先，把"扶持中小企业"与收入分配制度改革结合起来，是党的基本工作方法——马克思主义哲学的"两点论"的具体运用。在中国革命特别是社会主义建设中，毛泽东始终强调、坚持"两条腿走路"的方针。在改革开放中，邓小平强调"两手抓""两手都要硬""一手硬一手软不相称"。"两手抓"是"两条腿走路"在新的历史条件下的另一种表述，其内涵是一致的，体现的哲学思想也是相同的，即强调马克思主义哲学的"两点论"，反对"一点论"、重点论。本书讲的把"扶持中小企业"与收入分配制度改革结合起来，是毛泽东讲的"两条腿走路"、邓小平讲的"两手抓"在现实条件下的具体运用，是对马克思主义哲学关于坚持"两点论"，反对"一点论"、重点论的弘扬。不坚持或者忽视这一方法就背离了马克思主义哲学的基本观点，企业的存在和发展可能就会出现较大的问题。从现实来讲，也确实需要将二者结合起来。"扶持中小企业"发展，是国家法律的规定。2002年，全国人大常委会颁布了《中华人民共和国中小企业促进法》，随后，国务院和地方政府颁布了相关法规，出台了一系列配套政策，促进、支持中小企业发展。在金融危机的背景下，这些法律法规和政策尤其需要贯彻落实。另一方面，收入分配制度改革，是中央依据改革进入新阶段、新特征做出的重大决策，国务院也于2013年2月颁布了《关于深化收入分配制度改革的若干意见》，要求各地贯彻执行。我国是人民当家做主的社会主义国家，人民是国家的主人，享有至高无上的权利。而现实情况是我国居民的收入差距在持续拉大，基尼系数不断攀升，甚至已经超过了美国。占70%以上的中小企业劳动者的收入，还达不到平均工资的40%。劳动者收入低一方面造成了企业的"用工荒"，另一方面也造成了劳动纠纷频发的现象。这种情况告诉我们，中小企业劳动者的待遇得不到大幅度的提高，企业的稳定、发展就无从谈起，十八大规定的到2020年人均收入翻一番的任务就无法完成，"两个百年目标"的中国梦就难以实现。

其次，中小企业的发展与劳动关系的发展呈正相关。如上所述，企业和劳动关系是"皮"与"毛"的关系，企业是劳动关系的"皮"，劳动关系是企业的"毛"。没有企业这个"皮"，劳动关系这个"毛"就无一依附。正所谓"皮"之不存，"毛"将焉附。包括我国在内的工业化国家的劳动关系都是建立在企业基础之上的，企业倒闭、关门，劳动关系就终结了，根本谈不上劳动关系的调整和建设。当然，劳动关系对企业的存在、发展也具有重大的反作用。劳动关系处于紧张、对立、冲突状态，也会影响企业的生产和经营秩序。劳动关系状态

第八章 收入分配制度改革中中小企业劳动关系调整的原则与策略

良好,不仅能够缓和劳资双方的关系,还能促进企业效益的大幅度提高。西方国家在经历了劳资关系激烈对抗、付出沉痛教训、缴了昂贵的学费之后,才逐渐明白单纯地站在资方的立场上,压迫劳动者并不能达到预期目的,甚至会事与愿违。所以,当资本主义社会进入垄断阶段以后,西方各国逐步赋予工会以罢工权,赋予企业以闭厂权。罢工权是工会对企业的"杀手锏",当工会的要求遭到企业拒绝,谈判不可能开展或者无法继续的情况下,工会只能选择罢工这个下策与企业抗衡。诚然,工会的要求在企业实在无力满足的情况下,企业也可以采取闭厂、关门这个"杀手锏"予以应对。法律赋予工会与企业这一对等的权利,主要目的在于平衡劳动关系,保障企业和劳动者双方的合法权益,促进劳动关系在法律的轨道上发展。事实上,资本主义社会进入垄断阶段以后,资本主义国家已经把劳动关系看作是一个利益共同体,一旦发生纠纷、矛盾特别是严重对立、冲突时,受害的总是劳资关系的双方,没有哪一方是绝对的赢家,哪一方是绝对的输家。一损俱损、一荣俱荣,就是资本主义国家劳动关系发展的"铁律",在社会主义初级阶段的我国更是如此。非公有制企业是在党的改革开放政策的鼓励、支持、引导下发展起来的经济体,是社会主义市场经济的主要力量,私营企业主是中国特色社会主义事业的建设者,工人阶级是我国的领导阶级,是国家的主人。非公有制企业或者说中小企业劳动关系的双方,同国有企业劳动关系一样,都要建立和谐劳动关系。对于劳动纠纷、矛盾、冲突,只能采用法律的、经济的办法来处理。党和政府只能作为第三方调解或者调节劳动关系。企业与劳动者任何一方利益受损,最终的结果都将是双方的利益受损,中国特色社会主义事业受损。

因此,在社会主义初级阶段,处理我国劳动关系特别是中小企业劳动关系的首要原则是,把"扶持中小企业"与劳动关系调整结合起来,必须在保证企业这个"皮"的存在、发展的前提下,按照法律法规和政策规定,调整劳动关系,稳定劳动关系,促进劳动关系整体水平的提高。也就是说,劳动关系的调整不能以伤害企业的发展为代价,企业做大做强不能以牺牲劳动者利益、影响企业乃至社会的稳定为代价。收入分配制度改革中的劳动关系调整,必须在中小企业发展与劳动者合法权益维护的法律法规、政策的框架内进行,在二者之间寻求最大"公约数"。

(二)收入分配制度改革与劳动关系调整的目标相结合

如前所述,深化收入分配制度改革的重点在于缩小居民收入差距,提升劳动报酬在初次分配中的比重。深化收入分配制度改革的实施,客观上涉及劳动关系的核心内容——劳动者的经济利益。因此,必须把分配制度改革与劳动关系调整的目标相结合。

一是政府相关部门与工会相结合,缩小年薪制与工资制的差距,切实尊重普通劳动者的劳动。尊重劳动,特别是尊重普通劳动者的劳动,是《关于深化收入分配制度改革的若干意见》要达到的基本目的和各级工会要完成的基本任务。尊重劳动,特别是尊重普通劳动者的劳动,在经济上最主要的表现,就是合理确定年薪制与工资制的比例,缩小年薪制与工资制的差距,充分调动管理者和劳动者的积极性、主动性和创造性。从国内外的历史来看,完成这一历史任务,沿袭过去的经验,由管理者一方说了算是行不通的。如果反过来,由劳动者一

第八章 收入分配制度改革中中小企业劳动关系调整的原则与策略

方——工会说了算,也是不现实的。各方面的成功经验表明,劳动关系的第三方——政府的相关部门,与工会结合起来,让工会参与其中,与企业——管理方一道,共同协商、讨论,是经济社会发展的必然趋势。管理方代表企业,陈述自己的意见;工会代表劳动者一方,陈述职工的要求;政府作为企业和职工利益的代表,作为第三方、中间人居中调停,与企业和工会一起,共同确定一个符合三方利益、都能接受的比例。就是说,在收入分配制度改革中,在年薪制与工资制的比例这个重大问题的决策上,政府要放开工会的"手脚",让工会参与其中,成为年薪制与工资制的重要决策者之一。要能够听到工会的声音、看到工会的影子。职工不再是年薪制与工资制的被动接受者,而是参与者、表决者。对涉及自身利益的年薪制与工资制,职工必须具有知情权、参与权、表决权。

二是将加快收入分配相关领域立法与全面落实《劳动法》《劳动合同法》等相关法律结合起来,保障劳动者的基本经济利益。应当承认,2007年我国颁布了《劳动合同法》《就业促进法》《劳动争议调解仲裁法》等法律以后,我国的劳动法律建设已经取得了阶段性成果。但是,我们也必须承认,我国的劳动法律在贯彻落实中依然存在"执行难"的问题。在国际金融危机的影响下,不少企业对执行《劳动合同法》表现出较大的畏难甚至抵触情绪,以至于《劳动合同法》的许多重要条款付诸东流。如拖欠工资的现象依然时有发生,最低工资标准不能在全国各地落实到位,工资集体协商有名无实,等等。对此,我们必须从立法的角度予以高度重视。按照《关于深化收入分配制度改革的若干意见》的要求,加快研究出台社会救助、慈善事业、扶贫开发、企业工资支付保障、集体协商、国有资本经营预算、财政转移支付管理等方面的法律法规，及时修订完善土地管理、矿产资源管理、税收征管、房产税等方面的法律法规。建立健全财产登记制度，完善财产法律保护制度，保障公民合法财产权益等法律法规。从本书来讲，就是要"健全工资支付机制，将拖欠工资问题突出的领域和容易发生拖欠的行业纳入重点监控范围，完善与企业信用等级挂钩的差别化工资保证金缴纳办法"。其次，要落实最低工资标准。"完善工资指导线制度，建立统一规范的企业薪酬调查和信息发布制度。根据经济发展、物价变动等因素，适时调整最低工资标准，到2015年绝大多数地区最低工资标准达到当地城镇从业人员平均工资的40%以上。"再次，要加快工资集体协商立法的步伐。加快工资集体协商的步伐，要"以非公有制企业为重点，积极稳妥推行工资集体协商和行业性、区域性工资集体协商，到2015年，集体合同签订率达到80%，逐步解决一些行业企业职工工资过低的问题"。当然，落实工资集体协商，最根本的是推进加快工资集体协商立法的步伐。目前，广东、北京、四川等地已经制定了《工资集体协商办法》。其他各省应当结合本地实际，学习先进经验，尽快颁布《工资集体协商办法》。

三是把收入分配制度改革融入和谐劳动关系创建活动中。为了加强社会建设、创新社会管理、切实维护劳动者的合法权益和改善民生、促进企业健康发展、构建和谐社会，各级政府都积极开展了和谐劳动关系企业创建活动，制定了相应的目标任务和主要措施。中央要求各级政府要始终把促进解决职工群众最关心、最直接、最现实的利益问题作为衡量劳动关系状况的核心指标，把建立劳动合同制度、开展工

第八章 收入分配制度改革中中小企业劳动关系调整的原则与策略

资集体协商、实现职工收入正常增长和劳动争议调处、职工参与企业自主创新情况等作为创建的重点。而这些主要措施，也正是收入分配制度改革需要解决的重点问题。

（三）做大"蛋糕"与分好"蛋糕"相结合

工业化发展的实践表明，做大"蛋糕"与分好"蛋糕"并不是天然统一的：既不是只要把"蛋糕"做大，收入差距就会自动缩小；也不是收入差距扩大一段时间后，就会自动缩小。如果没有政府的自觉调控，收入差距是不可能自动缩小的。即使从发达资本主义国家几百年的发展历程看，也不存在做大"蛋糕"与分好"蛋糕"天然统一的情况。在当代，有些发达资本主义国家也重视分好"蛋糕"的问题，它们通过高额累进税、遗产税、慈善事业等来制约收入分配和财产占有上的差距扩大，通过较为成熟和有效的社会保障制度来保障低收入者的生活水平、缩小初次分配中形成的过大差距。我国作为工业化的后发国家，作为社会主义国家，在30多年的发展过程中，也没有避免这一矛盾，实现做大"蛋糕"与分好"蛋糕"的统一。

因此，党中央在2003年抗击"非典"斗争中，系统地总结了我国改革开放以来的经验教训，提出了科学发展观，明确了统筹经济社会发展，集中解决做大"蛋糕"与分好"蛋糕"的问题。时任国务院总理的温家宝指出："2003年在抗击非典斗争中，我们得到了许多启示，其中最重要的一条，就是必须统筹经济社会发展，加快解决经济社会发展'一条腿长、一条腿短'的问题。"此后，党和政府以科学发展观为指导，更加重视发展社会事业和改善民生，增强经济发展与社会发展的协调性。2013年2月出台的《关于深化收入分配制度改革的若干意见》，就是中央突出解决这一问题的具体方案，其总体要求是："坚持以经济建设为中心，在发展中调整收入分配结构，着力创造公开公平公正的体制环境，坚持按劳分配为主体、多种分配方式并存，坚持初次分配和再分配调节并重，继续完善劳动、资本、技术、管理等要素按贡献参与分配的初次分配机制，加快健全以税收、社会保障、转移支付为主要手段的再分配调节机制，以增加城乡居民收入、缩小收入分配差距、规范收入分配秩序为重点，努力实现居民收入增长和经济发展同步，劳动报酬增长和劳动生产率提高同步，逐步形成合理有序的收入分配格局，促进经济持续健康发展和社会和谐稳定。"就当前而言，落实《意见》的总体要求，分好"蛋糕"，需要做到以下三点：

第一，明确分好"蛋糕"的内涵。一是分好"蛋糕"不是搞平均主义、人人分得相等的一块，而是根据各自在做"蛋糕"中的贡献分得相应的一块；二是分好"蛋糕"，缩小收入差距不是不要差距，合理的、与贡献相一致的收入差距是必要的；三是要通过提高技术水平、知识水平、专业水平和劳动绩效来增加低收入者的劳动报酬，而不是仅仅在不变的劳动绩效和既有的"蛋糕"存量上不断增大自己的一块。

第二，不断完善分好"蛋糕"的制度基础。坚持和完善社会主义初级阶段的基本经济制度、坚持和完善公有制为主体和按劳分配为主体，实行多种所有制经济共同发展和多种分配方式并存。在实践中真正落实劳动、资本、管理、信息等生产要素按贡献参与分配。

第三，提高劳动者对"蛋糕"的占有率。从总的框架来讲，"蛋糕"可切分为三大块——企业一块、职工（劳动报酬）一块、国家一块。现在的问题是职工的一块偏小，所以应提高劳动报酬在初次分配中的

第八章 收入分配制度改革中中小企业劳动关系调整的原则与策略

比重，提高居民收入在国民收入分配中的比重。具体而言，在公有制经济中分好"蛋糕"，就要贯彻实行按劳分配原则，多劳多得、少劳少得，奖勤罚懒、奖优罚劣。随着劳动生产率的提高，适时增加职工收入，规范国有企业高管的收入；在私营和外资企业中分好"蛋糕"，就要确保职工的合法权益不受侵害，处理好企业利润与工资的分配关系。同时要切记，提高劳动报酬不能"刮风"，不能一哄而上，不能只重行政命令，而应根据不同经济成分、不同类型企业的具体状况，提出统一性和差别性相结合的指导方针，并把市场调节与政府调控结合起来。

（四）资本的利润最大化与劳动者的利益最大化相结合

劳动与资本是企业进行价值生产和价值创造最基本的生产要素。劳动追求利益最大化，资本追求利润最大化，是包括社会主义市场经济在内的劳动关系双方的一般特点。而社会主义市场经济比资本主义市场经济的优越之处在于，它的基本经济制度内在地要求两个"最大化"。

首先，现阶段基本经济制度的确立，意味着劳动所有权和资本所有权并存。所有制与所有权的关系类似于内容与形式的关系，所有制是形式或者说载体，所有权是内容。所有权寓于所有制之中。所有制归谁所有，谁就拥有所有权。有什么样的所有制，就有什么样的所有权。国内理论界的一些学者，特别强调生产资料所有制的性质，笔者认为这是正确的，但也是不够的。生产资料所有制之所以能够决定一个社会制度的性质，是因为统治者总是把所有制和所有权牢牢地捆在一起，总是通过所有权的实现反映、体现生产资料所有制的性质。就资本主义社会来说，与其说资产阶级强调坚持生产资料私有制，毋宁说它特别强调坚持资本所有权原则。抽取了资本所有权原则，私有制就成了没有任何实际意义的空壳。在社会主义初级阶段的今天，我们强调坚持"两个毫不动摇"，不仅体现在意识形态上，是一个政治理论概念，更要将其具体化，将其体现在所有权上，即坚持劳动所有权和资本所有权毫不动摇。

其次，现阶段基本经济制度的确立，客观上赋予了劳动所有权和资本所有权的利益。劳资关系问题的实质是利益问题，利益问题的根本在于所有权的实现及其实现程度。而劳动所有权和资本所有权实现的关键点是，资本的利润最大化与劳动者的利益最大化，或者说是把传统的利润由资本"独享"转变为资本与劳动"共享"，即管理权、决策权和分配权由资本与劳动"共享"。从工业化国家及其我国的实践看，如果由一方独享这些权利，忽视、轻视甚至否认另一方的所有权，有意或者无意、自觉或者不自觉地制造"强资本，弱劳工"或者"强劳工，弱资本"的情况，最终都会损害劳资双方的利益，不利于整个经济社会的发展。在经济全球化的今天，不要说由一方独享，即使"分割"不当也可能酿成重大的群体性事件。因此，切实落实"劳动、资本、技术和管理等生产要素按贡献参与分配的原则，完善按劳分配为主体、多种分配方式并存的分配制度"[①]，不仅是个理论问题，更是关系劳动关系乃至社会稳定的问题，是一个重大的政策、法律问题。

应当承认，现行的制度安排并不意味着社会主义市场经济已经实现了两个"最大化"。事实上，在30多年改革开放的实践中，始终

---

① 《十六大报告辅导读本》，人民出版社，2002年，第17页。

第八章　收入分配制度改革中中小企业劳动关系调整的原则与策略

存在着"利润侵蚀工资"的不平等现象，资本利润最大化得以实现，而劳动者的利益受到了极大的损害。因此，当前和今后较长的一段时间里，落实《意见》的基本原则之一，就是要将两个"最大化"有机统一起来。具体来讲，企业所有者和管理者要合法经营，按照《劳动法》《工会法》《劳动合同法》的核心内容，建立科学的员工薪酬制度和激励机制，保护员工依法享有劳动权利和履行劳动义务，与员工签订并履行劳动合同，遵循按劳分配、同工同酬的原则，提高工资和福利待遇。劳动者要履行劳动合同赋予的各种义务，以主人翁的态度，服从企业管理，听从企业安排，积极完成工作任务，参与各种技能培训，提高自身的综合素质和能力。劳动关系双方都履行了自己的义务，主张了自己的权利，二者之间的关系就处理好了，劳动关系也就和谐了。

（五）解决收入分配问题与劳动关系制度建设相结合

如上所述，收入分配中存在的问题与劳动关系中劳动者的报酬密切相关，甚至是重复的、交叉的。落实收入分配制度改革的若干意见，就是要解决这些问题，也是解决劳动关系中劳动者的报酬的问题。笔者认为，这些问题的解决固然重要，但是，我们更要注意制度建设，从制度上杜绝类似情况的发生。按照《辞海》的解释，制度是指要求成员共同遵守的、按一定程序办事的规程。通俗地讲，制度是社会成员的行为规范或共同认可的模式。劳动关系制度就是劳资双方行为方式的规范体系，是其生产经营活动赖以进行的依托和相对稳定的秩序和规范的框架。在党和政府集中解决收入分配问题的过程中，一定要注意搞好以下劳动关系制度建设：

一是健全协调劳动关系三方机制。自1990年批准国际劳工组织通过的《三方协商促进贯彻国际劳工标准公约》以来，我国劳动关系三方协商机制不断完善、发展。2001年10月27日新修订的《工会法》第34条对三方机制做出明确规定："各级人民政府劳动行政部门应当会同同级工会和企业方面代表，建立劳动关系三方协商机制，共同研究解决劳动关系方面的重大问题。"这是目前我国推行三方协商制度主要的法律依据。2001年8月，劳动和社会保障部、全国总工会、中国企业联合会联合宣布，国家将全面启动劳动关系三方（国家、企业、职工）协商机制，以协商的形式解决劳动关系中存在的各种问题。目前，全国省级和市一级的三方机制已经基本建立，三方机制正逐步向县（市、区）和产业一级延伸，并在协调劳动关系中取得了一定成绩。但是，仍然存在着一些不容忽视的问题，如有的领导及相关部门，对实行三方协商机制的重要性和必要性以及三方协商的原则、职能、内容、程序等不了解，工作流于形式；县（市、区）企业联合会（企业家协会）机构不健全，由经贸局兼任，不能真实地代表企业；一些工作人员不适应工作需要，深入基层调研少，理论研究不够，具体措施不力，相关的法规政策掌握较少，缺乏协商沟通能力和组织协调能力；三方合力不强，联合宣传培训少，相互沟通信息反馈不够，等等。在收入分配制度改革中，各级领导及相关干部，特别是基层工会及其领导干部，不仅要充分认识建立三方协商机制的重要意义，提高思想认识，从政治的高度认识三方协商机制对劳动关系的作用，更要重心下移，加强县（市、区）和产业一级等基层三方协商机制工作，特别注意县级企业联合会的建设。当前，县（市、区）一级的劳动局、工会作为三方协商机制中的主体已经较为成熟，而企业联合会（企业家协会）

第八章 收入分配制度改革中中小企业劳动关系调整的原则与策略

的组织建设尚需完善。今后，不仅要在一些无企业联合会（企业家协会）的县（市、区）建立企业代表组织，避免由经贸局兼任产生的问题，而且要吸收合资、外资、非公企业多方代表参加，充分体现广泛性、代表性，从而真正实现"三方协商"。另外，要加强三方协商机制的自身建设，建立相关制度，明确职责、任务、运行程序及规则等，使三方协商机制规范运作，充分发挥其作用。

二是健全劳动合同制度。劳动合同是劳动关系建立的标志和载体，在规范劳动关系的订立、履行、变更、解除和终止行为方面具有基础性作用。《劳动合同法》颁布实施以来，劳动合同制度的实施取得了长足进展，企业劳动合同签订率逐步提高，合同内容趋于规范，但一些行业特别是中小企业劳动合同签订率低、随意解除劳动合同、解除或终止劳动合同不依法补偿、拖欠劳动者工资、不给职工缴纳社会保险、滥用劳务派遣等问题还相对突出。2013年7月1日起，新修订的《劳动合同法》正式实施，明确规定了"临时工"享有与用工单位"正式工"同工同酬的权利，并赋予人社部门依法开展经营劳务派遣业务行政许可的权利。这在一定程度上提高了劳务派遣机构的门槛，增加了企业用工成本，"滥用"劳务派遣的行为将得到有效遏制。即使如此，在完善法律法规、细化劳动标准、加大执法力度、强化监督约束等方面仍有较大的改善空间。工会在检查贯彻落实新修订的《劳动合同法》时，必须注意新修订的《劳动合同法》特别强调的重点。如"重申同工同酬"是此次《劳动合同法》修订后的一大亮点，而"酬"不仅包括工资、奖金，还包括社会保险。然而，近日公布的由人社部社会保障研究所牵头开展的《社会保险法》实施情况专题调查研究显示，劳务派遣工劳动关系复杂，参保情况差，参保率非常低。因此，工会在检查贯彻落实新修订的《劳动合同法》时，要把重点放在工资、奖金和社会保险三个方面。再如，新修订的《劳动合同法》赋予了人社部门依法开展经营劳务派遣业务行政许可的权力。严格规范劳务派遣的结果是，部分派遣机构关门、用工单位裁员、大量劳动者失业。因此，在号称"最难就业年"的2013年以及"十二五"期间，各级人社部门在依法开展经营劳务派遣业务时，既不能因为保就业而有法不依，亵渎劳动法律的威严，又不能脱离实际，不顾一切地严格执法。换句话说，各级人社部门应当要求立法部门结合当前实际，尽快制定具体制度或者说司法解释、说明，让各级人社部门遵照执行。

三是健全集体协商制度。集体协商制度是职工代表（一般是工会）与企业或者企业代表就直接涉及职工切身利益的劳动报酬、工作时间、休息休假、劳动安全卫生、保险福利等事项进行平等协商，在协商一致的基础上签订集体合同的行为。企业和职工开展集体协商签订集体合同，是双方自主协调集体劳动关系的重要途径，也是协调劳动关系制度体系的核心。这种协商制度既是一种利益协调平衡机制，又是一种矛盾预防和调节手段；既可以克服法律法规只能设定底线标准的局限，又能够矫正单个劳动者在与企业方博弈过程中的弱势地位，已被实践证明是构建和谐劳动关系行之有效的制度安排。因此，在实践中，政府要发挥主导作用，加快集体合同立法步伐，着力完善集体协商制度。同时，积极引导各企业开展劳资双方的集体协商，加大自发调节和自我调节的力度，最终通过集体合同或专项条约的方式予以明确，并通过集体合同的履行得以落实，实现劳动关系双方利益的动态平衡。

第八章 收入分配制度改革中中小企业劳动关系调整的原则与策略

二、收入分配制度改革中中小企业劳动关系调整的策略

(一) 以配合收入分配制度改革为当前工会工作的中心

社会主义市场经济条件下的工会工作,是十分复杂的工作,既要改变计划经济时期工会工作的思维,又要注意与市场经济国家工会工作的"接轨"问题;既要彰显社会主义的本质特征,又要体现市场经济条件下工会工作的一般属性;既要注意工会的法制建设、组织建设,又要提升工会干部的自身素质,适应社会主义市场经济劳动关系的一般特点。但是,这并不意味着工会工作的中心始终是不变的。在党和政府集中进行收入分配制度改革期间,各级工会不能无动于衷,按部就班地开展工作,而应把工作重点转变过来,以配合收入分配制度改革为工作的中心。只有"跳出劳动关系,抓劳动关系",才可能事半功倍,接近目标。

首先,在指导思想上,以收入分配制度改革对工会的需要,部署、安排当前工会工作。新中国成立后,党和政府对工会工作是重视的、支持的。但是,这种重视、支持更多的是基于马克思主义理论、社会制度、党的干部思想认识上的缘故,而不是实践、工作的内在需要。这种理论与实践的差异造就了中国工会有名无实、无所作为的状况。而《关于深化收入分配制度改革的若干意见》的出台,对工会工作提出了新的要求,也给工会的发展带来了不可多得的机遇。《意见》的贯彻落实,需要各级政府,也需要各级工会的配合。可以说,没有工会的配合和支持,各级政府是难以完成这一任务的。因此,各级工会要抓住这一难得的、能够提升自身地位、体现自身价值的机会,与政

府密切合作,充分发挥自己不可替代的独特优势,共同推动收入分配制度改革。通过与各级政府的密切合作,打好工会工作的"翻身仗"。

其次,在工作的具体安排上,要突出配合收入分配制度改革这个中心。如上所述,工会工作千头万绪、种类繁多,在每一个具体部门看来,这些工作都是重要的,不能不做的。但是,马克思主义哲学的理论和工作的实践告诉我们,任何一个部门在任何时期都不能"树敌太多""两个拳头打人",不能平均使用力量,"眉毛胡子一把抓",希望"一口吃成个胖子""一锹挖出一口水井"。就是说,工会工作要因时因地地适当"放下"或者说"丢下"一些,突出抓一个或者两个重点工作。具体来说,就工会内部工作而言,恐怕要采取"丢卒保车"的策略,即与收入分配制度改革关系密切的工作,必须抓紧抓好,不能存在丝毫的怠慢与含糊,其他工作可以适当地"放一放"。就工会外部工作而言,恐怕也要采取"丢车保帅"的策略,即工会与政府相关部门、与企业联合会等方面的工作重点是推进收入分配制度改革。与此关系密切的工作都必须抓紧抓好,不能存在丝毫的纰漏与闪失。其他工作可以暂时"放一放"。在此期间,工会在与政府相关部门、与企业联合会的合作,都应该围绕推进收入分配制度改革这个"帅"而进行。

(二)以维护职工经济利益为重点

劳动者的合法权益即劳权、劳工权益或劳动权利,是国际劳工公约和市场经济国家劳动立法的一个基本概念,是指以劳动权为基础的、处于劳动法律关系中的劳动者在履行劳动义务的同时所享有的与劳动有关的权益,包括个别劳权和集体劳权。个别劳权是指由劳动者个人享

第八章 收入分配制度改革中中小企业劳动关系调整的原则与策略

有和行使的与劳动有关的权利，主要包括平等就业和选择职业的权利、取得劳动报酬的权利、休息休假的权利、享受社会保险和福利的权利、获得职业安全与卫生保护的权利、接受职业培训的权利、提请劳动争议处理的权利、法律规定的其他方面权利。集体劳权又称团结权或劳动基本权，是指劳动者运用组织的力量维护自身利益的权利，主要包括组织权（团结权）、集体谈判权、民主参与权。由此看来，劳动者合法权益是内涵丰富、外延十分宽泛的概念。维护劳动者合法权益，就是维护上述权益。从现实来看，企图维护上述所有权益是不现实的，比较现实的选择是，抓住重点，带动一般，即从劳动者最关心的经济利益入手，打开突破口，然后一个一个解决，直至劳动者的所有权益。职工的经济利益是职工最关心、反映最突出的问题，是劳动者合法权益的重要组成部分。维护职工的经济利益，主要是指劳动者享有的工资、福利等经济利益。在推进收入分配制度改革、国际金融危机肆虐的今天，维护职工的经济利益，起码要做好以下三方面的工作：

首先，彻底解决拖欠工资问题。拖欠工资问题曾经是全社会关注、国务院总理亲自抓的重要工作。在中央政府、地方政府和社会各界的共同努力下，这一问题得到了较好的解决，赢得了社会的赞誉和肯定。但是，各地调查显示，旧的拖欠解决了新的拖欠又出现了。据山西省2012年11月26日开始的农民工工资支付情况专项检查结果显示，到目前为止，共检查用人单位7.39万户，涉及职工284.85万人，责令补签劳动合同31.18万份，为7.9万名劳动者追讨工资等待遇2.5亿元。[①]

[①] 《山西省七部门专项检查拖欠农民工工资》，山西省人民政府网站：http://www.shanxigov.cn/n16/n8319541/n8319612/n8322053/n8324962/n15686247/16778851.html。

如果我们连拖欠工资的问题都不能彻底解决，劳动关系的稳定恐怕都无从谈起，还如何谈"发展和谐劳动关系"。

其次，落实最低工资标准。制定、执行最低工资标准，是市场经济国家奉行的国际惯例。当我国企业的经营管理实现市场化以后，企业拥有了经营管理的所有权利，成为独立的法人。执行最低工资标准是最基本的"游戏规则"。大量事实说明，这一规则并没有得到很好的执行。据北京市各级工会2011年4月对北京4万余家建会企业的低收入职工摸底情况排查结果显示，按照2011年北京市最低工资标准1160元作为员工基本工资的企业有777家，另有12家企业月工资没有达到北京市最低工资标准。①职工的基本利益不下大力气解决，一切都谈不上。

再次，落实"五险一金"的缴纳。"五险一金"解决的是职工的"后顾之忧"。由于企业的外部环境等因素，现在多数企业并不能完全缴纳"五险一金"。目前，我们的任务就是要想方设法解决这个问题。这个问题解决了，职工才能安心、放心，职工才能与企业一心、同心，才能实现劳动关系的稳定、和谐。

（三）以推进工资集体协商为突破口

直观感觉与各方面的调研资料表明，我国劳动关系状况与企业经济发展状况呈现正相关。国有企业劳动关系好于非公有制企业劳动关系，大型企业劳动关系好于中小型企业劳动关系。就工资集体协商制

---

① 《北京市总工会稳步推进工资集体协商工作》，中华全国总工会网站：http://www.acftu.org/template/10041/file.jsp?aid=84088。

第八章 收入分配制度改革中中小企业劳动关系调整的原则与策略

度而言，也是这样。国有企业以及包括私营企业在内的大型企业，整体水平高于中小型企业。

为了维护职工的合法权益，提高我国劳动关系的整体水平，中华全国总工会将我国中小企业工会建设和工资集体协商作为工资集体协商的重点，集中解决推进工资集体协商问题。在各级地方政府和工会的配合下，全国出现了武汉的餐饮行业、上海的出租车行业、江苏邳州的板材行业、山西吕梁的煤炭行业、浙江的节能灯行业、北京的家政行业，以及海南的注册会计师行业等新案例。截至2009年9月，全国签订集体合同124.7万份，覆盖企业211.2万个，覆盖职工16196.4万人；签订区域集体合同15.0万份，覆盖企业96.2万个，覆盖职工4197.5万人；签订行业集体合同9.9万份，覆盖企业30.7万个，覆盖职工1886.8万人；签订工资专项集体合同51.2万份，覆盖企业90.2万个，覆盖职工6177.6万人。全国总工会和各级工会的努力，标志着我国中小企业行业和区域工资集体协商已经迈开了实质性的步伐，取得了阶段性的成果。这些成果的取得，对于维护职工合法权益、加强协调劳动关系工作、完善企业管理、推动工会组织建设等方面产生了积极作用。但是，我们也应当看到，中小企业行业和区域工资集体协商还存在着不同地区之间工作进展不平衡、一些地区集体合同制度覆盖面不够广、协商机制不完善以及实效性不够强等问题。更为重要的是，进一步推动集体协商机制建设还存在诸多困难：一是有些企业经营者认为集体合同会束缚自己，害怕集体协商会带来麻烦，因此有抵触情绪；二是一些工会干部认为自己受雇于企业，开展集体协商无能为力；三是一些职工对集体协商不太关心，自我维权意识还不够。

由此看来，以中小企业为重点的工资集体协商工作，还有许多艰苦细致的工作摆在我们面前，需要各级工会继续努力完成。中华全国总工会副主席张鸣起表示，从2011年开始，全国总工会计划用三年时间，依法在建立工会的企业中普遍开展以工资集体协商为核心的企业集体协商制度，旨在推动企业工资分配机制，职工工资支付保障工作，更有效地保护职工权益。[①]关于这一点，各方面的看法是一致的。国务院批准的《关于深化收入分配制度改革的若干意见》，对工资集体协商依然十分重视，并且，对于如何推进以及时间表等都做出了明确的规定和要求。《意见》明确指出：要"以非公有制企业为重点，积极稳妥推行工资集体协商和行业性、区域性工资集体协商，到2015年，集体合同签订率力争达到80%，逐步解决一些行业企业职工工资过低的问题"。显而易见，《意见》关于政府在推进工资集体协商的部署、安排，与工会在"十二五"期间的工作是重合的、一致的。所以，在当前和今后的一段时间内，各级工会要把工资集体协商作为劳动关系调整的突破口，积极稳妥地推行工资集体协商。一是总结各地、各类企业推行工资集体协商的成功经验和不足，积极探索新路径、新方法。二是认真研究非公有制企业的性质和特点，制定工资集体协商办法，保证工资集体协商的顺利推进。三是按企业规模、特点分类，提出工资集体协商的不同要求。对小企业和季节性临时性员工，重在保障最低工资和防止工资拖欠。对有一定规模的企业，重在推行工资集体协

---

① 陈芳《全国总工会计划用三年时间建立工资集体协商制度》，中国网：http://www.china.com.cn/economic/txt/2011-01/18/content_21758564.htm。

第八章 收入分配制度改革中中小企业劳动关系调整的原则与策略

商制度、地方工资与行业工资指导线制度,完善企业欠薪欠费预警机制,逐步建立起职工工资正常增长机制。

(四)以形成企业和职工利益共享机制为目标

利益共享包括经济利益、政治利益共享。经济利益共享也称狭义的利益共享,是指劳动者在及时、足额得到工资的前提下,也能够得到或者说分享到部分利润。广义的利益共享,是指在狭义的利益共享基础上,参与企业的经营管理,分享企业的经营管理权。利益共享是相对于"独享"而言的,劳动关系双方的对抗、对立、矛盾、纠纷,归根结底,都是围绕反对或者维护"独享"而展开的。社会主义市场经济与资本主义市场经济的根本区别,就在于劳动关系要实现"共享"。"十二五"规划纲要对于中国特色社会主义劳动关系的基本要求是,"充分发挥政府、企业和工会的作用,努力形成企业和职工利益共享机制,建立和谐劳动关系"。《关于深化收入分配制度改革的若干意见》第10条,对于"十二五"规划纲要的回应是,分步实施,逐步展开,先"建立健全国有资本收益分享机制",然后在其他类型的企业建立"共享"机制,建立和谐劳动关系。

从我国企业劳动关系的现实来看,即便是狭义的利益共享,也是劳动关系的一场革命,是和谐劳动关系建立的关键一环。也就是说,要在国有企业实行经济利益共享,依然需要各级政府和工会付出艰辛的努力。具体来讲,在国有企业实行经济利益共享,至少需要做好以下三方面的工作:

首先,要让整个社会特别是企业领导人,在思想上充分认识"企业和职工利益共享"是历史发展的必然趋势。资本主义的发展是从利润"独享"开始的，工人和资本家的斗争也是由此展开的。在这个过程中，资产阶级不断向工人让步。直到20世纪70年代以"滞胀"为特征的经济危机爆发以后，西方经济学家在寻找破解"滞胀"的"药方"时，资产阶级经济学家开出了"共享"的医治良方，以威茨曼为代表的分享经济思想应运而生。同一时期，美国律师凯尔萨也提出了资本和劳动共同创造财富的民主资本主义理论。同时，现代企业理论也讨论了劳动参与分配的合理性和必然性。劳动契约的不完全性和人力资本的创造性决定了劳动者拥有企业的剩余控制权。在我国，部分国有企业在市场经济改革中较好地贯彻了劳动者共同参与企业经济效益分配的思想，部分民营企业家也认识到劳动者在企业生存发展中发挥的重要作用，推动形成企业和职工的利益共同体，在一定程度上实现了互利共赢。在此基础上，"十二五"规划纲要明确提出了"企业和职工利益共享"，要求我国境内的所有企业"形成企业和职工利益共享机制"。

其次，党和政府要制定相应的法律法规、政策，鼓励、支持、引导企业"形成企业和职工利益共享机制"。从目前来看，利益共享对于资本主义社会和社会主义社会都是一个新事物。究竟如何实施，包括西方发达国家如美国、英国在内都在进行探索。现有资料证明，西方发达国家的职工参与利益分享制度，是政府从维护国家经济体制、推进经济整体发展、实现稳定就业、促进产业民主等经济和社会政策的立场出发而做出的政策性选择。它的实施不仅源于国家法律的强制力，也受益于政府在税收政策方面给予的有力支持，包括针对劳动者的个人所得税优惠和面向企业的各种税收优惠。我

第八章 收入分配制度改革中中小企业劳动关系调整的原则与策略

国作为工业化后发国家,并没有在社会主义市场经济条件下实施企业和职工利益共享的成功经验。但是,我们知道,市场经济是法制经济,没有规矩不成方圆。要在国有企业推进企业和职工利益共享,必须通过制定系统的法律及社会政策来实现。如利益共享的标准、程序和各种要求,再如国家的法律、党和政府的政策对于率先实施利益共享的税费支持等问题,都需要法律法规作为基本准则和依据。因此,在国有企业实施利益共享,首要的一条是制定相关的法律法规和政策,鼓励、支持、引导企业。然后,借鉴西方发达国家的成功经验,结合中国特色社会主义建设的实际,制定切合实际的方案:在改革开放30多年的实践中劳动力产权没有同资本所有权、经营管理权一样得到充分的尊重,在实施利益共享的过程中,其参与企业收益分配的权利需要法律的认可和保护;国有企业情况复杂,规模大小、市场状况不尽相同,对实施利益分享的企业应采用不同的形式,以法律、行政、经济手段进行鼓励和引导,给予企业、劳动者个人以及受托金融机构不同的税收减免或财政补贴;必须明确规定政府、工会和企业三方在促进企业和职工利益共享机制中的职责或义务,保证劳动要素参与企业的利益分配得以实现。

再次,建立企业内部利益共享的相关制度,激励劳动关系主体积极参与利益共享机制构建。企业是构建利益共享机制的微观基础,在企业内部,落实民主参与、加强集体协商、选择和实施适当的内部激励制度是职工参与利益共享的三个重要支柱。其中,职工民主管理是劳动者利益表达的途径,是实现利益共享的重要前提;集体协商是协调利益的过程,是利益共享的实现方式;企业内部激励制度体现分享的核心内容，是实现利益分享的载体。这三项制度是企业内部利益共享的基本制度，企业和工会应当在这三方面"苦练内功"，为国有企业开展利益共享打好基础。

参考文献

一、中文著作

1. 张天开《各国劳资关系制度》，台北文化学院，1988年。

2. 冯同庆《中国新时期工人阶级内部阶层利益格局报告》，辽宁人民出版社，1995年。

3. 常凯主编《劳动关系·劳动者·劳权——当代中国的劳动问题》，中国劳动出版社，1997年。

4. 李德齐《政府、企业、工会——劳资关系国际比较》，华文出版社，1998年。

5. 李德齐《建立劳动关系的三方协调机制》，中国经济出版社，1999年。

6. 郑桥《劳资谈判》，中国工人出版社，1999年。

7. 木志荣《中国私营经济发展研究》，厦门大学出版社，2000年。

8. 杨燕绥《劳动与社会保障立法国际比较研究》，中国劳动社会保障出版社，2001年。

9. 张世鹏《当代西欧工人阶级》，北京大学出版社，2001年。

10. 程延园主编《劳动关系》，中国人民大学出版社，2002年。

11. 冯同庆《中国工人的命运——改革以来工人的社会行动》，社会科学文献出版社，2002年。

12. 林汉川《中国中小企业发展机制研究》，商务印书馆，2003年。

13. 刘永佶《劳动社会主义》，中国经济出版社，2003年。

14. 张珺《分配制度改革理论探析》，中国书籍出版社，2003年。

15. 张世鹏《二十世纪末西欧资本主义研究》，中国国际广播出版社，2003年。

16. 常凯《劳权论——当代中国劳动关系的法律调整研究》，中国劳动社会保障出版社，2004年。

17. 李炳炎《公有制分享经济理论——中国经济改革理论创新》，中国社会科学出版社，2004年。

18. 李青《中国共产党对资本主义和非公有制经济的认识与政策》，中共党史出版社，2004年。

19. 王家宠、钱大东主编《市场经济国家的劳动关系》，中国工人出版社，2004年。

20. 王志凯《比较福利经济分析》，浙江大学出版社，2004年。

21. 徐小洪《冲突与协调——当代中国私营企业的劳资关系研究》，中国劳动社会保障出版社，2004年。

22. 柳可白等《当代工人：市场化的演变与趋势》，湖南人民出版社，2005年。

23. 潘石《中国私营资本原始积累》，清华大学出版社，2005年。

24. 李惠斌《企业劳动产权概论》，中央编译出版社，2006年。

25. 佘云霞《国际劳工标准：演变与争议》，社会科学文献出版社，2006年。

26. 黄河涛、赵健杰《经济全球化与中国劳动关系重建》，北京社会科学文献出版社，2007年。

27. 吴宏洛《转型期的和谐劳动关系》，社会科学文献出版社，2007年。

28. 白暴力主编《让城乡居民收入稳步增长：为什么要深化收入分配制度改革》，人民出版社，2008年。

29. 黄孟复《中国民营企业劳动关系状况调查》，中国财政经济出版社，2008年。

30. 李炳炎《利益分享经济学》，山西经济出版社，2008年。

31. 郑尚元《劳动合同法的制度与理念》，中国政法大学出版社，2008年。

32. 常凯主编《中国劳动关系报告——当代中国劳动关系的特点和趋向》，中国劳动社会保障出版社，2009年。

33. 高志仁《新中国个人收入分配制度变迁研究》，湖南师范大学出版社，2009年。

34. 吕楠《撒切尔政府劳资政策研究》，社会科学文献出版社，2009年。

35. 李子彬主编《中国中小企业2009蓝皮书——国际金融危机背景下的中国中小企业融资创新国际化经营》，企业管理出版社，2009年。

36. 袁红林《完善中小企业政策支持体系研究》，东北财经大学出版社，2009年。

37. 曾伟《中小企业生存状况调查报告》，中国经济出版社，2009年。

38. 丁元《就业与居民收入分配关系的动态研究：以广东为例》，暨南大学出版社，2010年。

39. 龚益鸣主编《平权论——中国收入分配制度改革的探讨》，湖北人民出版社，2011年。

40. 李良贤《基于共生理论的中小企业竞合成长研究》，经济管理出版社，2011年。

41. 李子彬主编《中国中小企业2010蓝皮书——发展、融资、服务与政策》，中国发展出版社，2011年。

42. 李子彬主编《中国中小企业2011蓝皮书——促进中小企业自主创新的政策和机制》，中国发展出版社，2011年。

43. 邸敏学《非公有制企业劳资合作研究》，中国社会科学出版社，2012年。

44. 贾康主编《收入分配与政策优化制度变革》，经济科学出版社，2012年。

45. 李子彬主编《中国中小企业2012蓝皮书——扶持中小企业发展财税金融政策的中外比较和借鉴》，中国发展出版社，2012年。

46. 刘庆飞《经济转型背景下的中小企业促进法研究》，北京大学出版社，2012年。

47. 张春生主编《中国中小企业发展蓝皮书（2012）》，中央文献出版社，2012年。

48.《关于深化收入分配制度改革的若干意见》，人民出版社，2013年。

49. 曹永栋《制度背景、收入分配与经济增长——基于中国经验的理论与实证研究》，经济科学出版社，2013年。

50. 池仁勇等《中国中小企业景气指数研究报告（2013）》，中国社会科学出版社，2013年。

51. 高霖宇《中国收入分配差距与经济增长的关系研究》，经济科学出版社，2013年。

52. 李子彬主编《中国中小企业2013蓝皮书——进一步发挥中小企业促进社会就业增长的重要作用》，中国发展出版社，2013年。

53. 沈志渔主编《创业与中小企业管理学科前沿研究报告》，经济管理出版社，2013年。

54. 苏海南《合理调整工资收入分配关系》，中国劳动社会保障出版社，2013年。

55. 林汉川等主编《中国中小企业发展报告（2014）》，北京大学出版社，2014年。

二、论　文

1. 刘宇《我国国有企业劳动关系调整模式探析》，《北京市计划劳动管理学院学报》2000年，第8期。

2. 李庚寅、黄宁辉《中小企业理论演变探析》，《经济学家》2001年，第3期。

3. 刘承礼《关于中国深化分配制度改革路径选择的思考》,《新疆社会科学》2003年,第2期。

4. 李汝贤《对现阶段私营企业劳资冲突的初步探索》,《生产力研究》2005年,第4期。

5. 刘彬《中小企业融资理论研究综述》,《南开经济研究》2005年,第1期。

6. 邸敏学《现阶段我国私营企业劳动者地位的探讨》,《理论探索》2006年,第4期。

7. 姜作培、陈峰燕《论构建和谐的私营企业劳资关系》,《中州学刊》2006年,第1期。

8. 李汝贤《非公有制企业劳资关系失衡的原因及其对策》,《当代世界与社会主义》2006年,第2期。

9. 孙祖芳《调整劳动关系的理论与政策研究》,《社会科学》2007年,第5期。

10. 郭志刚《和谐劳动关系的内核与模式》,《财经科学》2008年,第5期。

11. 杨承训《"深化收入分配制度改革"的经济学解析——兼论以初次分配为重点架构中国特色社会主义分配理论》,《经济学动态》2008年,第1期。

12. 邸敏学《私营企业构建和谐劳资关系的探讨》,《理论探索》2009年,第3期。

13. 刘建勇《我国中小企业融资结构研究综述》,《生产力研究》2009年,第4期。

14. 李汝贤《现阶段我国私营企业劳资关系的基本特征》，《当代世界与社会主义》2010年，第2期。

15. 廖雅珍《我国城镇居民收入分配差距状况的实证分析》，《金陵科技学院学报》2010年，第12期。

16. 刘竞《我国现阶段居民收入差距的现状、成因及其对策研究》，《全国商情》2010年，第7期。

17. 邱敏学、郭志栋《个人收入分配制度改革与劳动关系调整》，《山西大学学报》（哲学社会科学版）2011年，第6期。

18. 黄晓萍《从分配理论看我国现行的收入分配制度》，《金融经济》2011年，第10期。

19. 廖普明《基尼系数与我国收入分配制度的深化改革》，《求索》2011年，第4期。

20. 盛光华、赵晓民、盛金《中小企业脆弱性解析》，《当代经济研究》2011年，第4期。

21. 徐世刚《日本中小企业的发展经验借鉴》，《经济纵横》2011年，第9期。

22. 陈永昌《分配制度改革要突破五个难题》，《北方经贸》2012年，第12期。

23. 邱敏学、郭志栋《毛泽东劳资两利思想的嬗变及其当代启示》，《毛泽东邓小平理论研究》2012年，第3期。

24. 冯应华《论企业分配制度中效率与公平的关系》，《石家庄铁路职业技术学院学报》2012年，第3期。

25. 辜胜阻《中小企业生存困境如何破局》，《中国西部》2012年，第 4 期。

26. 倪东明《当前中国收入分配制度改革研究——兼论社会公平与经济发展》,《华北电力学院学报》(社会科学版) 2012 年,第 2 期。

27. 潘泰萍《新世纪中国劳动关系调整模式的转型研究》,《首都经济贸易大学学报》2012 年,第 5 期。

28. 李金荣《中国私营企业劳动生产率变化及影响因素剖析——基于 1998 年~2009 年时间序列数据的实证研究》,《经济经纬》2013 年,第 3 期。

29. 李汝贤《论中小企业和谐劳动关系的逐步建立》,《当代世界与社会主义》2013 年,第 6 期。

30. 刘若昕《推动欠发达地区私营企业发展的政策》,《经济纵横》2013 年,第 5 期。

三、英文著作和译著

1. Clegg, Hugh Armstrong, *The Changing System of Industrial Relations in Great Britain*, Oxford: Blackwell, 1979.

2. Andrews, Kay and Jacobs, John, *Punishing the Poor: poverty under Thatcher*, London: Macmillan Press, 1990.

3. Barrow, Charles and BSc Econ and LLM, Barrister, *Industrial Relations Law*, London: Cavendish Publishing Ltd., 1997.

4. Aris, Rosemary, *Trade Unions and the Management of Industrial Conflict*, London: Macmillan Press Ltd., 1998.

5.Campbell, Alan, Fishman, Nina and McIlroy, John, *British Trade Unions and Industrial Politics, Volume one ,the post-war compromise, 1945—1946*, Aldershot：Ashgate,1999.

6.〔英〕韦伯夫妇《英国工会运动史》，陈建民译，商务印书馆，1959年。

7.〔美〕马丁·L.魏茨曼《分享经济——用分享制代替工资制》，林青松、何家成、华生译，中国经济出版社，1986年。

8.〔美〕约翰·P.温德姆勒《工业化市场经济国家的集体谈判》，何平等译，中国劳动出版社，1994年。

9.〔英〕E.P.汤普森《英国工人阶级的形成》，钱乘旦等译，商务印书馆，1998年。

10.〔英〕琳达·狄更斯、聂尔伦《英国劳资关系调整机构的变迁》，英中协会译，北京大学出版社，2007年版。

后 记

在写完最后一句话,对全书进行若干次校对,感觉不该有什么问题的时候,一种轻松的快感油然而生,总算了却了一桩心愿。

作为即将进入花甲之年的人,对于国家大事和身边琐事,自然有一番体会、认识。长期以来,笔者坚定地认为,企业发展、生产力的提高充其量都是实现劳资两利、企业与劳动者和谐相处,提高人民生活质量和幸福指数的手段。没有经济发展这个手段,固然难以达到幸福、安康的目的。但是,手段终究不是目的。为此,十多年来,笔者始终将研究方向锁定在建立和谐劳动关系上,总想以自己的研究发出一种声音,把"让亿万人民分享改革开放发展的成果"落到实处。本书是继2012年《非公有制企业劳资合作研究》一书出版后的又一个具体表现。

呈现在读者面前的这本书,是建立在2010年教育部人文社科项目——分配制度改革中企业劳动关系研究(10YJA710009)、山西省教育厅人文社科项目——收入分配制度改革中中小企业劳动关系研究(2013041031-02)及其阶段性和最终成果基础上的,是笔者近年来从事学术研究的一个集中体现,也是集体智慧的结晶。诚然,从课题的阶段性研究成果、最终研究成果,到最后形成一部体例比较完整的学术著作,的确还有大量的工作要做。好在这些都成为过去,需要做的

后 记

工作已经在无数个不眠之夜中解决了。

在项目研究特别是本书的写作过程中,笔者参考了学界的研究成果,一些成果明确标注出来了,还有一些是在参考文献中间接标明的,还有课题组成员、我的博士生都为本书做出了不同形式、不同程度的贡献,在此一并表示诚挚的谢意。在本书即将付梓之际,还要感谢商务印书馆的史慧敏编辑对本书所做的重要贡献。

邸 敏 学

2015 年 2 月于太原